大學用書

新編中國哲學史(一)

勞思光　著

三民書局

國家圖書館出版品預行編目資料

新編中國哲學史／勞思光著.——四版十刷.——臺北
市：三民，2023
　　面；　公分

ISBN 978-957-14-5320-0（第一冊:平裝）
1.中國哲學史

120.9　　99002992

新編中國哲學史(一)

作　者｜勞思光
發行人｜劉振強
出版者｜三民書局股份有限公司
地　址｜臺北市復興北路 386 號 (復北門市)
　　　　臺北市重慶南路一段 61 號 (重南門市)
電　話｜(02)25006600
網　址｜三民網路書店 https://www.sanmin.com.tw

出版日期｜初版一刷 1981 年 1 月
　　　　　重印三版五刷 2008 年 10 月
　　　　　四版一刷 2010 年 3 月
　　　　　四版十刷 2023 年 2 月
書籍編號｜S120060
ISBN｜978-957-14-5320-0

新編中國哲學史(一) 目次

第二章　古代中國思想

第四章　道家學說

第五章　墨子與墨辯

論中國哲學史之方法

——中國哲學史序言

壹　已往成績之檢討

雖然「中國哲學史」這門課程，在中國的大學中已經設置了許多年（至少在胡適之先生講這門課之前，就已經有了），但至今還沒有一部較合標準的中國哲學史寫出來。已往各大學中教中國哲學史的人，大半都是自編講義，上課時就用，下課就丟開。除了馮友蘭先生那本書，還算成書之作外，另外幾乎沒有一部能算學術著作的中國哲學史。

胡先生的《中國哲學史》上卷，曾被許多人嘲笑，覺得它只是一部殘缺之作。其實，胡先生這部書未能完成，固然很可惜，但這部書真正的缺點，倒並不在於它未完成。就已發表的上冊看，如果全書以類似的方法、觀點及思想水準寫成，雖然可以不再殘缺，卻仍然不算一部合格的中國哲學史。因為，胡先生寫這部書有一個極大的缺點，就是，這部書中幾乎完全沒有「哲學」的成分。

一部哲學史，雖是「史」，但也必然涉及「哲學」。當一位學人寫哲學史的時候，他不僅要敘述事實，而且要解釋理論。敘述事實是史學的工作，解釋理論則必須有確定的理論基礎與解析方法。而這種基礎與方法就是寫哲學史的必要條件；不能滿足這些條件則寫出來的可能是「史」，但不能算「哲學史」。

中國舊日儒者，雖有許多人史學興趣甚高，但對哲學史的工作，卻做得最少。除了黃梨洲的《明儒學案》與未及完成的《宋儒學案》，可算是部分的哲學史外，我們簡直找不著可算哲學史的東西。本世紀中，胡適之先生的書自然是一部開新紀元的作品；但嚴格說起來，這部書只算是未成功的嘗試之作，因為它全未接觸到中國哲學的重要問題，並且幾乎未接觸到任何哲學問題。

我說這句話，並無唐突前輩之意。胡先生的《中國哲學史》，是前所未有的作品，我們很願意承認它有開新紀元的地位。但就書本身說，則的確是不能算一本哲學史的。胡先生在這本書中，大部分的工作都是用於考訂史實；對於先秦諸子的年代及子書中的偽造部分，都用了很大力量去考證，但對這些哲學思想或理論的內容，卻未能作任何有深度的闡釋。胡先生的考證，不管是否為史學界所接受，總算是一種工作。今天我們對胡先生這種工作仍應表示敬意。可是，這種工作至多只是哲學史的部分工作，而且並非主要工作。僅僅考訂一番，不能解釋中國哲學的理論究竟是什麼樣子。我想這是不待辯議的事。

胡先生一生做了不少研究工作，但認真看起來，他卻從未在哲學問題上深入過。寫《中國哲學史》這部書的時候，他自己也似乎並未想到要如何掌握中國哲學的理論，如何去展示它，而只注意到諸子是否「出於王官」，以及其他類似的歷史問題。在《中國哲學史》上卷中，胡先生對先秦諸子的思想，說得很少，而考證則佔了大半篇幅。說及思想的時候，胡先生所根據的也大半只是常識。用常識解釋哲學，無論如何是不會接觸到真問題的。而一本哲學史若只用常識觀點來解釋前人的理論，則它就很難算作一部哲學史了。所以，我們如果著眼在中國哲學史的研究風氣上，則我們固可以推重胡先生的作品，承認它有開風氣的功用，但若以哲學史著作應具的條件來衡度胡先生這部書本身的價值，則我們只能說，這部書不是「哲學史」，只是一部「諸子雜考」一類考證之作。

就此而論，馮友蘭先生的《中國哲學史》，就比胡先生的書略勝一籌。馮友蘭先生的哲學造詣如何，是另一問題；至少，馮先生在寫《中國哲學史》時，是想要講中國古人思想中的哲學理論。而且，他也確以解釋及整理古人理論為這本書的主要工作。他談先秦諸子，魏晉清談，隋唐佛學，宋明理學，雖然錯誤及疏漏都很多，但至少他並非只用常識來講哲學。他的書中是有「哲學」的，不只是有「史」的成分。這就使我們不能不承認馮書比較夠得上被人稱作一部「哲學史」。一般地講，它是高於胡書的。

但馮友蘭的《中國哲學史》，雖有哲學成分，卻仍然並未接觸到中國哲學的特性。它是一本哲學史，但並非一本成功的哲學史。

要解釋這一點，可以說得很長很繁，也可以說得極簡單。馮友蘭自己在哲學理論上造詣不算太深；他解釋中國哲學時，所能運用的觀念及理論，也限於早期的柏拉圖理論與近代的新實在論。他對西方哲學理論所能把握的本已不多；對中國哲學的特性更是茫無所知。因此，當他在中國哲學史中解釋某些較簡單的理論時，雖然可以應付，但一接觸到宋明理學，立刻顯出大破綻。他從來不能掌握道德主體的觀念，甚至連主體性本身也悟不透，看不明。結果，他只能很勉強將中國儒學中的成德之學，當成一個形而上理論來看，自是不得要領。我們倘若對馮氏的「新理學」一書稍加注意，則我們不難看出他的理論與中國宋明儒理論的根本距離。而他解釋理學的失敗，在識者眼中，也就是很自然的事了。

我不想在這裡多批評馮友蘭。我的意思只是說，馮友蘭的《中國哲學史》之所以不能算作成功之作，主要原因是馮氏本人不大了解中國哲學特性所在。他書中所談的理論，雖有一部分確是哲學，但並非中國哲學。比起胡書之全無哲學來，馮書雖是較勝，但馮書終竟也不是能展示中國哲學特性的作品。

既不能展示中國哲學之特性，則這種哲學史自然是失敗的東西。但它比胡先生的書還是進步了一些。

除了胡馮二氏的著作以外，也還有幾本有關中國哲學史的書，如范壽康先生的《通論》之類即是。但那些書本身似乎只是「教科書」一類的東西。作者本身似乎就並未要求它成為一本學術著作，我們自然不必苛求。至於這種書中的哲學觀點，則更是十分簡陋了。

我這樣說，自然並非否定中國哲學研究的成績。事實上，近幾十年的中國哲學界雖然出版過不少東西，但真能算作哲學研究的成績的，大半都還是在中國哲學方面。例如，熊十力先生以儒學觀點改造印度的唯識論，而有《新唯識論》一書；牟宗三先生闡述儒學精義而有解荀子與陽明的專論與論「心性之學」的專書，都是可以看作新的儒學理論的重要著作的。這些理論在哲學的發展方面，都具有重大意義；以之與其他介紹西方哲學的東西比起來，學術價值之高低，誠是相去極遠的。然而，儘管近幾十年，中國的哲學研究者有如此的成績，「中國哲學史」卻仍是一個學術的空缺，至今我們尚未有一部較合水準的哲學史出來。這裡似乎必有值得注意的問題存在了。

貳　中國哲學史的方法問題

何以我們數十年來並無一部好的中國哲學史？我想，這主要是由於寫中國哲學史所需要的條件太多，而且關於哲學史的方法，也有許多爭訟未決的問題，因之影響了哲學研究者從事這一件工作的興趣。

我現在打算先討論一下中國哲學史的方法問題，然後再澄清某些有關的觀念。

中國哲學史是哲學史的一種，它所涉及的方法問題，除了某幾點以外，大體上都是一般哲學史的方法問題。下面我就分兩步來討論。先談談哲學史的一般方法問題，再談有關中國哲學史方法的特殊問題。

哲學史的主要任務原在於展示已往的哲學思想。這些作為闡述對象的思想，既都是已存在過的，則闡述這些思想的哲學史，自然基本上是要敘述事實。可是哲學史基本上雖是要告訴人「某時代某人如何說法，如何想法」，但它與一般記述史實的工作卻又有不同處。第一、哲學史不但要敘述一個個哲學家的言論及思想，而且要看各家言論思想的關係，這就涉及哲學思想的發展問題。第二、由於哲學史要敘述那些哲學家的說法與想法，它就不能不通過一番整理工作，來掌握這些說法與想法的真實內容與意向，這就涉及對各家理論的解剖。無論是統觀哲學思想之發展，或解剖一個個哲學家的理論，都需要對哲學問題本身的深切解悟，對哲學理論的明確掌握。這就不是純粹史學工作者所能做的事了。

清楚一點說，我想寫哲學史的方法，主要不外以下四種（其中一種是我自己試提的）：

一、系統研究法

二、發生研究法

三、解析研究法

四、基源問題研究法

這四種方法的特性，都可以有確定的解釋。它們的長短也不難指出。在解釋及評定以前，我想該先提到一點有關哲學史工作的常識，即是：一切哲學史的原始要求是什麼。

哲學史是要敘述已往一個個哲學家或學派的理論。因此，它必須滿足兩點要求，即是：首先，敘述的要是一個哲學理論，倘若敘述出來的只是一些七零八碎的事實，則它就是失敗了。其次，哲學史所敘述的理論既是已有的個人或學派的理論，則敘述的內容必須是那個人或那個學派的理論，縱然在表述方面可以作一番整理工作，但所表述的理論必須是與原著密切相應的。否則，所敘述的雖是一套很完整的理論，卻不是人家原有的理論。這也表示哲學史工作的失敗。

中國讀書人原有些古怪習慣。如「代聖立言」，「託古改制」之類的態度，事實上在讀書人中間是很流行的，雖然表面上很少人會承認。這種風氣可以遠溯至先秦諸子的「託古」，可算是由來已久。這種毛病表現在其他方面，問題或許不很嚴重，但一個從事哲學史工作的人，若是犯了這種毛病，後果就很可慮了。

簡單說，哲學史敘述已往的哲學思想的成績，一方面要真實，一方面要深透，因此它必須具有史學的與哲學的兩面的成分。我們先明白了這兩點基本要求，討論哲學史方法的得失，就容易中肯了。

下面我們討論上列的四種方法。

一、系統研究法

所謂系統研究法，就是將所敘述的思想作系統的陳述的方法。就哲學史而言，我們在哲學史中的陳述，既然要求所陳述的成為一個理論，則系統研究法自然是有其長處的。可是，取這種態度來講述前人思想的時候，常常只是注重了哲學問題一面，而忽略了事實一面。一個哲學家倘若值得被哲學史提及，則他的思想至少必有些理路，因此多少必有系統性。系統研究法注重敘述原來思想的理論脈絡，本是應該的。不過在兩種情形下，這種研究方法卻常常會出毛病。

第一種情形是：當一個哲學家建立理論時，他雖有一定的理路，但他有時仍不免有些歧出的觀念。特別當他自己發現自己理論系統中的困難的時候，每每他用些臨時的，表面的補救方法——例如加一個觀念，加一個論證，或加一個註釋之類。這種補救在理論上常常是失敗的。但對於哲學史的研究者，它卻有很重要的意義。因為，它常常會透露出這裡所涉及的哲學問題的真相，常常暗示下一步哲學思想的發展。如果一個研究者，一味採用系統法的觀點，只去掌握某哲學家思想中的系統部分，而不注意那些歧出旁生的觀念，則他的敘述即不可免地不能包含這個哲學家的思想的全部，而必有所缺遺。尤其是當這個哲學家思想的變化很快時，這種問題更多。在用系統法的研究者看來，或許以為所取的是其大者，所遺者是其小者，因此不覺得有什麼嚴重問題，其實，每每由於這種遺漏，即改變了這個哲學家在哲學史上應有的地位（或提高或抑低，都是不當的）。

第二種情形與此相反。有些哲學家只在某一問題上具有卓見，而在其他問題上則所見淺薄，或者為傳統所縛束，或者為時尚所左右。這種哲學家的思想，雖有局部的理論脈絡，就全體看，則有許多部分（因襲傳統或從俗的部分）與他的那些精采思想常常是不相關的。一個用系統法研究的人，每每在敘述這種思想時，嫌它本身不夠完整，就給它許多補充，甚至在不知不覺間改造了前人的思想，這樣，與前一種情形相反，系統法的研究結果，不是有所缺遺，而是有太多的增補。這種增補對於闡述哲學問題說，可能有很多好作用，但就哲學史的工作說，則至少有「失實」之譏。而這種「失實」有時還可以引出更大的錯誤。

以上兩種情形還是比較慎重的研究者所犯的毛病。若說到更進一步的毛病，則為系統研究法的人，甚至有時在寫哲學史時，完全以自己的思想系統來籠罩前人。結果他所寫的哲學史中，除了與他立場相近的哲學思想可能得到較公平的敘述外，其他哲學思想都成了被貶抑的對象。他常常由於對別家思想的隔膜，而在敘述時完全抹煞這些人在哲學問題方面的影響及貢獻。這種哲學史就是非常失敗的。如果我們要找實例，我想，羅素的《西方哲學史》就屬於這一類。羅素自己有其哲學立場，對觀念論持一種排斥態度。而他在哲學史中對觀念論者的敘述，就大半只像是在抨擊他們，而不見公平的解說。看他的《西方哲學史》，只能了解羅素自己如何想，而不能了解康德，黑格爾如何想。這樣，哲學史就失去原意了。

系統研究法雖有種種毛病，但能夠完整呈現一個理論，則是其長處所在。

二、發生研究法

特別注重歷史方面的真實性的研究者，喜歡用「發生研究法」。所謂的「發生研究法」，即著眼於一個哲學家的思想如何一點點發展變化，而依觀念的發生程序作一種敘述。採用這個方法來敘述一家思想時，研究者可以將所研究的思想一點一滴地依照發生的先後排出來，假如研究者有足夠的資料可用，則這種敘述自然是最詳盡了。

用發生研究法來寫一部哲學史，自然是十分繁重的工作，因為對每一個專家都要詳盡地搜集材料，記述他一個個觀念如何出現，所費的時間與精力自然是十分驚人的，而這樣寫成的哲學史，實際上是集合許多篇專家研究的文字而成，就幾乎不是一個人的精力時間所能辦到了。

但這並不表示發生研究的缺點，倘若這種方法別無毛病，只不過帶來繁重工作，則我們無理由說這種方法不可用。事實上，這種研究方法有另一種毛病。

這個毛病就是，如此的研究結果每每不能完整呈現一個理論，而只能記述一大堆資料。尤其當人們用這個方法來寫哲學史的時候，很容易得到一種不可喜的結果，即是：研究者不能把握哲學問題的發展脈絡，小處雖見精詳，大處則一片矇矓，毫無所得。

例如，一個人用發生研究法來研究康德的哲學，他將如何工作呢？首先，他一定利用康德全集的資料，將康德的一切著作，包括書札等等，均依照年代排列起來，然後再搜集那些在編全集時未及編入的材料，如他教書用的講義之類；搜集全了，再開始記述這些文件所表現的康德哲學觀念。他可能找出一七五五以前的材料，將康德青年時期的思想，也一點點記載下來，另一面，他也可以將康德將死以前的殘稿也找來。於是，他可以造出一個很詳盡的表，列出康德歷年的思想。早可以早到他未入大學以前，晚可以晚到他垂死之際。

這樣的研究結果，自然可以對作康德研究的人提供極大的助力，但它本身能否成為一種成功的哲學著作，則大可懷疑，因為這裡有一個重大的問題，即是：作這種發生的研究的人最後能否將康德的理論系統地表述出來？再進一步說，倘若表述出來，又能否估定其哲學價值，辨明它的文化意義？

顯然，至少發生的研究法本身是並不能提供這種成果的。一個研究者，若是只會運用發生研究法，則他所能獲得的結果，不過是一串事實，他或許可以用某種淺明的線索將這些事實連起來，但他決不能憑藉發生的研究法而掌握一個理論的系統圖像，更不能由此判定這個理論的內在價值與文化意義。

當然一個人可以在用了發生研究法以後，再用別的方法來獲致上面說的種種應有的成果，但那就不是一個方法的問題了。我現在只是在談「方法」，我要指出的是「發生研究法」本身的局限。

系統研究法容易有過分主觀之弊，毛病是常使所陳述的理論失真。發生研究法雖易於保持真實資料，但毛病每每使研究者只看見零星片段的事實，而不見理論的全體，結果只有碎片的記述，而不能達成對某一理論的全面把握。對於哲學研究來講，這個毛病是嚴重的，因為它與哲學的基本目的相違。哲學的基本目的，原是從個別心靈智慧之提高，到文化境界的開拓，而發生的研究法卻永不能涉及這兩個目的。

這樣，發生的研究法也是有長有短，與系統的研究法雖性質相反，其為不可信賴則一。

下面我們再看另一種研究法。

三、解析研究法

這一種方法事實上還很少有人用過，但它在理論上是存在的。而且近數十年來邏輯解析發達得很快，因之，也已經有人開始作這種嘗試。照現有的趨勢看，不久可能有很多人運用這種方法來寫全部的或部分的哲學史。所以，這個方法仍值得作一番仔細的觀察。

具有現代思想的常識的人們，大約都知道符號邏輯興起以來，近數十年所作「哲學解析」的風氣是非常盛行的。在這種風氣下，我們看見所謂「語法解析」及「語意學」的產生，也看見許多人在運用解析技術處理各種學術問題；其中最受人注意，又有最大影響的，則是「意義標準」的理論的出現，與人們應用這種理論對傳統哲學的批評。

這種批評當然不是哲學史的工作。可是，比較不急進的學人們，在具備了解析技術的訓練以後，卻可能運用它來從事哲學史工作。

用解析法來研究哲學史，基本態度是較客觀的。因為，當一個研究者採取解析研究法的時候，他的主要工作只是解析已往哲學家所用的詞語及論證的確切意義；在這解析過程中，他只要整理別人的思想，而並不要去表達自己的感受，甚至材料方面，從事解析的人也不必自己去找什麼特殊材料；他只要運用當前所公認的材料就行了。這樣，他很少有可能去提什麼主觀性的意見。他所根據的邏輯規律不是主觀意見的產物，他所用的材料亦非通過主觀的選擇得來。

用解析法來研究哲學史，事實上原只能研究一本本書和一個個人的理論。假若是研究康德，我們用解析法時，就一定先研究康德所用詞語的意義，再整理他的一個個論證本身的結構以及論證彼此間的邏輯關係。這樣，我們確可以得著許多精確而客觀的結論。這是解析研究法的長處所在。不過，哲學史中若是需要某種貫串性的觀點，則這種觀點卻不能由解析工作提供。這裡就可以看出一個可注意的問題。

我們知道一部哲學史，原不僅是零星散亂地記述許多人的理論，而必須將一全面的圖像透顯出來。否則，它將成為一本「哲學理論雜記」，而不能成為「哲學史」。但透顯全面的圖像，就不是一個解析的工作，而是一個綜合的工作。這就顯出解析法有所「窮」了。

這裡所提到的「解析」與「綜合」一對詞語，對於闡明問題是有利有弊的。就好的一面說，以「綜合」與「解析」對舉，則其間差異十分明朗。我們很容易了解：解析的研究不能擔任綜合工作。就不好的一面說，則所謂「綜合」與「解析」的差異，表現在哲學史的工作中，究竟有什麼確定內容，卻是頗為模糊的。因此，我想，在提出這一對相反的詞語後，再作一點具體解釋，說明解析的方法在哲學史研究上所不能負擔的任務的確定內容。

我想這樣解釋：解析的方法本身只能整理已有的材料，而不能提供材料；凡是涉及知識內容的判斷，就必須有一定的材料作為此種內容之根源。現在，我們寫一本哲學史的時候，我們一方面固然要整理一個個哲學家的理論，另一方面也要有涉及哲學史全面的判斷。就對個別理論的研究說，有解析法也可以夠用；因為那裡一定的材料已經是「給與」了的。例如，康德說過如何如何的話，這句話本身是材料，我們用解析法整理這點材料，即可以抽繹出一定的理論結果。推而言之，對康德全部理論的研究也可以如此（是否某個研究者不贊成如此，是另一個問題）；對任何一派哲學理論的研究亦可以如此。但說到涉及哲學史全面的判斷就不同了。我們所據的材料，只是各家之言，其中縱有涉及哲學史的，也只能看作一家之說的一部分。基本上我們對於哲學史所下的全面判斷，是要表示我們自己的觀點及了解；這時，這種判斷所需的材料，就必須另有來源，而不能由解析的研究法供給；因為，解析的研究法是根本不能提供任何材料的。

這就是所謂「解析」的研究法不能擔任「綜合」工作的確定意義；簡言之，就是，有一種涉及內容的綜合判斷，是哲學史研究所需的，而其材料又不是現成的；解析的方法不能提供建立這種必需的判斷的基礎。一個較嚴重的問題，就從這裡生出來。運用解析方法的人，每每並不能自覺到這種材料方面的缺乏。當他們要下一種判斷，而無現成材料及基礎的時候，他們通常是用常識的粗陋意見來填補這個空缺。例如，一個有解析訓練的人，整理希臘哲學理論時，可能做得很好；但當他對希臘哲學下一全面的判斷的時候，他們可能就遁逃到某粗陋的流行觀點下面去。他們可能用功利主義的觀點隨便作一點批評，也可能忽然大談外緣條件的作用（如社會組織與經濟結構等等）。他們不能有哲學的判斷，就只好用常識的判斷來頂替了。

因為有這種情形，所以我們常看見長於解析的人在談哲學史時（不論是全部的或部分的哲學史）表現出驚人的淺薄無知。甚至羅素亦不免如此。

要對哲學史作任何一種全面性的判斷，必須有哲學的「所見」作基本材料。如果沒有這種判斷，則不能寫出一部哲學史；如果以惡劣淺薄的俗見代替哲學的見解，則結果必寫出一部十分壞的哲學史。這就是解析的研究法的最大弊病所在。

當然，解析的研究法如果用得不好，弊病尚多。但我想那是不必多做討論的。我現在要指出的是：解析方法縱使運用得很好，仍然有如此的弊病或困難。著眼於此，我們就知道解析的研究法也不是很完美的哲學史研究法。

看了以上三種方法的評述以後，我們很容易想到，這些方法各有利弊，如果我們能取它們之長而避其短，就可以得著一種更好的方法。

這種想法大致上是不錯的，可是，要認真想找出這樣一種方法來，卻並不如此容易。我們並不能生吞活剝地將這些方法硬湊在一起。若是那樣做，就是在用「拼盤」方法解決思想理論問題，犯了極嚴重的錯誤！也是非常幼稚而可笑的錯誤。

我們要真想找出一種較踏實的哲學史方法，我們必須退到哲學史的任務上；看看哲學史的任務決定它要滿足那些條件，然後我們再從那些條件著眼，來找一種能完成這種任務的方法。

這裡，我想申明一句，我們討論方法問題的時候，要自覺地不涉及個人才智問題。某些有特殊才智的個人，可能寫出極好的作品，但那並不表示他有一種自覺的方法。現在我們要討論的方法，是假定為一切研究者都可以使用的方法，而去努力發現它。這裡不能訴於天才的助力——雖然我們也希望這種方法不致於限制研究者的天才。

我們回到正題，應該重新考慮哲學史任務所需的那些條件。

參　哲學史的任務與基源問題研究法

依照我們前面所說，我們已經知道哲學史既是一種「史」，又是以理論為其記載內容的；而整個哲學史的功能，則在於描述人類智慧之發展。內在的心靈境界，外在的文化成果，都要統攝於此。所以，我們可以說，哲學史既具有如此的任務，則它必須滿足以下三個條件：

第一是事實記述的真實性。

第二是理論闡述的系統性。

第三是全面判斷的統一性。

這三點都很容易解釋。

就第一點說，哲學史中所敘述的理論，必須盡量密合原著，而不失真。這就是所謂「真實性」；它是一切有關「史」的工作所必需滿足的條件。

就第二點說，哲學史敘述前人的理論思想，不能只是零星地記載言論，而必須將理論的建構脈絡明確地表現出來，沒有散亂之象。這就是所謂「系統性」的問題。這是一切涉及哲學理論的工作所必需滿足的條件。

就第三點說，哲學史要統觀人類心靈之發展，智慧之成長，所以必須有一貫的判斷原則，一定的理論設準，以使所下的判斷表現一定的識見、一定的尺度。這也是哲學工作所必需滿足的條件。

能滿足這三個條件的研究方法是什麼？我曾經用了一些心思去考慮這個問題；結果我認為，基源問題研究法應是較好的一種。

下面我談談這種研究方法，作為我自己的意見。與前面三種合起來算，它應是第四種方法了。

四、基源問題研究法

所謂「基源問題研究法」，是以邏輯意義的理論還原為始點，而以史學考證工作為助力，以統攝個別哲學活動於一定設準之下為歸宿。這種方法的操作程序大致如下：

第一步，我們著手整理哲學理論的時候，我們首先有一個基本了解，就是一切個人或學派的思想理論，根本上必是對某一問題的答覆或解答。我們如果找到了這個問題，我們即可以掌握這一部分理論的總脈絡。反過來說，這個理論的一切內容實際上皆是以這個問題為根源。理論上一步步的工作，不過是對那個問題提供解答的過程。這樣，我們就稱這個問題為基源問題。

每一家理論學說，皆有其基源問題；就全部哲學史說，則基源問題有其演變歷程；這種演變的歷程，即決定哲學問題在哲學史中的發展階段。

基源問題雖是每一學說的根源，但有很多學人每每並不明顯地說出來。因此，我們自己常需要做一番工作，以發現此一學說的基源問題是什麼。這裡就需要邏輯意義的理論還原的工作了。

所謂理論還原的工作，就是從許多論證中逐步反溯其根本意向所在。根本意向發現了，配合一定材料，我們即可以明白基源問題應如何表述。

表述基源問題時，要使這個問題的解答，確能邏輯地涉及所提出的理論。因為，寫哲學史時，這些哲學理論都是現成的，所以從這種材料中去找那個基源問題，就是反溯的；也就是所謂「理論的還原」的真實意義所在了。

掌握基源問題，雖以解析工作為主，但也要涉及考證問題。因為這時所據的材料，都是客觀的，所以理論還原工作，並不致妨害材料的真實性。材料如有舛誤，那不關理論還原的事，而是材料本身的問題。由此考訂材料甚至搜集材料的工作，就成為掌握基源問題時所必需做的工作。這種工作實際上類似「發生研究法」，不過，它不會有「發生研究法」的弊害，因為，如此弄好的材料，終竟要通過理論的鑄造，而繫歸於一定的基源問題之下。那是不會成為零星片段的。

基源問題找著了，就有下一步工作。

第二步，掌握了基源問題，我們就可以將所關的理論重新作一個展示，在這個展示過程中，步步都是由基源問題的要求衍生的探索。因此，一個基源問題引出許多次級的問題；每一問題皆有一解答，即形成理論的一部分。最後一層層的理論組成一整體，這就完成了個別理論的展示工作。這種工作分別地做若干次，我們即可將哲學史中各家各派的理論展示出來。這時，我們已經能夠滿足「真實性」與「系統性」的要求，剩下的就是全面判斷的問題。

個必須澄清的觀念。

其實，這並不是很難辨明的。我們先要明白，一種研究方法或工具本身的出現，雖有時間空間的限制，但它所處理的問題，卻並非如此。我們用一個淺明的例子來講，顯微鏡是近代歐洲發明的，但顯微鏡下所觀見的細菌，卻並不是要在顯微鏡發明之後纔存在。細菌早已存在，而且也並非只在歐洲存在；不過，在某一年歐洲人發明了顯微鏡，然後人方能看見這些細菌而已。因此，我們有了顯微鏡，明白了細菌的存在；然後就可以憑藉這種知識及工具，以解說古代非洲的某種疾病的真相。雖然顯微鏡在古代並不存在，而且又是歐洲人發明的，卻並不影響我們憑藉它來解釋古代非洲的細菌。古代非洲雖無顯微鏡存在，細菌一樣存在。古代的非洲人無顯微鏡，自然不能看見細菌，但這並不表示細菌不存在於古代的非洲。

同樣的理由可以說明我們運用西方哲學解析的正當性。邏輯解析的訓練，一向被喻為「思想上的顯微鏡」；這個「思想上的顯微鏡」誠然是西方的產物；一切較嚴格的解析技術，也是到近代纔有，但我們並不能據此而說，邏輯解析下所發現的思考規律，也必須在邏輯解析本身發展之後纔有。正如，顯微鏡發明之前，細菌一樣存在；「思想上的顯微鏡」出現以前，思考規律也一樣存在。

我們可以說，中國人不曾建立邏輯解析，因此自己未「發明思想上的顯微鏡」，但不能說，「思想上的顯微鏡」不能用於中國思想的考察；正如，顯微鏡雖非中國的發明，我們也不能據此說，西方發明的顯微鏡看不見中國的細菌。

我想，這一點道理是極明白的。還應該補充一句的是：思考規律的運行與對思考規律之自覺是兩回事。此如細菌之活動與人對細菌之了解是兩回事。我們能運用顯微鏡來觀察中國人體內的細菌，也可以用思想上的顯微鏡，來觀察中國人的思想。

我毫無誇張邏輯解析功用的意思。哲學問題中自有許多是不能由邏輯解析處理的。但那是「思想上的顯微鏡」本身功用的限制，而並非地區民族時代的限制。我們現在要澄清的觀念，只是：中國哲學史上的一切問題，都和其他哲學史上的問題一樣，可以接受一切哲學方法的處理。倘有人堅持「中外之分」，只表示他缺乏理論常識而已。

明白了這一點，則我們從事中國哲學史的研究時，對於這種謬誤觀念的干擾，即可完全避免，而在達成闡述的系統性方面，也就沒有什麼大困難了。

第三是關於中國哲學特性的。我們上面討論解析技術的功用，是不涉及一切內容而說的。現在，我們要指出，中國哲學的基源問題，原與西方哲學大不相同；因此，其發展過程與方向，也受它的特性的決定。我們在解析闡述時，雖可以純客觀地工作，但當我們要下一全面的哲學史判斷時，我們即不能不努力掌握中國哲學的特性所在。

這樣，我們必須有一套理論的設準，足以統攝中國哲學與西方哲學，然後我們方能表明中國哲學在世界哲學中的地位與意義，方能揭示中國哲學的真面目。

我上面說過，胡適之與馮友蘭二先生雖然都有中國哲學史的著作，但成績是有限的。至今我們尚未有一部合乎嚴格要求的中國哲學史。我的中國哲學史稿只是一個嘗試。我在這次嘗試中，運用了「基源問題研究法」，但所成的稿只是一個大綱，料想還應有一段時間的工作，方能完成這部書。或許在我的全稿完成以前，會有其他學人們寫出精采成功的中國哲學史，那就是我盼望的事了。

第一章　論中國古文化傳統之形成

序言中論及「基源問題研究法」時，偏重哲學理論內部之解析，但亦顧及歷史之「真實性」問題；蓋哲學史之研究，與自立學說之工作有異；陳述已有之思想，不能不滿足某種史學意義之要求。本章論古文化傳統之形成，則屬史學意義之陳述，目的在於闡明哲學思想興起以前之古代文化環境。故本章之工作，實屬於古代史之部分考證；但文化環境之了解對於特殊學說之了解有一定重要性，故此種考證工作對於古代哲學史之研究，亦為必需。

本章考證古文化傳統之形成，自以直接有關古代哲學思想者為限；故下文所論，即限於古代南北傳統之淵源及特色；蓋古文化傳統之影響於日後哲學思想者，主要即為殷周民族相爭所引生之南北文化傳統。至於遠古文化問題，則既非本書所能包含，亦非本書所應涉及。

以下即分數步作一探索。

壹　略說古史資料及考證之設準

中國古史之考證，自清人以來，頗有成績；近世王觀堂以下諸家，能運用古文字之研究成績，重探古史真象，尤為前人所不及。然以古史問題之多，可用資料之少，今日欲對古史問題作任何嚴格考證，仍屬荊棘重重。於此，最關重要者乃方法上之自覺；蓋學者進行考證，倘能自覺其運用資料、建立論斷之基本標準為何，則無論所得結論是否完全可信，其得失總易於檢定，否則隨意論辯，標準混雜，則不免淪為智力遊戲一流，無關學術之是非矣。

由此，本章在考證殷周民族關係以前，當先對考證古史之設準，略作論述。

此處首先須論及者，乃所謂偽作問題。中國古史研究之最大困難，在於戰國至秦漢間種種偽作。此所謂「偽作」，不必是有意冒名著書，或如後世之假造文件；而指以後世觀點強加於原始史料而言。譬如戰國時各家議論，每每即以當時之政治觀念加於古代；以致視堯舜如後世之天子，視殷周如後世之君臣。至於漢代，則在大一統意識下，對古代史料進行綜合解釋，於是有司馬遷《史記》中種種記述。此類解釋或記述，皆不合於古史之真象，故可稱為偽作；然其實則此種偽作，大抵皆屬於修改古代傳說之綜合作品。今日欲探求任何古史問題之真象，首先應認明此種綜合史料之不可信，方不致為後世謬說所誤。

古代文件所存者極少；且就上古而論，基本史料皆在傳說中，而非有一定文件可據。大抵未經綜合之史料，即屬傳說之記述。此種傳說雖常含有早期社會中種種幼稚觀念，但細加審察，皆可透顯某種客觀事實。故此類史料可稱為「未經綜合之原始史料」——簡稱「原始史料」，以與綜合史料互別。

原始史料與地下材料相輔，即為古史研究之最重要依據；至於綜合史料中雖間或亦有可信之記述，僅可視為輔助資料而已。故考證古史之第一設準即為：用未經綜合之傳說資料與地下資料相配，以檢定綜合資料，而不以綜合資料為依據。

其次，專就傳說資料而言，大抵皆屬零星片斷；運用時勢須另加解釋及組合；此處所依據者，即為古文字、古地理以及民族學之一般認識。由此所得之結論，決不能有完整確定性。因此，學者須自覺此種限度。作古史論斷時，但能視為最高可能之說，而不應視為一定不移之論。此可作為第二設準。

此外，據傳說資料及地下資料作古史論斷時，每每尚須依賴所謂「常理」。例如：一民族自述其先代故事，依「常理」當較後世之說為可信。一記述中如有矛盾，則當知所取資料來源不同；蓋依「常理」論，同一事不應有兩種不相容之說法。此皆涉及論斷時之標準，但不必立為另一設準。

至此，已略述古史考證之設準。下節即就古代中國各民族之分佈著手，進而論殷周民族及古文化傳統。

貳　古中國民族分佈大略及殷民族之發展

中國上古民族之分佈情況，清末民初始漸有人從事考證；雖資料不足，缺漏難定之處尚多，但約略言之，亦有大致之結論，此即三支之說。近世史家，如傅孟真氏立「夷夏東西說」，即認為「華夏」、「東夷」及南方之「苗蠻」為古中國民族之三支。蒙文通氏亦有類似觀點，但命名不同。徐旭生氏著《中國古史的傳說時代》一書，一面綜合前人成績，一面對三支之演變另作進一步之解釋。雖所論間有可議之處，大體言之，實乃此一研究工作之代表作品。而上古民族分佈問題至此亦可謂已有初步之結論。此外如芮逸夫氏考定伏羲女媧出自苗蠻民族之神話，徐中舒氏清理殷周民族間之種種問題，以及《古史辨》時期各家論文，皆對此種研究有程度不同之貢獻。本章下文所述，大致以前人研究成績為據；另有補正之處則皆明白點出。

一、古民族之三集團

古中國最重要之民族，可分為三支；每一支中又有許多小族，故可稱之為「集團」。此三者分別為「華夏」、「東夷」及「苗蠻」。

華夏民族之活動地區，始自西北（今陝甘一帶），而逐漸向今河南及山西境拓展；東夷民族之活動地區主要在渤海沿岸，今山東地區，擴及於淮水沿岸。至於江漢及其南方，則為苗蠻民族之地區。

華夏民族就其發源地說，可稱為西方民族。此一民族在傳說中以「少典」為最早，而以炎帝及黃帝為最重要之代表。

《國語》中述此傳說云：

> 昔少典氏娶於有蟜氏，生黃帝、炎帝。黃帝以姬水成，炎帝以姜水成。成而異德，故黃帝為姬，炎帝為姜。二帝用師以相濟也，異德之故也。❶

案此節原是司空季子論「異姓則異德」時所說，其要旨在於說明炎帝與黃帝二族，同出於「少典」族，但發展為不同之勢力——即所謂「成而異德」。此是述炎黃或姬姜二族之起源之早期資料。如以炎帝為「神農」等後世之說，皆尚未攙入。

此所謂「少典」族，向無可考。譙周，皇甫謐等強以「有熊」，「壽丘」等地說之，皆悖於史實，不足取信。

❶《國語・晉語》四。

然今取金文資料，與古代傳說互相參證，亦可得一初步假說。

關於姬氏之起源，《國語》所載伶州鳩與景王之對話中，伶州鳩云：

> 我姬氏出自天黿。❷

就原文上下文看，伶州鳩所謂「天黿」，乃指星次而言，故後人亦皆以「玄枵」——齊之分野——釋之。然星次之說，自屬後起；且以「齊之分野」釋所謂「姬氏」之所從「出」，亦多困難。齊之始封，既不在營邱；而姬姜二姓雖通婚，亦難說為姬氏出於姜氏也。然則「天黿」之名，最初究何所指？以金文資料考之，知為民族之名。案周初銅器銘文之末，常附有作器者之族徽，如「令段」、「令彝」銘末皆有鳥形文之族徽；「鬲卣」銘末則有奇形文作族徽；「員鼎」銘末之奇字，宋人釋為「析子孫」者，實亦是員之族徽；而「作冊大」乃「令」之子（由「令」之父名「丁」，而「大」稱「丁」為「祖」推知），故「作冊大齋」之銘末，亦用鳥形文為族徽。此皆無可疑者。而成王時之「獻侯鼎」，銘末則附有「天黿」之圖徽；前人或誤釋為「子孫」，然其文上為「天」字，下象「黿」形，至為明顯。郭沫若氏即斷為「天黿」，而說之云：

> 天黿二字，原作；器銘多見，舊釋為子孫，余謂當是天黿，即軒轅也。❸

其下復引《周語》中上引之文，而謂「天黿」乃「由氏姓演為星名者」。其說大致甚確。據此，可知上古原有「天黿」氏族，而此氏族即「姬氏」所從出。此合金文資料及《國語》中之傳說可以初步斷定者。

然則此與「少典氏」有何關係？此則須作一大膽之假設。案姬氏所從出，不能有兩氏族可說。既云「出自天黿」，又云出自「少典氏」，則「少典」與「天黿」當指同一氏族。即以「黿」為圖騰之氏族是也。而「少典」

---

❷《國語・周語》下。

❸《兩周金文辭大系考釋》，頁三十二，獻侯鼎。

中之「少」字，在古代傳說中向指後出者而言，如「少皞」，「太皞」之例；故此氏族之名當為「典」或「天黿」，「少」氏乃後加之字，以與「太」別者。而「典」與「天黿」，當屬疾讀與緩讀之分；正如「吳」與「句吳」，「越」與「於越」，甚至「蒲姑」與「亳」之類。蓋上古族名地名，原只有聲音而無專定文字可說；疾讀則記以一字，緩讀則可記以二字。今就「天黿」二字論，倘「天」字讀陰聲，則與「黿」合而疾讀，即得與「典」極近之音。而同一字有陽聲陰聲二讀者，在古今音中亦常見；例如，以吳語今音言之，「天」即讀陰聲；則古代此字如曾讀陰聲，亦不足怪。但以上所說，仍只能作為假說看，蓋古音之音值至今尚無定論，未敢強作斷定。

此假說如可用，則對華夏民族之起源可作一初步之描述如下：

第一、上古中國西北部，有一以黿為圖騰之民族；此族既取水族為圖騰，其發源當在青海大湖區附近。

第二、此族向今甘肅陝西地區轉移，而成為所謂「少典」。此就姬姜二氏族早期活動之區域，可以推知。

第三、黃帝及炎帝分別代表姬、姜二族，皆由此「天黿」或「少典」族分出。其間所涉之「有蟜氏」，別無可考。

以上為對華夏民族集團之起源之初步假說。

此「華夏集團」在黃帝炎帝後之發展，主要事件為此集團與「東夷集團」之衝突。故在此應轉而說東夷。黃帝及炎帝二族，皆逐漸由西向東移徙；在周立國以前，姬姜二姓已多有定居於今河南、山西各地者。後世誤解古史者每每將此種民族自然遷徙問題與民族血統問題相混，因而生出種種怪說，後文當另論之。此處須先論及者則是華夏民族向東移徙時所發生之民族衝突：此即所謂「黃帝與蚩尤之戰」是也。蚩尤乃東夷民族之英雄，後世說為苗蠻或炎帝之後者皆誤。

蓋華夏民族在西，而古中國則另有其他民族在今山東河南一帶活動。所謂「東夷」，即指此民族集團而言。

此民族之傳說中人物及氏族，有太皞、少皞、蚩尤等；而蚩尤因與華夏民族作戰而尤為著名。

關於此一民族衝突，最早之記載應為《逸周書・嘗麥》之文。其文如下（凡原缺字皆以「□」號代之）：

……昔天之初，□作二后，乃設建典，命赤帝分正二卿，命蚩尤于宇少昊，以臨四方，司□□上天未成之慶。蚩尤乃逐帝，爭于涿鹿之河（或作「阿」），九隅無遺。赤帝大懾，乃說于黃帝，執蚩尤殺之於中冀，以甲兵釋怒，用大正順天思序；紀於大帝，用名之曰絕轡之野。乃命少昊清司馬鳥師，以正五帝之官，故名曰質，天用大成，至于今不亂。

案《尚書・呂刑》雖言及蚩尤之「作亂」，然語極簡略，遠不及此段記載之詳明。文中雖稍有可爭之訓詁問題，但大意甚明。可分數點釋之。

文首蓋謂遠古有兩大領袖或兩大勢力，乃赤帝（即炎帝）與蚩尤。而蚩尤之地區即少昊氏之地區；兩「命」字指天「命」赤帝與蚩尤說。二人代表二族，為同等地位。

其下即述二族之衝突。開始蚩尤先侵佔赤帝一族所居之土地，至於「九隅無遺」——即完全佔去之意；此中「涿鹿」一地名殊難定其所指。舊說大抵以為在今河北境，然考蚩尤一族活動之地區，當不出山東河南交界處（見後），故舊說難信。赤帝既不敵蚩尤，遂求援於本民族集團中黃帝一族，於是黃帝與蚩尤戰，終殺蚩尤於「中冀」；此地名亦難考定。其下數語涉及祀神記功之事。

最後述及黃帝殺蚩尤後之善後工作，最可注意。所謂「少昊清」，即後世所謂少皞氏，「清」當是本名；「司馬鳥師」中「鳥師」係古代成語。「師」即首領，「鳥師」、「龍師」、「雲師」……等，則指所關部落之圖騰言。案《左傳・昭公十七年》載少皞氏之後郯子論少皞氏以鳥名官之事甚詳；蓋少皞一族是東夷民族中以鳥為圖騰之氏族，故少皞清有鳥師之稱。黃帝既滅蚩尤，即與東夷之少皞族講和，而由少皞清統治蚩尤之土地；此本是古代民族衝突結束後慣見之例（其後周之於殷亦用此法）。然華夏與東夷二族和好於此開始，亦古史中一大事；〈嘗麥〉之文之重要亦正在此。

此段敘述原是周成王即位後初行嘗麥禮後告臣下之言，故所說皆是追溯本民族往史之語氣；後世解者於此處未認清，遂造成訓解之困難。例如：「令蚩尤于宇少昊」一句，後人或疑「少昊」本為地名，或疑少昊氏不當先於蚩尤，其實原文之意正謂昔日蚩尤所居之地即是後來少昊之地；蓋黃帝殺蚩尤後，即由少昊清佔其土地也。而觀黃帝為少昊清易名曰「質」一點，則兩族和解時，黃帝因是戰勝者，故已居盟主之地位，能為少昊清易名。日後如少昊氏之後人郯子亦稱其祖為「少皞摯」矣（案「質」與「摯」古通，前人早已考定）。

東夷民族中除蚩尤外，太皞及少皞二族與華夏民族間似均無大衝突；唯禹之夏后氏（屬華夏民族集團）一度為東夷之羿所滅；可視為華夏東夷間之另一次衝突；然影響似不甚大。最後則為殷周之爭霸，而殷民族亦當屬東夷集團也（見下文考證）。

華夏與東夷所以有衝突，基本原因在於爭地。蓋東夷原在山東河南一帶，而華夏民族由西向東遷徙，故雙方勢力一旦相遇，即不能不有衝突。言及此，則應略考東夷民族之勢力範圍。

案《左傳》曾載梓慎之言云：

> 宋，大辰之墟也；陳，大皞之虛也；鄭，祝融之虛也。❹

《左傳》又述周初封國之事，謂：

> 因商奄之民，命以伯禽，而封於少皞之虛。❺

---

❹《左傳・昭公十七年》。

❺《左傳・定公四年》。

則可知太皞之虛，在今河南境內，而少皞之虛，則在今山東曲阜一帶（即伯禽受封之魯）。而太皞之後亦皆在今山東境，《左傳》於此事記載甚明。其文云：

任，宿，須句，顓臾，風姓也，實司大皞與有濟之祀，以服事諸夏。❻

蓋周人建國之後，東夷大部已接受周王朝統治，然其族尚存，各領有舊日土地之一部，成為「服事諸夏」之小國，故《左傳》云云。據此推之，則任（今濟寧市境），宿（今東平縣境），顓臾（今費縣境），須句（今東平縣境）皆在今山東，可知太皞族雖以今河南淮陽境為故墟（即「陳」地），其散佈亦在山東濟水附近也。故就太皞及少皞二族言，其活動地區皆以今山東為主，而達今河南境內。此是東夷之基本地區。

至蚩尤一族之地區，則亦有可考者。

第一、漢儒如高誘、馬融等，皆謂蚩尤乃「九黎」之君；所謂「九黎」，當指漢東郡屬之黎縣及魏郡屬之黎陽一帶。黎縣即今山東鄆城境，黎陽即今河南濬縣境。蚩尤一族之地區大抵即在此。炎帝一族由陝西發展至河南，故與蚩尤族衝突而遂有戰爭，事理甚合。

第二、就蚩尤在傳說中之遺蹟言，亦皆在今山東境內。如《漢書・地理志》在東郡，壽良縣條下，言及蚩尤祠云：

蚩尤祠在西北涑上。

此即謂蚩尤祠在壽良縣西北部濟水之上也（「涑」為「泲」字之形誤，王先謙在《前漢書補註》中曾考定之。「泲」即「濟」之古文）。又蚩尤冢亦在山東。《皇覽》記之云：

蚩尤冢在東平郡壽張縣闞鄉城中，高七丈，民常十月祀之。有赤氣出，如匹絳帛，民名為蚩尤旗。❼

---

❻《左傳・僖公二十一年》。

案「壽張」即「壽良」，光武帝以避其叔趙王之諱而改。故蚩尤之冢及祠，實皆在漢東郡之壽良縣，即今山東東平縣境。蚩尤乃一失敗人物，除故土本族人民外，極少建祠之可能；至於留冢而民以十月祀之，又有「蚩尤旗」之神話，益見此冢所在之地必是蚩尤故土，故人民對此失敗英雄尚有懷念之意也。

第三、再就前引《逸周書》資料言，則蚩尤之地既然是少昊之地，則更顯然在「少皞之虛」附近。仍是山東境也。

總之，所謂「涿鹿」及「中冀」二地名，雖尚難考定，但就種種資料推證，蚩尤一族之地區必在今山東而延展至與今河南交界地帶。

總之，東夷民族集團之地區，即以沿渤海之今山東地區為主，而擴至今河南境內。凡風姓，嬴姓（或「偃姓」）皆出於東夷。此民族集團在黃帝與蚩尤之戰後，似已和平相處；然所謂「夷」與「夏」終不免時有衝突。至於南面地區，東夷民族之發展自亦較華夏民族為早。殷周之際，則淮水一帶皆東夷民族之勢力範圍，後文再當論及，但再向南則另有一民族集團，此即所謂「苗蠻民族集團」。

苗蠻指南方地區之土著而言。與由他處進入此地區之外來民族有別。春秋戰國以降，每以「祝融八姓」為南方民族，尤其芈姓之「荊」人（即「楚」人）更視為南方之代表。實則祝融八姓不屬於苗蠻，亦非南方之土著，雖入南方地區發展，其源則出於中原之顓頊氏（即「高陽氏」）。《國語》載鄭桓公與史伯之對話，對所謂「祝融八姓」敘述甚詳。茲節錄數節如下：

夫黎為高辛氏火正，以淳燿敦大天明地德，光照四海。故命之曰：祝融。其功大矣。❽

❼ 見《史記・五帝本紀》集解引《皇覽》之文。

❽ 《國語・鄭語》。

案史伯與鄭桓公論南方之荊人必興，先說荊乃「重黎之後」，然後述「黎」因能用火，故受封為「祝融」，此「祝」字乃「巫祝」之「祝」，而「融」即「明」之意。大抵黎能發明以火照明之法，故有此號。此處所說「高辛氏」，依舊說當指「帝嚳」；但此謂黎在帝嚳之部落中有此發明，非言其血統。就血統而言，則黎出自顓頊。《左傳》載蔡墨答魏獻子之問，論及所謂「五官」，而謂：

> 顓頊氏有子曰犁，為祝融。共工氏有子曰句龍，為后土。❾

此明謂「祝融」（「黎」或「犁」）出自顓頊一族。此外《山海經》之〈大荒西經〉亦有「顓頊生老童，老童生祝融」之說，韋昭《國語注》謂：「顓頊生老童，老童產重黎及吳回」；案此與大戴《禮記》中〈帝繫篇〉之說相同，即多出一「吳回」。此中牽涉問題頗多；如「重黎」究竟是一人之名，抑或是「重」與「黎」二人之名？《尚書・呂刑》與《國語・楚語》中所謂「絕地天通」之重黎顯是二人；則與帝繫之說有異，此中選擇如何？又「重」是否即少皞氏「四叔」中之「重」？皆須另作解說。但不論「重黎」二字引出何種疑難，專就「祝融」而言，則「黎」即以「祝融」為稱，又出於顓頊氏，則無異說。故所謂「祝融」本身之來源，仍可如此判定。

至於「八姓」，則上引《國語》之文後段亦有詳細解說。其言云：

> 其後八姓，於周未有侯伯佐制物於前代者。……己姓：昆吾，蘇，顧，溫，董。董姓：鬷夷，豢龍，……。彭姓：彭祖，豕韋，諸稽，……。禿姓：舟人，……。妘姓：鄔，鄶，路，偪陽。曹姓：鄒，莒，……。斟姓無後。融之興者，其在羋姓乎。羋姓：蘷，越，不足命也；蠻羋，蠻矣。唯荊實有昭德，若周衰，其必興矣。❿

❾《左傳・昭公二十九年》。

❿《國語・鄭語》。

總之，八姓之地區，大部在河南及山東，亦有在山東江蘇交界處及河南河北交界處者。唯芈姓在湖北，其中一支且深入蠻區，成為「蠻芈」。觀此可知，所謂「祝融八姓」決非南方土著，與苗蠻不可混為一事。但芈姓顯然在苗蠻地區逐步發展，故其初小支芈姓雖為蠻所同化而有「蠻芈，蠻矣」之歎，然勢力強盛後即轉而統治土著，故春秋以降，荊（楚）即視為南方勢力之代表。就民族血統言，則無論顓頊族是否果出自黃帝，其必非南方土著則無可疑。

南方土著之苗蠻，文化顯然不甚發達。就古代傳說言，所謂「三苗」，大抵是華夏與東夷二集團所排拒之對象。衝突結果，則苗蠻民族屢敗。此種衝突當在祝融族入苗蠻地區發展之前，且牽涉問題頗多。茲當略作清理。首應述及者是：三苗與華夏衝突時，華夏東夷兩集團已有相當程度之混合。其跡象在古代傳說中亦時時可見。此種民族混合對於了解古史傳說關係甚大，而考史者一向罕能留意及此。本書下節考定殷民族之來源及發展時，正以此種混合現象為重要解說根據之一；故此處當乘此討論三苗與夷夏之衝突之機會，先作一扼要敘述。

論及華夏與東夷之混合，最早之實例應是所謂「帝顓頊」及所謂「高陽氏」。

漢代以後之綜合資料，雖皆謂顓頊為黃帝之孫，然就先秦之傳說看，則大有疑難。案《國語》記展禽論虞夏商周之祭祀時，謂有虞氏及夏后氏，皆「禘黃帝而祖顓頊」，則顓頊應確屬黃帝之後，亦即屬華夏民族集團。但《山海經》之〈大荒東經〉則云：

東海之外大壑，少昊之國。少昊孺顓頊於此。

案《說文・子部》「孺」字釋曰：「乳子也」，則此字作動詞用時即「養育」之意。顓頊為少昊所養育，則又應屬於東夷集團矣。且顓頊以「重」及「黎」為主要助手，其中「重」又屬於少昊族，則顓頊與東夷之關係亦不能抹煞。

此中詳情，古史悠渺，已難考知。但合此種種資料以觀，似可立一假說，即顓頊個人及其氏族，在血統上應屬華夏民族，但其發展則在東夷地區。而觀顓頊日後之事功實兼被二民族集團，則亦與此假說相符。

顓頊之事功，不在於征戰之勝利或器物之發明，而在於改革原始宗教。此點徐旭生先生首倡其說[14]；然其說尚多未盡之義。案此一改革關係甚大，即先秦文件中所言之「絕地天通」是也。

《國語》載楚昭王與觀射父之對話，為有關此一大事之主要資料。茲引原文如下：

> 昭王問於觀射父曰：周書所謂重黎寔使天地不通者何也？若無然，民將能登天乎？[15]

案昭王所謂「周書」，究指何篇，當難斷定。今存之《尚書・呂刑》中則有「乃命重黎，絕地天通，罔有降格」之語；而其上但云「皇帝……」，則「命」重黎者究係何人，實未確言。後世因下文有「乃命三后」一段，又舉伯夷，禹及稷之名，遂謂此指帝舜而言，實則大有問題，因「皇帝」一稱，在先秦文獻中當指「皇天上帝」而言，不應指一人也。至「絕地天通」之確實解釋則更未道及。昭王所謂「周書」倘確指〈呂刑〉此段而言，則毋怪不能解其意也。於是《國語》續記觀射父之答語，對此事詳加論述：

> 對曰：非此之謂也。古者民神不雜。民之精爽不攜貳者而又能齊肅衷正，其智能上下比義，其聖能光遠宣朗，其明能光照之，其聰能聽徹之，如是則明神降之。在男曰覡，在女曰巫。[16]

案觀射父首先點明所謂「使天地不通」或「絕地天通」者，乃就「民」與「神」是否相雜而言；然後將「民神不雜」視為前古之事實而說之。此自是春秋戰國以下託古立說之慣例。實則民神之相雜方是原始社會之實況，

[14] 讀者可參閱，徐著：《中國古史的傳說時代》，第二章，第五節。

[15] 《國語・楚語》下。

[16] 同上。

見神而得藥以惑愚眾。總之是由「地」上之山以與「天」相通。而顓頊氏之「絕地天通」大約即是禁止群巫有登山見神之事，而以所居之「帝丘」（或「玄宮」）為唯一通神之聖地。而「重」之「司天」即專負與天神相通之責，「黎」之「司地」即與人間群巫交往，如此，宗教之中心遂得建立。

以上乃就《國語》資料解釋。倘更進一步追問此一宗教改革之歷史意義，則當知顓頊此舉實表示部落「圖騰崇拜」階段之結束，及超部落之共同信仰之開始成立。此點最明顯之證據，仍是《左傳》中所記郯子之說。郯子云：

> 昔者黃帝氏以雲紀，故為雲師而雲名；炎帝以火紀，故為火師而火名；共工氏以水紀，故為水師而水名；大皞氏以龍紀，故為龍師而龍名。我高祖少皞摯之立也，鳳鳥適至，故紀於鳥，為鳥師而鳥名。……自顓頊以來，不能紀遠，乃紀於近，為民師而命以民事。[21]

此段前面歷舉各上古部落「以……紀」，即指各部落之圖騰言。在「圖騰崇拜」時期，各部落即各就其所崇拜之圖騰而定其官職之尊稱，而視此部落之首長為「……師」；郯子述少皞氏之官職皆以鳥名之，即因以「鳥」為圖騰之故。然顓頊以後，即不再如此尊重圖騰。郯氏取懷念圖騰時代之立場，故說「自顓頊以來，不能紀遠，乃紀於近」。此是評價問題。就史實而論，郯子之言正表示自顓頊氏後即離開「圖騰崇拜」，而進入一新時代矣。

顓頊建立宗教中心時，掌領導權之兩大巫為「黎」及「重」。「黎」即祝融氏，如上文所述，為顓頊族人——即所謂「顓頊氏」之「子」。而「重」則屬少皞族。《左傳》於此亦有明顯記載：

> 少皞氏有四叔，曰重、曰該、曰脩、曰熙；實能金木及水；使重為句芒，該為蓐收，脩及熙為玄冥。世不失職，遂濟窮桑，此其三祀也。顓頊氏有子曰犁，為祝融；共工氏有子曰句龍，為后土。此其二祀也。[22]

---

[21]《左傳・昭公十七年》。

案此節原是蔡墨答魏獻子問「社稷五祀」之語：說前三祀時所舉四人皆屬少皞氏，而「重」居其一，則「重」之為少皞族人，亦無可疑。

依此，顓頊之宗教改革，其中心人物除自身外有兩大巫，而一屬華夏血統，一屬少皞血統；則此一改革運動不僅在東夷地區開始，且其所關人物亦表示華夷二集團之混合。則此一運動為二集團合力完成之運動，其結果自使二集團之混合益加密切。

再進一步論之，宗教信仰在上古社會中影響力至大，幾可視為文化活動之決定因素；今顓頊既建立一宗教領導中心，在文化上之影響即使「圖騰崇拜」日衰，而共同宗教信仰漸漸形成；於是中原地區原屬於華夏東夷各部落分據之局面，受此種宗教改革影響，亦開始轉變；而有部落共主制度之產生。陶唐氏，有虞氏，夏后氏以及殷人，步步加強共主制，終致周人興起時遂有初步之統一王國出現。則顓頊此一運動，倘說為共主制及王國制度產生之先驅，亦不為過。

然而顓頊之影響，但及於夷夏諸族之地區。南方之三苗地區，顯然未受影響，且因此種宗教及文化之歧異，終於導致雙方之戰爭。此所以凡述顓頊之改革者，每每言及三苗也。

三苗乃真正南方之土著部落，當與中原勢力衝突時，似已擴展至今河南境。關於堯、舜、禹與三苗作戰之記載，即有堯與苗蠻戰於「丹水之浦」之傳說（如《呂氏春秋・召類》）。丹水源自陝西，流入河南南部，再至河南湖北邊境而入於漢水；堯與三苗在此丹水邊作戰，即在河南境內作戰也。舜與三苗戰於何地，則未見記載。最後禹大破三苗，則最重要之記載見於《墨子・非攻》下。其文云：

昔者三苗大亂，天命殛之。日妖宵出，雨血三朝。龍生於廟，犬哭乎市。夏冰，地圻及泉，五穀變化。

㉒《左傳・昭公二十九年》。

民乃大振。高陽乃命禹於玄宮（原脫「禹於」二字，依孫校補）；禹親把天之瑞令以征有苗，雷電誖振（原作「四電誘祇」，依孫校改）。有神人面鳥身，若瑾以待，搤矢有苗之祥，苗師大亂，後乃遂幾。

案此段所述即一決定性之戰役；三苗為禹所敗後，即衰不能振（所謂：「後乃遂幾」）；而禹之征苗則在「玄宮」受「高陽」之命，以代表天意或神意身分出現；另一面描寫三苗全用述妖異之語；則此一戰爭實是一宗教性之戰爭，否則高陽氏何必參與？「玄宮」乃顓頊舊地。當禹之時，此地仍屬宗教中心；顓頊之族高陽氏世代為宗教首領，故代表天而授命於禹。「人面鳥身」之「神」，當是屬少皞血統之巫師。徐旭生先生以為即是「重」之後裔，世襲「南正」者，亦不為無據。但此屬細節，證據不足，本書亦不強作考定。

《尚書・呂刑》述三苗事，謂「苗民弗用靈」；「靈」即「巫」；「弗用靈」即不信受當時中原之宗教也。兩相印證，若合符節。但〈呂刑〉述「絕地天通」時，似將苗亂說成引起「絕地天通」之因素，又但說「皇帝」，而不及顓頊之名；已不如《國語》記載近乎史實真相。後世儒者不考「皇帝」一詞之古代用法，又以為指帝堯，愈錯愈遠；而「絕地天通」一事之正解益不可得；更不能掌握顓頊之宗教運動之意義。其實，古代傳說中稱人為「帝」者，每附以名，如帝嚳，帝堯，帝舜之類；其所以如此，乃因此種英雄人物，帶有半神半人之色彩。至於稱一人為「皇帝」，則決無其例。後世統一國家建立，稱元首為「皇帝」全是另一階段之事。堯舜之時，初步之王國制度尚未建立，豈能有此稱？〈呂刑〉之「皇帝」除指「上帝」外，實別無解法也。因世俗多為舊說所誤，故順辯數語。

三苗既衰，南方土著勢力遂不能與中原之華夏東夷混合勢力抗拒；日後祝融氏之後裔芈姓一支在南方地區建立荊國（即「楚」），遂以南方民族自居。然此實是外來勢力，非土著勢力。作為古代南方土著之苗蠻民族集團，此後在歷史文獻中一直成為反面角色；其對日後中原文化之影響，僅有其洪水神話中之「伏羲」與「女媧」

而已。此點亦應順釋數語。

案自《易・繫辭》推重所謂「庖犧氏」後，此「庖犧氏」或「伏羲氏」即成為始作八卦之人物，至漢代綜合史料形成，於是後人動稱「伏羲，神農，軒轅」，甚至稱為「三皇」（如孔安國，皇甫謐皆然）。另一面又強將伏羲與太皞合為一人，全失古史真相。其實，戰國以前先秦文獻從不言及「伏羲」，而最早言「伏羲」者為《莊子・內篇》；此外〈離騷〉中有「宓妃」，當與伏羲有關，而二者皆屬南方傳統之作品。則「伏羲」之傳說不出於中原華夷二集團，已可想見。而更確定之證據，則為當代人類學家芮逸夫氏之苗族調查。芮氏發現苗族自有一洪水故事，述洪水為災，人皆滅絕，而有兄妹二人倖存，遂成為後來人類之祖先。此二兄妹，男名"Bu-i"，女名"Ku-eh"；即「伏羲」與「媧」之對音。由此而對伏羲神話之來源得一定解（讀者可參閱芮氏在中央研究院歷史語言研究所人類學集刊中發表之〈苗族洪水故事與伏羲女媧的傳說〉一文及其後論及此問題之其他論文）。而漢代之《淮南王書》於〈覽冥訓〉中將「慮戲氏」與「女媧」相連而論，其原因亦豁然可解，而另一面《易・繫辭》以下對於「伏羲」或「庖犧氏」種種附會之說，其不能成立亦可定案。蓋苗族在夏后氏時期大衰，不惟不能再侵入中原，且在南方地區亦不能自立；於是祝融之後人主南方之地；然苗族地區之古舊神話仍繼續流傳，故伏羲女媧之名遂通過其後之南方文化傳統而漸漸流入中原。《莊子》以前中原尚未知此種傳說，故《左傳》及《國語》雖最喜述古代傳說，然從不言及伏羲一字。其後南北二文化傳統逐漸融合，遂產生伏羲作八卦之說。其實「八卦」自是周民族之產物，與苗蠻集團之神話人物可謂風馬牛不相及。漢儒以下言《易》者竟皆宗此說，亦可笑也。

苗蠻民族在文化進度上本不及華夏及東夷，在屢戰皆敗之後，其內部似亦有崩離之事。如《逸周書》歷述前代興亡故事，而云：

外內相間，下撓其民，民無所附，三苗以亡。㉓

此中詳情雖不可考，然大致即指三苗向外發展受挫，而內部又喪失領導中心，故「民無所附」而終亡。所謂「亡」即勢力衰滅之意，非謂此民族全部消失。顧苗族雖未消滅，然已不能為南方地區之主導勢力；一部分久不開化，成為落後民族；另一部分則依附於日後祝融八姓與徐淮東夷所建立之南方文化傳統而被同化矣。

三集團之略說至此可以結束。以下即可進而討論殷民族之起源及發展等等問題。

二、殷民族略考

「殷」原屬後起之稱，茲為行文方便，仍用「殷民族」一名。

殷周民族對古中國文化傳統之形成，關係甚鉅；前人對其史蹟之考論亦甚繁富。但關於殷民族之起源，則至今未有定論，蓋舊說既不可據，新證亦不易通協。茲先評舊說，再試擬一較為可據之解釋。

㈠舊說之批評

漢以下言殷商之事者，主要根據為司馬遷《史記‧殷本紀》；故此處清理舊說，亦當先評《史記》之說。《史記》中之〈殷本紀〉、〈周本紀〉以及〈五帝本紀〉等，原亦據古代傳說資料並采譜牒諸子之說而作成；其中記述有頗為準確者，如〈殷本紀〉中記相土以後殷人之世系，與甲骨文資料對證，大致相合，即其例也。然《史記》此種記述，另有一最大缺點，即其敘古事皆綜合來源不同之傳說，而強合為一體。且進行綜合時之理論配景，則取後世之大一統觀念，遂與古代社會之實況絕不相合。如〈五帝本紀〉中即動言「天子」，「帝位」等等，皆明證也。茲論殷民族之起源，即當先取《史記》中之綜合記述作一分析。

㉓《逸周書‧史記解》。

案〈殷本紀〉以契為殷之始祖，而云：

殷契，母曰簡狄，有娀氏之女，為帝嚳次妃。三人行浴，見玄鳥墮其卵，簡狄取吞之，因孕生契。

此說如真實可信，則殷民族出於帝嚳，而帝嚳又為「黃帝之曾孫」（見〈五帝本紀〉），殷民族亦同屬華夏集團矣。然此中顯然包含兩種成分；其一是吞鳥卵而生子之神話，其二是此子與人之血統關係。前者當出於民族內部之傳說，後者則是另有來源之故事。以殷民族自述其祖先之資料而論，則〈商頌〉中〈玄鳥〉、〈長發〉二篇，但言及「玄鳥」及「有娀」，可知殷民族之傳統說法中本無「帝嚳」之「妃」生契之說（關於〈商頌〉之析論，見後節）。另一面則《楚辭》中〈天問〉及〈思美人〉二篇中，則將「簡狄」、「嚳」、「玄鳥」、「有娀」等合而說之，可知《史記》之文乃由此類後起之傳說演成，蓋〈商頌〉雖是殷後宋人之作，然所述民族內部之傳說，自是由前代傳來，根源必極早也。

若以〈商頌〉與《史記》所據之傳說比較，則〈商頌〉謂「有娀方將，帝立子生商」，在「洪水芒芒，禹敷下土方」之後，則其時代在禹後，即不能在帝嚳之世；而〈商頌〉中之「帝」，自指天或神而言，正與鳥卵生契之神話相配，而決不能指「帝嚳」。總之，將玄鳥神話牽入帝嚳，非殷民族內部傳說，自是南方後起之說。至於此種增益之傳說，何以流行於南方，則又與周人興後，一部分殷後移往南方有關。下文論殷周盛衰時當另及之。

且殷人後代自述其民族之發展，顯是出沿海地區進至河南中原之地，亦決非本在中原者。《國語》中述各民族後代之祭禮，則殷人「禘舜」而非如《禮記》中所說之「禘嚳」。其他尚有許多可用之資料，足表明原始傳說與綜合資料之不同，下文對殷民族之起源發展作正面解釋時，當再詳論。此處所可說者，是《史記》所述，乃後世之綜合資料，與較早之傳說資料頗有乖異，不可為據。

戰國至秦漢以下，儒生喜以後世之一統觀念加於古代，故將各民族均說為同出一源；對虞夏商周莫不如此。

另一面民族起源之神話又早在各民族內部流行，亦不能廢，故乃有種種綜合資料出現。此種綜合資料，原亦含有可信之成分，但就整體言之，則其配景與古史真相不合。此理固自顯然。

但以嚳為殷民族所從出，後世信之者頗多。王觀堂鉤稽甲骨資料以考殷史，仍以為殷周皆出於帝嚳（見王著《殷周制度論》）。而其考釋甲骨文時所舉「高祖夋」一條又最能支持此說。今對此問題亦當稍作評論。

案王氏作〈殷卜辭中所見先公先王考〉中發現「[甲骨文字形]」字，及「[甲骨文字形]」字兩體，乃斷為「夋」字。其說云：

卜辭有「[甲骨文字形]」字。其文曰：貞𡕒于[甲骨文字形]；又曰：𡕒于[甲骨文字形]□牢；又曰：𡕒于[甲骨文字形]六牛；又曰：于[甲骨文字形]𡕒牛六；又曰：貞[甲骨文字形]年于[甲骨文字形]九牢；又曰：（上闕）又于[甲骨文字形]。案[甲骨文字形][甲骨文字形]二字象人首手足之形，疑即夋字。㉔

觀堂所舉諸例為此一字之異體，應無可疑；此字為受祭之祖先之名，亦無可疑。問題在於此字是否果為「夋」字。觀堂如此推斷，則據《說文》及甲骨文中「允」字之初文而為言。原文續云：

《說文解字・夊部》，夋，行夋夋也，一曰：倨也。从夊，允聲。考古文允字作「[古文字形]」或「[古文字形]」，本象人形。「[甲骨文字形]」字復於人形下加夊，蓋即夋字。㉕

王氏解「夋」字，不同許書以「允」為聲符，而視為象人形之義符；則「夋」字從人形之允，從夊，即為會意字，而表「行夋夋也」（即昂首而行之意）。此自較許書原解為勝。許書每誤將義符說為聲符，不足為怪。王氏既確定此字為「夋」字，遂據皇甫謐《帝王世紀》中「帝嚳名夋」之說，證此即指帝嚳而言。其下又舉《山海經》中言及「帝俊」十二事，再判所謂「帝俊」即「帝夋」，即皆指帝嚳，而以為郭璞注謂「帝俊」為「帝舜」之假借實乃誤說，理由則是「〈大荒經〉中自有帝舜，不應用字前後互異」云云。其後文再以《左傳》與《山海

㉔ 《觀堂集林》，卷第九，〈殷卜辭中所見先公先王考〉。

㉕ 同上。

經》互證，而謂《山海經》中「帝俊生中容」，「帝俊生季釐」及「帝俊有子八人」諸說，適與《左傳》以「仲熊季貍」為「高辛氏之才子」及高辛氏「有才子八人」之文相合；由此轉而支持《帝王世紀》中「帝嚳名夋」之說。最後再引《禮記・祭法》中「殷人禘嚳而郊冥」之記載，證成嚳為殷人始祖之說。

稍後王氏見甲骨文中有「癸巳貞于高祖𦥑」一條，遂益信此字確指帝嚳之名，蓋卜辭中稱「高祖」者必指極重要祖先，王氏遂以為惟帝嚳足以當之也。

以上為觀堂原說之大要。此中第一關鍵問題，顯在於「𦥑」字是否能定為「夋」字。王氏所舉「人形」之說，就古文與篆文之演變通例看，殊為可疑。蓋所謂「人形」，實有繁簡二體；所謂「象頭目手足之形」者為繁體，僅略象人形者為簡體。前者之例，如「夓」（夏），「夒」（「猱」本字），「夔」等字，原象面與手足之形者，至篆文例變為從頁，從手，從巳等。此即所謂繁體之人形。後者之例，則篆文中凡從𠘧，從大，從儿諸字，皆是。今所謂「夋」字所從之「允」，縱是象人形，亦屬簡體；而甲骨文原字既象人首手足之形，明是繁體。則此字應與篆文中「夔」或「夒」相合，而不能是「夋」字之初形也。王氏後亦發覺此中困難，故又將「𦥑」字改釋為「夒」，但仍以為是帝嚳之名。此則更難令人信服；蓋此字倘不是「夋」字，則所指受祭之祖先與帝嚳即全無關聯。帝嚳名「夋」之傳說，與《山海經》中之「帝俊」，皆不能與「夒」字強為牽合。王氏原說中之論證亦皆只能用於「夋」字而不能用於「夒」字也。

「𦥑」字或釋為「頊」（丁山），或釋為「契」（容庚、徐中舒等），皆無確據；但就字形論，則釋為「夒」應最為合理。但「夒」無確定理由指帝嚳。又所謂「高祖」之稱，就甲骨資料內部而論，已有「王亥」、「大乙」皆稱高祖，則此字所指之受祭祖先，亦並無理由說為始祖。況《國語》中記殷人「禘舜」、「祖契」、「郊冥」、「宗湯」，而不及帝嚳，則周時殷之後代仍未嘗以帝嚳為祖先，另一面則周人「禘嚳」，可知帝嚳實與周民族有特殊關係。至《禮記・祭法》改《國語》之文為殷人「禘嚳」，則是後人接受契為嚳妃所生之另一傳說後之說法，去古史真象當益遠矣。

若「高祖夋」之說能成立，則此種甲骨資料可用以支持《史記》之說。今知此字應斷為「夒」，則對殷民族之起源問題全無作用。王觀堂過信〈殷本紀〉及〈祭法〉之綜合資料，故遂在已知非「夋」字後，仍欲強持「夒」即帝嚳之說，實則無堅強理據可言。

前文已言鳥卵感生之說本與帝嚳生契之說不能同時成立；《史記》之文乃混合兩種傳說之產物。感生固屬神話而不足信，嚳生契亦非殷人原有之說法。於是，殷民族之起源問題，不能依舊說而得解答，必須另作探究。

觀甲骨文資料，可知相土以下之殷世系大致皆與《史記》相合。然《史記》所記相土以前三代（帝嚳，契，昭明）皆不見於卜辭。卜辭中又反而多出一難解之「高祖夒」；似甚為可怪。然若知《史記》本為綜合資料，則此種或合或不合之情況，反足以有助學者了解《史記・殷本紀》中世系資料如何構成。案所謂契佐舜有功而「封於商」之說，雖載於〈殷本紀〉；但就先秦資料考之，則相土始遷於商邱。《左傳》載士弱答晉侯之言云：

陶唐氏之火正閼伯，居商邱；祀大火，而火紀時焉。相土因之，故商主大火。㉖

此明謂商邱乃閼伯所居之地；相土繼居商邱。又《荀子・成相》述前代事云：

契玄王，生昭明，居于砥石遷于商。

可知契原居砥石（案「砥石」即「碣石」，見後），昭明以後方遷於商；而相土正是昭明之子。荀子在戰國末年，雖已受後起說法之影響而取「契為司徒」之說，但對於原有傳說中對殷民族早期遷移之記述，尚能保存；故與《左傳》士弱所述之原始傳說相合。

㉖《左傳・昭公九年》。

依此，可知相土始居商邱，由此至成湯而建立共主地位，再後至盤庚而遷殷。此一民族之遷徙大致如是。居商後有「商人」之稱；遷殷後有「殷人」之稱。至於相土以前，則此民族何名又不可考；然其根源由〈商頌〉及其他資料尚可考見其略。此待後文論之。此處可說者是〈殷本紀〉中對相土以下世系之敘述，大抵乃司馬遷取殷人遺留之記載而作，故與甲骨資料相合；而相土以前，此民族本未定居中原，故所留者僅有鳥卵感生之神話及一二時代不明確之人名。但戰國以降，漸有修改舊傳說以構成歷史圖像之風氣，遂有新傳說興起，而將各民族顯赫人物編為一系；於是堯、契、棄（周人始祖）、摯，皆說為帝嚳之子。司馬遷將此新傳說亦收入其〈殷本紀〉中，故一面將鳥卵感生之說與嚳生契之說合成一故事（案以生契之有娀氏為「嚳妃」，而綜合兩種傳說，楚人當已有之，觀楚辭可知。但司馬遷在〈殷本紀〉中作出更完整之綜合故事，則甚明顯），又將此種傳說與所得相土以後之資料拼合而成為殷世系，於是乃形成今本〈殷本紀〉中之敘述矣。

以上因論及甲骨資料之不全符合〈殷本紀〉，而對相土之特殊地位稍加說明。此點對下文正面考定殷民族之起源及發展亦大有關係。由此即可過渡至下節。

(二)殷民族之起源及發展

本節擬對殷民族之「起源」及「發展」建立一較為可信之假說。首先當以殷民族內部之記述為據，而作清理疏釋。

《詩經》中有〈商頌〉五篇，蓋殷之後代宋人在周中葉所作。其中〈玄鳥〉及〈長發〉二篇，皆述及殷民族之起源及發展，而尤以〈長發〉之資料為重要。

〈玄鳥〉之文較簡。直述鳥卵感生之神話云：

天命玄鳥，降而生商；宅殷土芒芒。古帝命武湯，正域彼四方。

案玄鳥生商，即感生之說，不待解釋；因是後人追憶之詞，故所謂「殷土」，實泛指此民族之活動領域言，非專指盤庚所遷之殷。「古帝」則指「天」而言。此詩但提出成湯，而不語及湯之前代。〈長發〉之記述則較詳。其首節云：

濬哲維商，長發其祥。洪水芒芒，禹敷下土方。外大國是疆。幅隕既長，有娀方將，帝立子生商。

此節涉及民族起源傳說所關之人物與時代，最應注意。案原文明謂在禹治水成功，建立「幅隕」廣大之政治勢力後，「有娀方將」，而有「生商」之事。有娀之女為殷民族之母系始祖，亦即鳥卵神話之主角。後世傳其名為「簡狄」，但在〈商頌〉中則只言有娀；可知「簡狄」一名，亦非殷商內部原有之傳說。至於「帝嚳」，則不僅此節中毫無蹤跡，且以此節之文考之，則帝嚳不可能與有娀氏之女同時，亦不可能為契之父。

後世因契之年代難定，每每含糊言之，謂契與堯舜禹為同時人。如司馬遷在〈殷本紀〉中謂：「契興於唐虞大禹之際」，即其例也。然堯舜禹年輩先後自有差別，唐虞夏三時代卻非「同時」。堯晚年始用舜，舜之年應後於堯一代；舜之用禹又更在後；而禹治水成功，夏后氏興起時，距堯之出生當已有百年。今案〈商頌・長發〉之文，知有娀生契之傳說，原在夏后氏興起之後，則契之出生即晚於堯約三代，豈能與堯同為帝嚳之子？契縱使與禹同時，亦不能與堯為兄弟行也。

故觀殷人內部之傳說，可知契與嚳實無關係。且「有娀方將，帝立子生商」，明謂天帝使有娀氏生商；可知殷人內部之傳說，原只以有娀之女為母系始祖，而所生之契為父系始祖；契之父則託諸神話，未嘗在契以前別加一帝嚳也。以契與棄（后稷）為堯之兄弟，大約乃戰國時逐漸形成之傳說；作〈商頌〉時此種傳說當尚未形成，則可知此種後起傳說距史實必甚遙遠，而殷民族出於帝嚳之說必不可信矣。

若觀〈商頌・長發〉後文，則有另一線索可供探索。案〈長發〉續云：

玄王桓撥，受小國是達，受大國是達。……相土烈烈，海外有截。

玄王即契，受小國、大國云云，謂契建國由小而大，莫不順遂也。最可注意者乃相土二句。欲得此二句之確解，須先解「截」字。案「截」字原作「戩」，《說文》以「戩」與「斷」互訓，後世遂以「整齊」訓此處之「截」字，實為大誤。蓋此所謂「截」或「有截」，乃周時之特殊用語；今唯見於〈大雅〉及〈商頌〉。

〈大雅・常武〉述伐淮夷之事而云：

鋪敦淮濆，仍執醜虜，截彼淮浦，王師之所。

案前文云：「率彼淮浦，省此徐土」，乃言初進軍時循淮水而向徐地；此處則言平定淮夷後即統治淮浦，而使此地區成為「王師之所」；觀上下文，可知「截」是統治或建立勢力之義，故毛傳在此處謂「截，治也」，最合原旨。其他注疏多依「截然」之意說之，蓋不知「截」字此一用法耳。

〈商頌〉中除上引之「海外有截」外，〈殷武〉記殷王伐荊楚事，有云：

罙入其阻，裒荊之旅，有截其所，湯孫之緒。

此所謂「有截其所」，亦明是「在其地建立統治」之意，正可與「截彼淮浦，王師之所」互證。舊注又以「截然齊一」釋之，實昧於古訓也。

總之，「截」（即「戩」）原指「統治」而言；但此是周中葉以前用法；故僅存於〈大雅〉及〈商頌〉中，《左傳》、《國語》中均未有此例。後人不解此字，因之亦不解〈長發〉中「海外有截」一語之重要。

謂「相土烈烈，海外有截」，即是說：相土有功，在「海外」建立統治。依此，殷人在相土時先在海外建立勢力，後始遷商；換言之，此子姓之民族在遷商以前原居於海濱地區，此是了解殷民族之一重大關鍵。倘參以其他資料，則由此不難窺見殷民族最早之發源地及其後發展之概況。

前文已引《荀子・成相》中「契玄王，生昭明，居于砥石遷于商」之文，玆當就此文再進一步考索。

案《水經注・渭水》下引〈世本〉云：「契居蕃」；《尚書正義》又引〈世本〉云：「昭明居砥石」。「蕃」不知何地。「砥石」則前人亦無確考。今案「砥石」即「碣石」；蓋古舌上音與舌頭音、舌葉音等均不分，故「碣」與「砥」音近。而「碣石」之地望則不難考見。

案戰國人所作之〈禹貢〉，於冀州一段云：

夾右碣石入于河。㉗

《漢書・地理志》云：

右北平驪城縣，大揭石山在西南。

《水經注・濕水》下云：

碣石淪於海中。

案驪城即今河北樂亭縣；碣石即在此縣西南濱海處；正屬古冀州之地。昭明及相土皆居於此，則可知殷民族在遷商以前，原是北方海濱地區之民族。相土先在海濱建立勢力，故云「海外有截」；其後此民族由相土率領而入中原，居於商邱；遂漸與中原勢力交往；其時當正在夏后氏之盛世，故〈商頌〉中尚以禹代表天下也。

傅孟真氏考論殷人史實，曾遍引中國東北沿海民族之神話，以證所謂「鳥卵感生」之說，正是此類部落常有之神話；亦可作為日後稱「商」稱「殷」之子姓民族，起源於東北沿海地區之旁證。

此處須補充一點，即以「砥石」為「碣石」，雖是最近理之解釋，然其地距今河南較遠。倘若在山東沿海地區能求得一相當於「砥石」之地名，則即應捨「碣石」之說；蓋相土之「海外有截」，亦儘可指山東境海濱地區，

㉗《尚書・禹貢》。

而由此地區遷商邱則較易也。但目前未發現此地區中可解為「砥石」之古地名，而另一面則朝鮮向傳為殷後，則以殷人為起自北部海濱似亦非無據，而遷地稍遠亦非真難解之問題，故仍取「碣石」以釋「砥石」。

以上只就地區一面探究殷民族之起源。然此一民族究竟應屬何集團？或在上文所論三集團之外，則尚須另作討論。此點在甲骨資料中，未有明顯發現可據，仍當於古代傳說及記述中求之。

案契為嚳子之說既不能成立，殷人早期活動地區又與華夏集團之地區不同，則此民族不應屬於華夏集團。而觀《國語》中所記周時各族後人之祭禮，則殷人似以舜為祖先。原文云：

> 故有虞氏禘黃帝而祖顓頊，郊堯而宗舜；夏后氏禘黃帝而祖顓頊，郊鮌而宗禹；商人禘舜而祖契，郊冥而宗湯；周人禘嚳而郊稷，祖文王而宗武王。㉘

案此文所述之祭禮，皆是周時各族之祭禮，當已與各族原來之祭禮有異；約言之，即皆已受後來傳說之若干影響。然仍較更晚之綜合資料為可信，蓋所代表者仍屬各族自己之想法，非由外強加之解釋也。

若依漢代之綜合資料看，則殷人與舜似全無關係，故〈祭法篇〉遂改「舜」為「嚳」，以配合契為嚳子之說；而韋昭注《國語》遂據《禮記》此說而反疑《國語》此文中之「舜」字乃「嚳」字之誤；後人亦多從此說。其實「嚳」字何由能誤為「舜」，已不得其解（二字形體迥異）。今既考知契不能為嚳子，則此說更不必置論矣。但無論契與嚳有無關係，對於殷人何以「禘舜」，均不能提供解釋。茲對此問題試求解答，則須自有虞氏本身著手作一探究。

案有虞氏原屬東方民族。戰國時孟子述古事雖已有種種理想化之議論，然猶謂：「舜生於諸馮，遷於負夏，卒於鳴條；東夷之人也。」㉙所謂「諸馮」、「負夏」、「鳴條」等地，向無定解。但就《孟子》原文之語氣看，

㉘《國語・魯語》上。

舉此三地而說舜為「東夷之人」，則此三地皆必在東方無疑。且舜耕於歷山，漁於雷澤之說，則墨子亦言之，可知乃舊傳說。而歷山在今濟陰，雷澤在今濮縣，皆山東境；則虞舜最初所居之地，當即為河南山東交界處之虞城，在漢稱虞縣者，不應如舊說之在山西境內也。

孟子取「中原」觀點而視邊遠地區為「夷」地，故謂舜為「東夷」而文王為「西夷」；此自與今日所謂「東夷集團」意義不同；故《孟子》之文不能直接證舜或有虞氏屬於「東夷集團」；但以地域論之，山東境內向屬東夷活動之領域，舜早年活動皆在今山東境內，則以舜為有東夷血統之人，亦不違常理。在此假定下，對殷人與舜或有虞氏之關係亦可試作一解釋。

此處所涉及之主要關鍵，仍在於前文所論之「民族混合」問題。當考顓頊事跡時，已指出顓頊之宗教運動對當時華夏與東夷之混合有推進作用。但此所謂混合，乃指夷與夏兩大集團中已在所謂中原地區定居之部族說。兩集團皆部族眾多。在西部地區自有屬於華夏集團而未參與此種混合之部族；在東北部地區亦自有屬於東夷集團而未參與此種混合之部族。殷人與周人適分別屬於此類部族，殷起於東北，而周起於西方也。至於對殷周二族所以能作此判斷者，則因殷周二族之始祖，皆生於夏后氏興起後，不能上及夏以前之時代（關於殷始祖契之時代，前文已論之；周始祖棄之時代，見後文）。

但殷周二族入中原後，則又取中原顯赫人物中關係較近者奉為遠祖。至所奉之人物，原奉祭何人，則另是一事。有虞氏之後代，在周時「禘黃帝而祖顓頊，郊堯而宗舜」，顯自認為出於顓頊，而遠奉黃帝；殷人雖不屬華夏集團而禘舜，固不關舜與華夏集團之關係。蓋就血統言，殷人自奉契為始祖，而又有鳥卵感生之神話，不必再尋血統上之遠祖；然就地區言，殷人與有虞氏同起於東方，於是在禘祭時乃奉有虞氏之英雄為遠祖矣。

㉙ 《孟子・離婁》下。

倘與周人比觀，則情況益明。周人姬姓，又起自西北，則似為黃帝一族之嫡系後裔；然周人作為一部族又自有其感生神話，而以姜嫄所生（步大人足跡而感生）之棄（后稷）為始祖；故自血統言之，則周之有棄猶殷之有契；不必另求遠祖。然「周人禘嚳」，而不取姬姓始祖之黃帝，反另奉帝嚳。其理總在於禘祭之對象不必為血統上之始祖也。

知殷人禘舜，並非真以舜為血統上之始祖，則其所以禘舜，即可從地區文化等關係解釋。

案相土遷於商邱，故其後此一民族即稱為「商人」；則「商邱」之名先於「商人」而成立。而所謂「商邱」者，即「商」之故地之意。此「商」自不能指後來之商民族。徐旭生以為此「商」應指舜之子商均[30]；此點雖尚待詳考，然以時代及地區言之，閼伯相土之前，名「商」之部落主，似亦難別求其人，則徐說不失為可立之假說。依此假說，則此日後稱為商邱之地，應是舜之後有虞氏所居；其後有閼伯居之，再後有相土居之。換言之，殷民族最初至中原地區時，即居於有虞氏之故地。其受有虞氏之文化浸染，亦屬當然。於是，周時殷後依周制而設禘禮時，遂奉虞舜為禘祭之對象；蓋契已為「祖祭」之對象，不能再受「禘祭」，殷人當時又並無「嚳生契」之傳說，只能選關係較深之舜為禘祭之對象矣。

此處對於「嚳生契」一傳說之來源，亦可試作一解釋。案《左傳》述閼伯居商邱事，見子產對叔向之言。原文云：

> 子產曰：昔高辛氏有二子，伯曰閼伯，季曰實沈，居於曠林，不相能也，日尋干戈，以相征討。后帝不臧，遷閼伯於商丘，主辰，商人是因。[31]

㉚ 見《中國古史的傳說時代》，頁八八之注文中。

㉛ 《左傳・昭公元年》。

闕伯為高辛氏之子，則是帝嚳後裔；其為陶唐氏火正，不必指堯時而言。堯身後自有陶唐氏，不過失去共主地位而已。此闕伯曾為陶唐氏火正，後居商邱，稍先於相土。殷民族遷商邱時，此高辛氏之後裔當亦有留居此地者。雖高辛氏久衰，其影響力當不如虞舜之後代；然殷人與高辛氏之部族，當亦有相當程度之混合。自殷人言，則自知高辛乃另一部族，但後世或因二者之混合關係，遂生出殷人出於高辛之說。顧此一傳說之形成必甚晚，蓋周之中期，宋人以殷後而作〈商頌〉時，顯然尚不知此傳說也。

至此，日後綜合資料中對殷民族起源之敘述，雖因資料來源時代皆不同，顯有矛盾；然其來源，亦大致可以推出矣。

殷人自相土以後，在北方尚多活動，如王亥在「易」喪羊之事，即其例也。大約相土自北方遷入商邱，其部落沿路留居者尚多，故相土以後之部落主，須時時照顧北方；然當時北方（今河北地區）似無強敵，故如「有易」之類小部落，終先後為殷民族征服。至成湯時乃轉向中原發展。〈商頌〉中在述相土後即記成湯之武功云：

> 帝命不違，至于湯齊。湯降不遲，聖敬日躋。……
>
> 武王載旆，有虔秉鉞。如火烈烈，則莫我敢曷。苞有三蘖，莫遂莫達。九有有截。韋顧既伐，昆吾夏桀。㉜

此湯時殷民族發展勢力之簡單記載也。「九有有截」一句中之「有截」，又可為前文以「統治」訓「截」之佐證；蓋湯此時已建立雛形王國，殷人已有相當廣大之疆土，故謂「九有有截」，「九有」猶言「四境」也。成湯滅韋，顧及昆吾後，再滅夏桀；於是夏后氏世傳之中原共主地位，遂屬殷人矣。

總之，殷民族自北方沿海之地先建立勢力，然後遷至商邱；但此後代代仍經營北方。成湯則更征服河南地區，終建立殷王國，而成為舊日華夏東夷雜處之廣大地區中最強大之勢力，此即殷民族發展之大概也。

㉜《詩經・商頌・長發》。

三、結　語

以上已略述上古三集團分合之大略，並對殷民族之起源及發展擬定一解釋，下文當論殷周關係以進至古代南北文化傳統之形成。為清眉目，此處對前文所論各節，撮述其要點如下：

(1)古中國原有三民族集團，華夏發源於西北，東夷居山東河北沿海地區；南方則有苗蠻。

(2)華夏集團由西而東，在黃帝時與東夷之蚩尤族有大戰；結果蚩尤失敗，但東夷之少皞（昊）族與華夏之黃帝部族從此合作；民族混合由此開端。

(3)古代巫教以登山會神為愚民之說；遂漸漸造成人神相雜之傾向。由於巫教無統一組織，故人人皆可作巫史而迷於神權，怠於人事。顓頊氏以華夏血統生於東夷地區，乃作一宗教性之改革運動；以「重」及「黎」分掌神與人之事，而建立宗教領導中心，即所謂「玄邱」，「玄宮」或「玄都」。此後常人不能與神相通；故稱「絕地天通」。此一宗教改革，使華夏東夷之混合更進一步，亦提高此混合集團之文化。

(4)南方之苗蠻集團原另有其原始宗教及神話，並未參與此一大運動；遂與華夷之混合勢力發生衝突。在夏后氏時，禹大破苗蠻，苗族遂衰不復振。其後顓頊族後裔之「祝融八姓」中羋姓之荊移入江漢之地；於是原屬苗蠻之地區，遂以此顓頊族之後裔為主要勢力；殷周以降，此種外來民族已自命為南方民族矣。

(5)參與顓頊氏所造成之民族混合者，僅屬本已在中原定居之華夏及東夷部族；其在邊疆之部族，則既未參加此混合，亦與顓頊族無關係。屬東夷之殷人與屬華夏之周人，皆屬於此類部族。

(6)戰國至秦漢間，託古之風既盛，民族交往又繁；故產生綜合不同傳說而據後世觀念予以改編之種種說法。此即稱為「綜合資料」。《史記》中之〈五帝本紀〉及〈殷本紀〉等，正屬此類資料之代表。〈殷本紀〉混合「鳥卵感生」之殷人神話，與後起之「嚳生契」之傳說，而有對殷民族起源之記載。但觀殷民族內部之傳說，則「鳥卵感生」之神話，有娀氏之女及契之時代，皆在禹治水之後，可知契與帝嚳實不能為父子關係。又甲骨資料中亦不見對嚳之祭禮記載。王觀堂雖曾立「高祖夋」之說，但自知其說不可立，遂改「夋」為「夒」；今考此字，亦不能指帝嚳。再觀殷後依周制所定之祭禮，則禘舜祖契，可知殷人至周時仍以契為血統上之始祖，而奉有虞氏之舜為禘祭對象，未嘗以嚳為契所從出。

(7)考〈商頌〉所記，知相土原在海濱發展勢力；再以《國語》、《左傳》、《荀子》等書所記之舊傳說合考之，可知相土以前，殷人原居「砥石」(即「碣石」)，相土先建立勢力於海外，後遷居商邱；此民族由此有「商人」之稱。則殷民族起源問題，可得大致之解答。

(8)至殷人之禘舜，與後起傳說將殷人與高辛氏之混為一體，則皆與商邱一地原有之定居者有關。商邱當為舜子商均之故土，而相土以前居商邱之閼伯又屬高辛氏後裔，故相土之部族遷商以後，與此二族皆有密切關係。虞舜地位顯赫，商人崇拜此一英雄人物，故在周時定祭禮，乃以舜為禘祭對象。至以為殷人屬高辛氏，則當由於商人繼閼伯而居商邱，故外界有此傳說。其後將此傳說與「鳥卵感生」之神話相合，遂產生有娀女簡狄為「嚳妃」而食鳥卵遂生契之故事。然考〈商頌〉及其他原始傳說，仍可知此說之悖於事實。

依以上之考論，乃可進而敘述殷周關係以及南北文化傳統之所以形成。此即下節之主題。

參　殷周民族之關係及其盛衰

本節將由周民族一面著手考論，逐步說明日後南北文化傳統之歷史背景。首先應先論周民族之起源發展。

一、略論周民族之起源及發展

關於周人早期歷史，《史記》中亦有〈周本紀〉述之。然其編成與〈殷本紀〉相似，仍屬綜合資料。最有趣者是〈周本紀〉中又將周之始祖棄（后稷）說為帝嚳之妃所生，同時記述周民族之感生神話。原文云：

周后稷名棄，其母有邰氏女，曰姜原。姜原為帝嚳元妃。姜原出野，見巨人跡；心忻然說，欲踐之。踐之而身動如孕者，居期而生子；以為不祥，棄之隘巷。馬牛過者，皆避不踐。徙置之林中，適會山林多人，遷之而棄渠中。水上飛鳥，以其翼覆薦之。姜原以為神，遂收養，長之。初欲棄之，因名為棄。

司馬遷此段文字，自踐巨人跡之感生神話，至姜原先棄所生嬰兒，後又收養等等，所述全據《詩經・大雅》之〈生民〉。唯以姜原為嚳之元妃，因而將后稷亦列為堯之兄弟行，則周人絕無其說。案〈生民〉原文云：

厥初生民，時維姜嫄。生民如何，克禋克祀，以弗無子。履帝武敏歆，攸介攸止，載震載夙，載生載育，時維后稷。

此即周人之感生神話。原文謂姜嫄以無子而祭神求子，踐神之足跡（所謂「帝武」）遂生后稷。絕無姜氏為嚳妃之說。其中言寘之「隘巷」，「平林」，「寒冰」等等，即〈周本紀〉所取材也。而〈周頌〉中則頌后稷云：

思文后稷，克配彼天，立我烝民，莫匪爾極。㉝

此「文」字指祖先而言，猶《書經》中常見之「文人」一詞中之「文」字。以后稷配天，而明謂「立我烝民」，即以后稷為始祖。蓋殷人有鳥卵感生之神話，而以有娀氏為祖妣，所生之契為始祖；周人有巨人跡感生之神話，而以姜氏為祖妣，所生之棄（或稷）為始祖。二者情況相類。然無論契或稷皆不能為帝嚳之子，或堯之兄弟輩。

㉝ 《詩經・周頌・思文》。

關於契之年代，前文已略考；關於棄之年代，則更較契為易知。案《左傳》載蔡墨答魏獻子論社稷之祭祀云：

稷，田正也。有烈山氏之子曰柱，為稷，自夏以上祀之。周棄亦為稷，自商以來祀之。[34]

可知「稷」是農官之名；居此官有功者，死後遂作為農神而受祀。最早之稷，乃烈山氏族中之柱；商以後始以周棄為稷而祀之。則此名棄而屬於周人之稷，其年代當在夏末，故商以來祀之也。又《國語》載周太子晉諫靈王，謂：

自后稷之始基諸民，十五王而文始平之，十八王而康克安之。[35]

則后稷至文王十五世，至康王十八世。每世縱以四十年計之，后稷亦當生於夏末殷初，不能更早。太子晉自述其祖先世數，應不致有誤；則稷又後於契若干年，斷不能為堯之兄弟一輩矣。

〈周本紀〉此種謬誤，總由於司馬遷混合不同傳說而編成世系有關。周棄與殷契之感生神話，本身已表明二人之父不可知；而此皆屬民族內部傳說。至於將契稷同作為嚳之子，則是後來改編古代傳說者所作。司馬遷接受此種綜合資料而編成二本紀之文，然其不符史實，甚為易見。

周民族之始祖稷，既曾在殷商時受祀為農神，則其人當曾在中原地區為夏后氏之農官；但其部族則在西北。舊傳稷子不窋自中原遷往「戎狄」地區，其事不可詳考。然稷後三代，而有公劉，公劉居於豳地，則〈大雅・公劉〉述之甚詳。可知周民族在文武之前，世居西北者十餘世；固未嘗與中原民族混合。

至周人之發展，略言之，即由西北而東南步步接近中原。在古公亶父時，已居岐山而為殷王國服役。《詩經・大雅》對此有明確記述云：

---

[34] 《左傳・昭公二十九年》。

[35] 《國語・周語》下。

古公亶父，來朝走馬，率西水滸，至于岐下。㊱

「朝」乃地名，「走馬」即《周禮》中之「趣馬」，古牧馬之職名也。古公亶父任牧馬之職，自是受殷王國之命。而其時周人文化尚低，同詩前節云：

民之初生，自土沮漆，古公亶父，陶復陶穴，未有家室。㊲

此謂周人當時尚居窰穴之中，未能建屋宇。然自古公即開始「築室」，其後經王季而至文王，勢乃大盛，終有所謂武王克殷之事。至此，可轉而論殷周關係。

二、殷周關係

古公遷岐之後，周之勢力乃漸增長，故後人每歌頌「大王」之功績，以為周之代殷而建立王國，實肇基於古公。如〈魯頌〉之〈閟宮〉云：

后稷之孫，實維大王，居岐之陽，實始翦商。

意即謂古公時周人開始與殷人爭霸。然此是後世歌頌祖先之辭；就事實言，則古公時尚無爭霸之跡象。且古公之子王季與殷人建立密切關係，娶殷女大任。《詩經》云：

摯仲氏任，自彼殷商，來嫁于周，曰嬪于京。乃及王季，維德之行。大任有身，生此文王。㊳

古代部族間之婚姻，大抵皆象徵雙方友好之意。周時尚為小邦，而娶殷女，可知此時殷周關係尚甚融洽。

㊱ 《詩經・大雅・緜》。

㊲ 同上。

㊳ 《詩經・大雅・大明》。

且王季不僅與殷人結婚姻，且曾助殷人與鬼方作戰。此事據《易經》爻辭、《詩經》及古本《紀年》殘文，尚可考見。案《易經・未濟》之九四爻辭云：

震用伐鬼方，三年有賞于大國。

後世解經者或誤將此處所記與〈既濟〉爻辭所言「高宗伐鬼方」混為一事；然「高宗」自指殷武丁，其伐鬼方是殷人對外族之大戰事。而此處謂「三年有賞于大國」，則是周人對鬼方之戰爭，何以知之？因周人向稱殷為「大國」或「大邦」；今謂「三年有賞于大國」，即是說三年戰爭有功，得殷之賞賚，故不能指殷人之戰爭，而只能指周人而言也。至此戰爭發生於王季時代，則有古本《紀年》之文及《詩經》資料可證。案《後漢書・西羌傳》注引古本《竹書紀年》云：「周王季伐西落鬼戎」，王觀堂引此文配合小盂鼎銘文而證鬼方之在西方；實則此亦涉及殷周關係中一大事。

再以《詩經》資料參證。〈緜〉述大王居岐功業後，續云：

肆不殄厥慍，亦不隕厥問。柞棫拔矣，行道兌矣，混夷駾矣，維其喙矣。

此段因未標王季之名，後世每以為仍指大王而言，但對兩「厥」字向無善解。然觀〈皇矣〉云：

帝省其山，柞棫斯拔，松柏斯兌。帝作邦作對，自大伯王季。

此中「斯拔」，「斯兌」二句，與上引〈緜〉之文分明同指一事；則此實指王季兄弟開山闢路之功而言。依此，〈緜〉下文所謂「混夷駾矣」，亦當指王季之事。「混夷」即「鬼方」，「夷駾」言其敗走；則正可與《紀年》之文參證矣。

王季率周人與鬼方戰，當是受殷之命，觀「有賞于大國」可知。然古公本受鬼方之壓迫方南遷，則於鬼方可謂素有仇怨。王季以古公之承繼人而敗鬼方，亦可謂是雪恥之舉。詩中「肆不殄厥慍，亦不隕厥問」猶言「既不失其仇怨，亦不墮其聲名」，故下文遂接述其建設與破敵兩面功績。「厥」皆指古公而言。史實既明，訓解亦易矣。

王季時殷周關係如此，不可謂有敵對之勢。徐中舒氏在其〈殷周之際史蹟之檢討〉一文中，以為周太伯（王季兄）之入南方，乃周人向南方擴張勢力之舉，恐未必果然。周人此時是否有爭霸中原之計畫，亦難斷言。但王季至文王，周勢日盛。而另一面殷之帝辛又與其他東夷部落衝突，國力大耗。於是終有所謂「武王伐紂」之事矣。

三、周初之政治形勢

周武王之伐紂，經後世誇張，遂成為「弔民伐罪」之典型；實則是殷周二族之爭霸而已。其作戰經過，舊籍記載甚略，然觀《逸周書・世俘解》，則殺紂之後，武王尚「征四方」；俘馘達數十萬。則此一民族戰爭之慘烈可知。而尤可注意者是武王克殷後尚伐許多小國，則亦可知戰國時孟子所倡「以至仁伐至不仁」之說，決不符史實；蓋殷人自是一大勢力，其同盟部族極多，並非天下皆擁周也。

武王伐紂之事，雖經戰國以後儒士予以理想化，但具體史實有不能掩者。第一、武王身後，殷人及其盟友再與周人爭霸，遂有周公東征之事。第二、殷王國雖覆亡，淮漢一帶之部族仍繼續抗拒周人。以下即以此兩面之史實為中心，略論周克殷後之政治形勢。

武王初克殷，尚未行「封土建君」之新制度，故仍封紂王之子武庚於殷地。及武王身逝，武庚乃聯合殷之盟友反周，於是周人乃面臨嚴重政治危機。

此時周成王繼位，周公主政。周公面對此種形勢，一面採取軍事行動，一面創設新制度，力求克服危機。

軍事行動即所謂「周公東征」。案決定採取軍事行動之前，周人所處環境至為艱難。此可由《尚書・大誥》之文證之。

〈大誥〉乃周王之文告，作於武王身歿，殷人重結同盟大舉進攻之際；充滿憂危之感。文中強調問卜得吉象，以安眾心，且透露當時周人及與周聯盟各部族亦多不主張作戰者。茲引數段如下：

> 王若曰：猷！誥爾多邦越爾御事。弗弔，天降割于我家，不少延。洪維我幼沖人，嗣無疆大歷服。

此開端之語，「弗弔」即「弗淑」——猶言「不幸」；所謂「降割于我家」，即「降禍」之意，指武王之歿。成王以幼年而承繼廣大疆土，自屬艱難局面。其下即述由於聞警而占卜，其命龜（即告神）之辭云：

> 即命曰：有大艱于西土，西土人亦不靜。越茲蠢。殷小腆誕敢記其敘。天降威，知我國有疵，民不康，曰，予復反。鄙我周邦。今蠢。今翼日，民獻有十夫，予翼，以于敉寧武圖功。

此即明言殷人知武王之歿，遂大舉反攻，欲復舊業（所謂「曰，予復反」，乃述殷人之語）。周室在舉行「翼祭」之日問卜，故說「今翼日」；「民獻」乃「民鬲」之誤。金文中如「會毁」及「大盂鼎」之銘辭，均言及「鬲」，列於「臣」或「人」之下，大抵指最低級之奴隸言。「民獻有十夫」即用「民鬲」共十人作祭也。占卜結果得吉，故其下云：

> 我有大事，休。朕卜並吉。肆予告我友邦君，越尹士，庶士御事曰：予得吉卜，予惟以爾庶邦，于伐殷逋播臣。

其下再述及反對者不願發動大戰，又反覆申說不能不完成上代事業之決心。茲不備引。

周公東征，在此種艱難情況下進行，局勢可謂至危。故周公不僅由征伐求勝，且須作長治久安之計，於是東征之後，成王「踐奄」（即定奄地——今山東曲阜境）；而有分封之事。

東征為軍事行動，分封則為制度之大改革。蓋周以前，從無取土地而派遣某人為其地首長之事。各部落各據其地，皆非由「封」得來。周人先勝殷人，然後又作大規模戰爭，戰勝殷之同盟勢力；其後乃創「封土建君」之制度。周王不僅為共主，而實成為統治天下之天子。換言之，自此制度實行，中國始真有中央政府也。

分封之記載，今本《尚書》僅存一〈康誥〉；此外錯亂之文甚多，一時難以考定。但《左傳》中記子魚述周初分封之語，則較《尚書》為詳。其言云：

> 昔武王克商，成王定之，選建明德，以藩屏周。故周公相王室，以尹天下，於周為睦。分魯公以大路、大旂，夏后氏之璜，封父之繁弱，殷民六族：條氏、徐氏、蕭氏、索氏、長勺氏、尾勺氏，使帥其宗氏，輯其分族，將其類醜，以法則周公。用即命於周。是使之職事於魯，以昭周公之明德。分之土田陪敦、祝宗卜史，備物典策，官司彝器，因商奄之民，命以〈伯禽〉，而封於少皞之虛。分唐叔以大路、少帛、綪茷、旃旌、大呂，殷民七族：陶氏、施氏、繁氏、錡氏、樊氏、饑氏、終葵氏；封畛土略，自武父以南，及圃田之北境，取於有閻之土，以共王職，取於相土之東都，以會王之東蒐；聃季授土，陶叔授民，命以〈康誥〉，而封於殷虛。皆啟以商政，疆以周索。分唐叔以大路、密須之鼓、闕鞏、沽洗，懷姓九宗，職官五正，命以〈康誥〉，而封於夏虛。啟以夏政，疆以戎索。[39]

案此段資料所述者乃周公東征，平定山東河南地區後，最早封土建君之事。此中所涉為伯禽、康叔、唐叔三人分別封於少皞之虛、殷虛及夏虛；前二者皆東夷集團之地區，至此而盡屬周人勢力。唐叔所封乃今山西境，夏后氏故地，則原屬華夏集團。此三國即魯、衛、晉，乃所謂「同姓之國」。此外，尚有異姓功臣封土者，如姜姓之齊。又另有同姓之國甚多。功臣受土而為小國者當亦甚多；文獻不足，不能詳考。

---

[39]《左傳・定公四年》。

觀《左傳》所記，可知周初苦戰而平定殷人地區及其他東夷地區後，一面「封土建君」，以加強中央政府之控制力，另一面則又將被征服之殷人分屬於不同之封地——觀上文所謂「殷民七族」、「殷民六族」可知。如此以徹底消除殷人之勢力。此外，又「作雒」以處殷之遺民。總不外安撫與鎮壓並用之意。《尚書》中〈多士篇〉記成王在殷遺民遷洛後發表之文告，可作參考。茲不備引。

周人之設施如此。然反周勢力在周公東征後並未完全消滅，而是向南退卻。蓋當殷人反攻時，同盟者有所謂淮夷徐戎之類，而處於河南湖北邊境之荊人，亦與此一同盟連合。《逸周書・作雒解》謂：「三叔及殷東徐奄及熊盈以略（畔）」。「熊盈」當即「熊繹」，即荊君也。故周人除以殷為敵人外，視「荊舒」亦為敵人；魯僖公時之〈魯頌〉，尚有「荊舒是懲」之語，蓋即承周公伯禽與荊徐之敵對而來。荊人在江漢一帶，徐（即「舒」）人則在淮水流域。殷民族二次戰敗後，其殘餘勢力當即分別退往江淮地區。周成王平定奄地後，未能再向南發展。其後歷康王至昭王，乃有「昭王南征」之事。

周昭王南征即伐荊（即「楚」），蓋周公東征之後，反周人之勢力即以江漢地區為中心，而荊人則成為此勢力之領導者或代表矣。但昭王此次南征，不唯未能平定南方，且兵敗身亡，為周人政治發展之最大挫折。此事雖無完整記載，然基本資料尚可供查考。《左傳》記齊桓公伐楚，管仲與楚使之對話云：

> 楚子使與師言曰：君處北海，寡子處南海，惟是風馬牛不相及也。不虞君之涉吾地也。何故？管仲對曰：昔召康公命我先君大公曰：五侯九伯，汝實征之，以夾輔周室。……爾貢包茅不入，王祭不共，無以縮酒，寡人是徵。昭王南征而不復，寡人是問。對曰：貢之不入，寡君之罪也。敢不共給。昭王之不復，君其問諸水濱。[40]

[40] 《左傳・僖公四年》。

此處所謂「昭王南征而不復」，即指昭王身喪於楚境而言，故管仲以此為興師之藉口；而楚使「問諸水濱」之答，則可見昭王蓋因舟沉而溺死，非被楚人所殺。然昭王之溺死非由於意外，而確由於兵敗。案古本《竹書紀年》，記「昭王十六年，伐楚荊」，又「十九年，天大曀，雉兎皆震，喪六師于漢。」而金文資料中有記南征者，如「䣄馭毁」銘文云：

䣄馭從王南征，伐楚荊。

又「過伯毁」銘文云：

伯從王伐反荊。

皆是昭王南征時之器，而「楚荊」複稱，正與古本《紀年》之文相合；可知昭王時確用此稱。金文資料既足證古本《紀年》之文不虛，則昭王喪師之文可信；合《左傳》之說觀之，可知昭王南征，結果兵敗而因舟壞以致死於水中。且此後周人未能再攻江漢，蓋若周人早有問罪之師，則管仲不能以此為藉口，而楚使亦必另有答法也。

周公東征，使周人兼有東夷之故地；「昭王南征而不復」，則使周人勢力不能伸張至南方地區。此周初政治形勢中最重要之情況，而南北文化傳統之形成，亦由此而定局。下節論之。

肆　南北文化傳統之形成及影響

中國在周末，有南北文化之對峙，學者類能言之；然其根源所在則知之不詳；且又每每為漢代以下之綜合資料所惑，致多謬說。本章作以上之清理後，乃可對此二古文化傳統作一析論。此又可分數點說之。

一、南方傳統之形成及其特色

所謂南方文化，在周末春秋戰國時期，原指楚國所代表之文化而言。但追溯古史，則知楚人乃祝融八姓之一，出自顓頊，實出於華夏集團，而非苗蠻集團；而楚人之與周人形成敵對形勢，又由於楚人與殷人聯盟而支持武庚。則周公東征後此一失敗之聯盟勢力退往江漢地區，方成為所謂南方文化之主流。楚人首領熊盈（即熊繹）與所謂「三叔」及殷、東、徐、奄聯盟而反周（見《逸周書・作雒解》），其所聯者皆東夷部族；可知芈姓之楚雖出自顓頊，但因顓頊已混合華夏東夷二集團，故楚人實與東夷集團較接近，並不自視為華夏集團之一支。而楚人自參加此一反周聯盟，遂與周人對抗。熊繹雖曾在失敗後表面順周（即《左傳・昭公十二年》記楚靈王語所謂「我先王熊繹與呂伋……竝事康王」也。《史記》則謂熊繹事成王；總之，此是聯盟失敗後，楚人表面降順之事），然始終保持南方之獨立勢力，此所以有昭王南征之事。「南征」而「不復」，於是周人勢力始終不能深入江漢地區。周宣王時雖一度向南發展，亦未能改變此種形勢。

南北分立之形勢結果使周文化不能入南方，南方則保留東夷、殷人及祝融族之文化。此即所謂南北文化傳統形成之歷史過程也。

此處倘再推進一步，則應指出周以前之中原文化與日後周人所代表之中原文化又有不同。蓋自顓頊氏建立宗教中心之後，當時在中原之華夏及東夷民族即開始形成一種混合文化，因在同一宗教中心之領導下故也。觀禹伐三苗而受命於玄宮，另一面玄宮中之「南正」又向為東夷人所居之職位，即可見此種混合情況。夏后氏自屬華夏集團，而禹以治洪水之故，聲望最高；夏后氏之勢力遂歷久不衰，遠非陶唐及有虞二族可比。然此時中原文化已是混合華夷，即夏后氏亦不代表純粹華夏文化。周人則不同；后稷為嚳子之說，固已證其不能成立，然周人出於姬姓之黃帝部族，則無可疑，因此，周人日後所代表之文化，反可稱為「華夏文化」。周人發展較遲，當殷人由北方進入中原而逐步建立王國時，周人部族方在西北邊疆辛苦經營，故對舊有之中原文化實距離甚遠。周人發展自身之文化，當在王季文王之時，然其成就當亦不甚大，但因不受舊有中原文化影響故，反在日後發展出特異之周文化（或「新中原文化」）。而舊日中原文化，反隨政治軍事之失敗而退往南方，成為南方傳統。

此南方文化傳統之特色，首在於其神權觀念。

顓頊氏本以大巫身分改造原始宗教，故在其影響下所形成之混合文化（即「舊中原文化」），自重神權及巫權。而殷人尚鬼，前人已習言之。無論此是由於殷人本有此風習而適與顓頊傳統相合，或由於接受舊中原文化所致，總之，重神權乃殷人及顓頊影響下各部族所同具之文化傾向。殷人之重占卜，觀殷墟卜辭資料可知；蓋不待有疑始卜，實無事不卜；甚至旬卜成為常例，蓋日夕均求接近鬼神，甘受鬼神之指導也。殷人重卜外，又重巫。如《逸周書》記周武王克殷後之種種措施，有云：

命南宮伯達，史佚遷九鼎三巫。㊶

「九鼎」乃國之重器，政權之象徵，乃與「三巫」並列，則三巫之重要可知。另一面殷人且常以巫師執國政，此亦有明徵。周公語召公而述及殷之賢臣云：

……成湯既受命，時則有若伊尹，格於皇天；在太甲，時則有若保衡；在太戊，時則有若伊陟臣扈，格於上帝，巫咸乂王家；在祖乙，時則有若巫賢；在武丁，時則有若甘盤。率惟茲有陳，保乂有殷，故殷禮陟配天，多歷年所。㊷

㊶《逸周書・克殷解》。

㊷《尚書・周書・君奭》。

案所舉自伊尹至甘盤，皆曾執大柄之重臣，而其中有巫咸及巫賢；則知殷固常用巫執政。觀此，則所謂「三巫」亦必係王國所正式承認之大巫，專司通神之事者；故與九鼎同為政權之象徵。

殷人之重巫如此；以與楚辭及其他楚國資料相比，顯然楚之重巫正與殷同。殷與楚聯盟，可能即由於文化傾向本已氣味相投；而日後楚代表之南國文化，亦仍保有此種重神權及巫權之特色。

凡重神權者必薄人事。殷人既事事皆取決於鬼神，其風尚所及，遂有某種放任之生活態度。好酗酒縱獵之類，史有明文，人皆知之。蓋既一切聽天意，自不能作嚴肅之努力；此種特色實因過信鬼神而生出。但不作事功一面之努力者，每每易於馳心於想像世界之中；故楚人代表之南方文學，日後又表現玄幻之趣，而與周之文學大異。

周代之南北文化在語言、服飾、祭禮各方面皆不同，前人已屢有考論。本書所重視者為與思想關係較大之特色，故即以重神輕人、放浪生活及文學藝術之傾向為三大特色。以下再與周文化作一比較。

二、北方傳統之形成及其特色

周人所建立之傳統，與南方傳統相對而言，即可稱為「北方傳統」。周人始在西北地區時，其文化情況如何，已無確定資料可考；唯周人占卜所據之《易》，其卦爻辭不晚於建國之初，則卦爻組織及卦名等當更先於此，其中所含觀念，似可視為周人入中原建國以前之資料，然其內容甚簡，亦未見有顯著特色（後章另有陳述）。真正形成一有特色之文化傳統，則在入中原與殷民族及其同盟迭番爭鬥時；換言之，即在克殷及東征時開始。

周人以一「小邦」（周人自稱如此），而推翻殷人之霸權，為中原之主。其事至艱，其所遇抗力亦極大。尤其殷人敗後，糾合同盟，集東夷集團及其他部落之力量再與周人相爭時，周之領袖武王已死，本族中人心亦不安定，以致管蔡之流竟反助殷人。形勢險惡可以想見；此時周人遂不得不自求奮發，作存亡之爭。人在艱苦環境奮爭時，必要之觀念基礎在於堅信人之努力可克服客觀存在之困難：周人正處此歷史環境中，遂發展出強調人之主宰地位之思想傾向。

天神命運諸觀念，在原始社會中固無所不在，而古民族亦未有全不信天神者。周人自不例外。然周人因強調人之主宰地位，對天神與人之關係，亦有一新看法，此即所謂「德」觀念。

「德」為超天人之價值標準，故天亦只能「唯德是輔」；換言之，天意或天命亦須服從此共同標準。周初之重要言論中屢申此說。茲以〈召誥〉為例以說明此點。〈召誥〉記洛邑成後，召公告周公戒成王之言。有云：

我不可不監于有夏，亦不可不監于有殷。我不敢知曰：有夏服天命，惟有歷年。我不敢知曰：不其延。惟不敬厥德，乃早墜厥命。我不敢知曰：有殷受天命，惟有歷年。我不敢知曰：不其延。惟不敬厥德，乃早墜厥命。今王嗣受厥命，我亦惟茲二國命，嗣若功。王乃初服。嗚呼！若生子，罔不在初厥生，自貽哲命。今天其命哲，命吉凶，命歷年；知今我初服，宅新邑。肆惟王其疾敬德。[43]

案所謂「歷年」，指年限而言。召公意謂：我不敢斷言夏與殷皆有一定年限而不能延長；夏殷只以不能「敬德」，故失其霸權而覆亡耳。周今繼夏殷之後而建立王國，在此初建元之際（案作洛後，成王始建元祀，其前仍沿用文王年號。蓋作洛時中原方真正為周人所有，故正式建元也），當從速作敬德之努力，以長保天命云云。

此即表示周人雖不廢天命觀念，然力求置天命於自覺意志之決定下；天命歸於有德，而是否能敬德，則是人可自作主宰者。於是，人對於天命，並非處於完全被動承受之地位；反之，人通過「德」，即可決定天命之歸向矣。

---

[43] 《尚書・周書・召誥》。

此種強調人之自覺努力之思想，乃周文化之第一特色。就歷史之發生因素言，則使此種思想產生之契機，乃上所述之艱危形勢。亦即〈召誥〉所謂「惟王受命，無疆惟休，亦無疆惟恤」是也。然不論發生因素為何，此思想發生後，即循其特性而展開影響。日後周文化之其他特色，可說皆由此基本方向生出。

首先可指出者是：由強調人之主宰地位，必生出改造自然世界及生活之要求。此種要求在周人即表現為建立禮制，創生一種文化意義之生活秩序，以規範自然生活之努力。周人之「德」觀念，倘若逆溯而上，則可通往一道德哲學。但周初建國時，此種智慧尚未成熟；其表現只是順推而下。即由「德」觀念衍生出禮制秩序之建立。

周之封土建君，已使各地區之政權，脫離原始自然狀態；再以立長立嫡之繼承法確定政權傳遞之軌道，初步之政治秩序即已建立。另一面再制定種種儀文，使生活中處處有一規範。於是所謂郁郁周文之局面，即由此大定。

然此種禮制規範能實際運行，又處處須有另一因素支持；此即願守規範之人生態度，蓋人如不願守任何規範，則一切禮制均將歸於無用。由此，周人建立生活規範，同時亦強調人須持嚴肅態度以生活；而對一切放縱態度予以排斥。周初文件中，如〈無逸〉、〈酒誥〉等皆申此意；至此後之文件更充滿此種言論，不待徵引矣。

綜上所論，可知周文化以憂患感為發生條件，而以肯定人之自覺努力之力量為其內在特色；而此特色所表現之具體活動，即在建立生活中之規範秩序。又因支持此種規範秩序之需要，而倡嚴肅生活之態度。

此一文化傳統之特色既是如此，故其主要成就全在政治制度及所衍生之社會秩序方面。即就道德而言，因尚無超越反省之智慧，故亦不能成就純內在之德性。至於一切玄渺之理趣，超離世界之境味，皆非此文化傳統所重；故在周文化傳統中，文學作品亦不外生活實感之記錄。藝術活動全收歸於道德政治之規範下，而無獨立地位。學者試取《逸周書》、《左傳》、《國語》及其後流傳之〈樂記〉等文件讀之，則此種情形了了可睹，不待考辨也。與前節所描述之南方傳統相較，顯見二傳統適具有相反之特色。南方重神權，北方重人事；南方喜放浪生活，北方倡嚴肅生活；南方重藝術玄趣，北方則重政治實效。於是，至周末時，此兩傳統乃分別生出兩大思想潮流矣。

三、南北傳統與先秦哲學思想

北方之周文化傳統，至孔子時方有哲學思想出現。孔子之學，始於研禮；而後反溯至「義」與「仁」，遂生出中國儒學之大流。故無論孔子在血統上是否屬於殷人，其精神方向則全由周文化之提升及反省生出。另一面南方之文化傳統，則混合殷人及祝融民族之文化而成；實是中原之舊文化，非真出於南方土著。南方哲學思想之代表，即為老子及莊子之學說。老子固楚人；莊子宋人，而宋正殷後也。

孔孟老莊之學說，以後各有專章討論。此處但點明儒道兩大派思想之文化淵源而已。

此外，代表下層社會有墨家思想；純代表統治階層則有韓非之法家思想。其來源又各有不同。儒家重德性，重政治制度，立仁義王道之說；是周文化或北方傳統之哲學。道家重道，重自然，立逍遙之超離境界，是舊中原文化或南方傳統之哲學。墨家信鬼神，尊權威，重功利，則是結合原始信仰與現實具體需要之學說，非直承兩大傳統者。法家則雜取儒、道、墨之觀念，而以統治者之需要為中心以運用之。全是另一後起學說，然與二傳統之哲學皆有旁面關係。此外，名家有形上學旨趣又喜作分析思考，蓋受道家影響之後起學派。至於南北文化傳統所及之範圍外，渤海沿岸，燕齊故域，又有方士傳統及陰陽五行種種方術思想；南方吳越一帶之巫術亦留下某種神祕觀念；皆對戰國秦漢之思想大有影響。此中頭緒萬端，後文各章將分別論述。

第二章　古代中國思想

本章所謂「古代中國」，指孔子前之中國而言。

討論古代中國思想問題，原可有種種不同的態度，每一態度決定一討論範圍。本書既是哲學史，則本章中對古代中國思想的討論，自是取哲學史研究所應涉及的範圍，亦即依哲學史研究的需要而決定所討論之對象。所謂「古代思想」，自是指中國哲學未出現前之零星觀念。就哲學史之需要說，本書所討論者自不是包括一切觀念，而只應限於與哲學有關之觀念。

所謂與「哲學」有關之觀念，又可以分為兩種：一種是與哲學問題有關者，另一種是與哲學史進程有關者。前者有理論意義，後者則涉及歷史淵源。

這一劃分即以「本質問題」及「發生過程問題」之分為依據。每一理論問題皆有其本質一面及其發生過程一面。因此皆涵有兩組領域不同的問題。一個研究者可以選定自己所涉定之領域，卻不可將這兩類問題相混。哲學史的工作者又須兼顧兩類問題，雖不能將二者混同，亦不可遺漏其中任何一面。

就中國哲學興起以前的古代思想而論，我們應該注意的範圍即是以下兩類觀念：

第一、與後世哲學理論有內在意義的關係之觀念，例如《詩經》、《書經》中某些觀點。

第二、與後世哲學思想之演變有發生意義的關係之各種觀念，為早期信仰及風俗中所含有的觀點。

這裡有一點應加澄清的事，即是：一個文化傳統的特性與早期觀念（或文化精神定向以前的觀念），並非一事。在特殊文化精神形成之前，任何民族皆有一些原始信仰及觀點。這些信仰及觀點，在文化精神形成時，可能被排斥，也可能被接受；研究哲學史或思想的人，不可誤以為凡是「最早出現的」即代表「特性」所在。文化精神之定向與形成，以自覺的價值意識及人生態度為標誌；這種自覺性又顯現於理據及系統化兩面。換言之，一個民族在不可詳考的遠古生活中，即必有一套非自覺的風俗，信仰等等，也必有一些想像的意境；這些東西到了這個民族進入文化的自覺階段時，即通過某種自覺的選擇，而被容納或淘汰。支配這種容納及淘汰活動的自覺意識，方是代表這一文化精神的特性的，那些原始的素材，在文化精神的形成過程中，只有「被處理」的身分，而並無主動性，亦不能代表這一文化精神的方向。因此，當我們從事於中國哲學史工作時，我們切不可以為凡是古代中國人具有的觀念，即足以表示中國文化精神的特性。我們必須明白，中國文化精神之決定是在自覺期中方出現的。古代民族的信仰、想法等等，可能有部分與日後的精神方向相符，但也有一部分不相符；因此，我們觀察古代中國思想時，基本上只能將它當作一群原始觀念看，而不能固執地以為這即是中國哲學的前身，尤其不能認為，在這一群原始觀念中，能找出中國文化精神的方向。

對這一點先作以上的澄清，下面即分論古代中國思想中各種觀念，並對有關原始觀念的問題作進一步討論。

壹　有關原始觀念之問題

所謂「原始觀念」，既是指文化精神定向以前的雜多觀念，而不能代表文化精神之特性，所以基本上它只代表各民族的一般性觀念。不過，這種原始觀念雖然大半是各民族共有的，也並不是全無例外。有些民族極早時便有某種甚為特殊的想法；這種想法既是其他民族所沒有的——或罕有的，因此，我們有時也可以稱之為某民族的特殊觀念；不過，這裡所謂的「特殊」，是就各民族的原始觀念間之比較而言，與文化精神定向後之特殊方向並非一事。

由於習俗之因素，每每在人類生活意識中長期續存，而不易徹底清除，因此，當某種原始觀念被一定向的文化精神排斥時，仍能在表面上保持殘餘性的存在。在此種情況下，研究者便容易有迷惑之感，因為這時常有詞語的「移義」問題或「複義」問題。譬如，中國古代之「天」觀念，作為一原始觀念看，本以指人格神之意義為主；而孔子以後，人文精神日漸透顯。在儒學中，人格神已喪失其重要性。但由於習慣之殘留，孔子及其他先秦儒者仍然時時提到「天」一詞，其中孟子更常說及「天」；若學者不能精密解析孟子所說之「天」之意義，則必然大感迷惑，不知儒家思想所決定之文化精神中，「天」究竟居何種地位。因此，在觀察古代中國思想時，對於習慣中原始觀念之殘留及自覺意識中對一觀念之處理，必須細加辨別，否則即有處處迷惘之苦。

最後，哲學史原以自覺時期後之觀念系統為描述題材，故在哲學史工作中，原始觀念只有附屬性的地位。但因哲學史有「史」的成分，故不能不依時間次序對哲學興起前的種種觀念有所陳述。但在此種陳述過程中，學者必要時時切記原始觀念本身並非哲學，亦對哲學系統及其所衍生之精神方向無決定作用，方不致淆亂問題界限。

總之，在展示古代中國思想中與中國哲學有關之觀念時，學者應注意以下三點：

第一、原始觀念並不必然代表一文化傳統之特性。一民族在有自覺的文化精神方向以前，必具有一些原始觀念；這些觀念與其他民族的原始觀念比較起來，有些可能是常見的，有些可能是罕見的，但皆不與日後出現的文化精神有何必然關係。

第二、原始觀念之存在既是一事實，則它們在自覺的哲學思想出現後，並不立即消失不見，也是極易了解的事。尤其當哲學思想初出現時，立說者每每利用已為人所熟知的詞語；原始觀念由此亦常出現於日後哲學理論中。但哲學思想發展至一定程度，其中一切詞語皆被自覺地賦予一定意義。這時，原先表原始觀念的詞語，即常常被重新界定，因之，表面上仍是某一詞語，意義則可能完全不同。從事哲學史工作的人，必須一方面明白哲學思想中對原始觀念之容納及排斥，另一方面又明白詞語的殘留與意義問題的分別。一個開創哲學思想的哲人，可以有全新的理想及理論，但不能有全新的詞語；學者也不能執著於字面，而將哲學思想與原始觀念混為一事。

第三、某些原始觀念，可能有零星的理論意義；而在哲學史進程中，某一學派的思想亦可能恰恰強調這一方面的問題。在這種情況下，某些原始觀念即會被這個學派運用，而納入他們的理論。但這並不表示原始觀念決定了這一派的哲學，因為這一學派所以會強調某一問題，或宣說某一主張，必有其本身的理據；他們在自己立場決定後，雖可接受某些原始觀念，有時甚至誇張「古義」以增強其宣說的方便，但基本上並非某原始觀念決定了如此的哲學，而是如此的哲學選上了某原始觀念，引為「同調」。哲學史工作者在這種地方不可放過真問題，不可忽略一學說的內在理據，而將原始觀念的存在當作此一學說的基礎條件。這即是原始觀念在哲學史中的「附屬性」。

以上三點都是針對思想界常有的弊端而發，自然與中國哲學史中某些具體問題有一定關聯；因此，這裡所說，雖似是抽象的論析，在下面各章中我們論及各家思想時，學者即可看出此類問題之具體意義。

下面開始列舉古代中國思想中之重要觀念，並作析論。

貳　古代中國思想的重要觀念

在中國哲學興起以前的原始觀念，主要見於古代經籍之記載；此外，由古代實物的考證，也可以發現許多材料。本書並非史學考證之作，故以下所論，皆以被公認之古代資料為據，而不涉及一切爭辯中之問題。

中國秦漢以下，偽書甚多。自漢至唐，一般地說，學者疏於考證；因此所謂經書，實在並非全部是可信的古代資料。宋以後漸有疑古的風氣，至清代考據之學大盛，經籍中偽作部分及可信部分，方漸能考定。現在所存的經書——《詩經》、《書經》、《易經》、《三禮》及《春秋三傳》等等，可列為真實古代資料的，應推《詩經》、《尚書》（今文）及《易經》（卦爻辭）；其次《春秋三傳》尚屬先秦資料，《三禮》最成問題。諸經以外，諸子中自有先秦資料，但皆晚於孔子時代，不能列為本章所論的「古代思想」的資料。因此，本節所討論之原始觀念，即以《詩》、《書》、《易》卦爻辭為主要根據；偶爾涉及先秦諸子中所引的古語，亦以不悖已有的考證結果為原則。至於戰國以下的偽書，皆不作為根據。

以《詩》、《書》（今文）、《易》（卦爻辭）的可信資料為據，我們應提出來加以析論的原始觀念如下：

一、《詩經》中之「形上天」觀念

所謂「形上天」觀念，即指以「天」作為一「形上學意義的實體」的觀念。這種「天」觀念，與宇宙論意義的「天」及人格化的「天」均有不同。《詩經》材料甚雜，對「天」的觀念也有幾種；但具有哲學意義的「天」觀念，則是這個「形上天」觀念。關於《詩經》中的「人格天」觀念，在下面將另作討論，現在專對有關形上天的觀念作一說明。

《詩經》中的「形上天」觀念，見於〈雅〉、〈頌〉。

第一、〈周頌・清廟之什・維天之命〉：

維天之命，於穆不已。於乎不顯，文王之德之純。

此處所謂「天之命」即是天之法則及方向，故即是後世所謂「天道」；「天道」運行不息，故說「於穆不已」。「於乎不顯」的「不」即「丕」字之通假，「不顯」即「丕顯」，意思即是，如此運行不息之天道，至為明顯；下接「文王之德之純」，乃因本詩原是歌頌文王之作，故即以文王之德比擬「天道」。

這幾句詩中的「天」觀念，已由一般的天意觀念轉為天道觀念；天意代表人格神或「人格天」，天道代表形上實體，亦即「形上天」。

就《詩經》本身而論，此種「形上天」觀念，既是偶然一現，僅可看作一種想像，未能作為正式理論看。但後世儒者（漢以下的儒者）頗有順此一途徑而建立一理論者，因此，我們可說，這種觀念本身所含的哲學意義，與日後中國哲學理論有關。

關於「形上天」觀念，有兩種說法最為流行：一說以為「形上天」觀念屬於孔子後的道家思想，其根據是孔子不言天道，而道家思想中之「道」，即屬「形上天」。另一說則以為形上天觀念乃儒家之「正統」思想，因此將儒學之根源上推至極遠之古代，而認為此種「形上天」觀念即是孔子學說之中心，儒學精神之中心。嚴格論之，此二說均不確。因為我們一方面知道周初有此種「形上天」觀念，則不可說形上天觀念必在孔子後之道家思想中方出現；另一面，我們確知孔子至孟子一系的先秦儒學，確以道德主體性為中心，並不以「形上天」為最高觀念；而且孔孟說中，就理論結構看，亦完全無此需要。因此，我們亦不可說「形上天」是孔孟哲學的觀念。換言之，「形上天」必不是先秦儒學的中心所在。進一步說，孔子為最早建立儒學理論的人，孔子既無形上天理論，則孔子前縱有形上天之想像，亦不能算作儒學原有的觀念。

形上天觀念之成為理論，又成為儒學之一部分，大約始自秦漢之際，至兩漢而大盛；其影響直通至宋代儒學；其最早的代表作，則是偽託子思所作的〈中庸〉（《禮記》之一篇），與秦漢以來偽造的《易・十翼》。此類問題，在本書二卷中當作詳論。

《詩經》中之形上天觀念，自然不甚明透，但取類似材料排比而觀其意，亦不難看出某種特色。除上引之〈周頌〉一段最為重要外，有關形上天之材料當可列出以下各項：

第二、〈大雅・蕩之什・烝民〉：

天生烝民，有物有則，民之秉彝，好是懿德。

此處所言之「天」，雖似可解釋為「人格天」亦可為「形上天」，但以下文「有物有則」觀之，則此「天」是理序之根據，本身表一「必然性」，而不表「意志」，故實非「人格天」，則為「形上天」。

此形上意義之「天」，與「人格天」、「意志天」最大之差別，即是：形上之「天」只表一實體，只有理序或規律，而無意願性，故對應於「天道」觀念。而人格意義之「天」則表一主宰者，以意願性為本；對此「天」縱有理序可說，亦必繫於意願而說，換言之，對應於「天意」觀念。故「形上天」與「人格天」之分別，實「天道」與「天意」二觀念之分別。

天道作為一實體看，即成為萬理之存有性根據。依此觀點，人心所能認知之「理」，皆由此實體而來，或說皆是此實體之顯現；故下接「民之秉彝，好是懿德」。蓋謂人所執守之常理，人所追尋之價值，皆以此實體為歸宿。此種「形上天」之觀念，顯實體性而不顯主體性，其理甚明。

由此觀〈文王篇〉結尾之語，則相應益明其義。第三、〈大雅．文王之什．文王篇〉，結尾云：

上天之載，無聲無臭，儀刑文王，萬邦作孚。

此中前二句，以「無聲無臭」以描述「形上天」之特性，蓋《詩經》中凡言「人格天」者，皆視為神，而作擬人化之描寫；「無聲無臭」，即表無意願性，以與擬人化之「帝命」、「帝謂」……等等詞語互別。「天意」必有所作為，而「天道」則「無聲無臭」，一理運行，無可言說。下接「儀刑文王，萬邦作孚」則言文王法天之效果。

總之，《詩經》中雖多見「人格天」之觀念，但「形上天」之觀念亦漸漸出現。故後世之「天道」觀念，悉源於此。

二、《易經》中之「宇宙秩序」觀念

《易經》自漢以下，被人誇張曲解，成為儒學經籍中最為詭異之書。但其基本材料，仍可注意。《易．十翼》皆後人偽作，其中觀念有屬於形上學者，有屬於宇宙論者，有屬於方士邪說，亦有可能承自古代習俗者，極為雜亂。但專就《易》卦爻本身之組織及卦爻辭看，則以時代論，必不晚於周初（因卦爻辭成於周初，卦爻組織自必先於卦爻辭）；以意義論，其中包括一種古代中國之重要思想，即本節所論之「宇宙秩序」觀念。

《易》之卦爻，基本上原由「⚊」與「⚋」兩符號組織而成。每卦由三項組成，每項既有「⚊」與「⚋」二可能，則共有八種可能。此即傳統所謂「八卦」。然後取兩卦相重為重卦，於是有六十四重卦。每一重卦所含之六個項，即稱為「六爻」。

卦爻之組織，原為占卜之用；就其本身而論，只是一種符號遊戲，本無深遠意義可說。但組成六十四重卦後，予以一定排列，而又各定一名，代表一特殊意義，便含有宇宙秩序觀念。

例如，六十四重卦，以〈乾〉、〈坤〉為首，「乾」原義為「上出」，故即指「發生」，「坤」原意為「地」，即指發生所需之質料。以〈乾〉、〈坤〉為六十四卦之首，即是以能生之形式動力與所憑之質料為宇宙過程之基始條件。

又六十四重卦，以〈既濟〉、〈未濟〉二者為終。「既濟」是「完成」之意，「未濟」則指「未完成」。由〈乾〉、〈坤〉開始，描述宇宙過程，至〈既濟〉而止，然宇宙之生滅變化永不停止，故最後加一〈未濟〉，以表宇宙過程本身無窮盡。

此種排列命名，即明顯表示古代思想中之簡單宇宙論觀念。宇宙始於發生之力與基始質料，過程無窮，不可有「終」，只好以〈未濟〉（即無窮）本身作為「終」。

此外，其餘各重卦之名，亦具一定意義，皆表示一種可能事態。因為「卦」原是為占卜而設，所以，六十四重卦所指述之事態，一方面固指宇宙歷程，另一方面也皆可應用於人生歷程。由此，又透露出另一傳統思想，即是，宇宙歷程與人生歷程有一種相應關係。此種相應性之假定，本是一切占卜思想之共同假定，但在《易》之卦爻組織中，此相應性成為十分顯豁的觀念。

其次，就「爻」而言，「爻」原是構成「卦」及「重卦」的基本項，本來不一定有特殊意義；然而《易》的占卜法則，卻以「爻」定吉凶，因此，「爻」亦必須各有特殊意義。由此，《易》之各爻，雖無專名（只以其在一卦中之次序及單雙為名，例如某卦之第二爻為「- -」，即稱為「某卦之六二」。「六」表雙數（或「陰」）之爻，「九」表單數（或「陽」）之爻），但本身皆代表一卦中之某一階段。此種階段性亦與宇宙歷程及人生歷程相應。

換言之，六十四重卦，合表宇宙總歷程，亦表人生總歷程。每一重卦表歷程中之某一段落，而重卦中之每一爻又表此特殊段落中之特殊階段。於是，共有三百八十四爻，表三百八十四個情況，分別與宇宙歷程及人生歷程中各情況相應。

以上是卦爻組織所表現的宇宙秩序觀念。以下再略談卦爻辭。

卦辭與爻辭之性質本稍有不同。卦辭原為對一卦所代表之吉凶或意義之解釋。爻辭則是對占卜之紀錄，自然對於吉凶也附記於辭中。卦爻辭的內容，自然較原始卦爻組織要複雜許多，而且體例也頗不一致。但就所包含之思想而論，則以對吉凶之解釋較為重要。

卦辭論吉凶，大抵是將卦象當作人生某種境遇看，因此，只泛論自處之道，很少有特殊理論透顯。爻辭論吉凶，則至少有兩個特色。

第一、爻辭論各爻之吉凶時，常有「物極必反」的觀念。具體地說，即是卦象吉者，最後一爻多半反而不吉；卦象凶者，最後一爻有時反而吉。例如：

〈乾〉之上九：「亢龍有悔。」

〈坤〉之上六：「龍戰於野，其血玄黃。」

〈泰〉之上六：「城復於隍，勿用師，自邑告命，貞吝。」

〈復〉之上六：「迷復凶。有災眚。用行師，終有大敗，以其國君凶；至於十年不克征。」

〈益〉之上九：「莫益之，或擊之。立心勿恆，凶。」

〈升〉之上六：「冥升，利於不息之貞。」

〈豐〉之上六：「豐其屋，蔀其家。闚其戶，闃其無人。三歲不覿，凶。」

案以上皆吉卦而最後一爻不吉之例。其意蓋以為「吉」之終即轉而為不吉；表示物極必反之觀點。

又如：

〈否〉之上九：「傾否，先否後喜。」

〈剝〉之上九：「碩果不食，君子得輿，小人剝廬。」

〈睽〉之上九：「睽孤，見豕負塗，載鬼一車。先張之弧，後說之弧。匪寇，婚媾，往，遇雨則吉。」

〈蹇〉之上六：「往蹇來碩，吉。利見大人。」

〈損〉之上九：「弗損益之。旡咎，貞吉。利有攸往，得臣無家。」

〈困〉之上六：「困於葛藟，於臲卼，曰動悔。有悔，征吉。」

以上皆凶危之卦而最後一爻為吉之例。除〈剝〉之上九，分君子小人而言，意謂君子占吉，小人占凶外，其他各占皆表示凶象之末，轉而為吉。其原則與吉象末爻為凶者相同，亦表物極必反之意。

第二、除物極必反之觀點外，另有一判定吉凶之原則，亦常見於爻辭中，此即「居中」之觀念。每一重卦，由內外二卦構成；故重卦六爻，第二爻與第五爻分別居內外卦之「中」；爻辭通例，二五兩爻大半皆吉。即在凶卦之中，二五兩爻之象亦照例較好。而在吉卦之中，則二五兩爻尤吉。此種重視二五兩爻之態度，即透露以「中」為「吉」之原則。

由於以「中」為吉，故第三爻多不吉，因居內卦之末故。至於第六爻，則因是重卦之末，須受全象之影響，故不似三爻者凶。

以上所論是爻辭斷吉凶之二特色。如就《易》六十四重卦而詳作討論，則尚有其他斷法；末爻之意義亦不止依物極必反一原則而定。但此處本非解《易》，只是就《易》爻辭所表現之某種原則觀其背後所假定之觀念，故不具論。

爻辭所表現之「物極必反」一觀念，就其思想史上之意義看，應是古代中國思想中之「變化」觀念。此一觀念，亦實是周民族之占卜思想之中心；因「易」原即是「變化」之意。《易經》六十四重卦之排列及命名，原表一變化過程，而「變化」觀念本身，理論地先於「變化過程」之觀念。

「變化」觀念，是《易》之卦爻組織之基礎，而在爻辭中獲得具體確定之意義。

就「中」觀念講，則是與「變化」觀念相配者。就各狀態（無論是人生歷程或宇宙歷程）之相續而論，有變化觀念出現。但分別就每一狀態論，則每一狀態中又皆有一可供選擇之「中」。與「變化」觀念比觀，「中」觀念即涵有「變中不變」之義。蓋無論各狀態如何變易不息，每一狀態中皆有「中」在。此「中」被視為得正，故為「吉」。

以上所說，係就卦爻辭本身推繹而得。後世論《易》解象之說極多；亦有與此相近者。但本節所論，不涉及後起之說，只以卦爻辭本身為據。

《易經》中之宇宙秩序觀念，可作結論如下：

(1)《易》之八卦，由陰陽二爻象經簡單排列組成。陰爻與陽爻不過為表奇偶之符號，即是單數與雙數，並無其他意義可說。原始民族欲依某種數字結構而作占卜時，必有某種簡單編排方法。編排既定，自可有種種解釋。但後世所能有之解釋，不必為當時人所了解。今欲觀原始思想之真象，只能依當時資料所已表現者為據。不可謂一切可能有之解釋皆為古代人已了解者。

畫爻定卦，只屬簡單數字遊戲。但八卦定名，即表示有原始宇宙論思想。乾、坎、艮、震、巽、離、坤、兌等名，皆表自然現象，亦皆指述經驗對象。當人以某一卦代表某種自然現象時，即含有對宇宙現象之分類，以及世界質料之探求等意義。故八卦定名可算是宇宙秩序觀念之醞釀。

(2)由八卦而組成六十四重卦，其數字組織雖屬簡單，但意義不同。每一重卦已不只是表自然現象，而常表一抽象意義或概念。再將此六十四個概念依一定次序組織，宇宙秩序觀念便於此初步形成。

(3)卦有卦辭，爻有爻辭；又表古代思想之進展。卦爻辭以言吉凶為主，兼記占驗。占驗部分可作史料看；言吉凶部分，則顯示一價值判斷。此種價值判斷自是以所假定之宇宙秩序觀念為基礎，故可視為古代中國以宇宙論為基礎之價值觀念，亦是通過存有以解釋價值之古代思想。

以上為《易經》本文所包含之原始觀念。

三、《書經》中之政治思想

《書經》原為古代官方文件之彙編，可看作古史資料。但其中所記言論，有表現明確政治思想者，亦應看作古代中國思想之材料。

《書經》中所表現之有關政治思想之原始觀念，主要有以下各項：

(一)民本觀念

〈虞書・皐陶謨〉：

> 天聰明，自我民聰明；天明畏，自我民明威。

「畏」即「威」，古同音假借。此二語指所謂「天」之所行，皆通過「民」而表達；換言之，天意即由民意顯現。此一觀念雖甚為簡單，其理論意義大可注意。蓋早期民族信仰「天意」，乃一普遍現象；而以強者為天意之代表，亦是普通現象；今以天意為通過民意表現者，則「民」成為天意之代表，地位陡見提高，即非早期民族之一般觀念，而表現一頗為特殊之思想。

〈商書・盤庚〉：

> 嗚呼，古我前后，罔不惟民之承，保后胥慼，鮮以不浮于天時。

此為殷商民族對「民」與「君」之關係所持觀念。盤庚之遷，恐人民不合作，故作以下之談話。其意謂，歷來為君者，無不敬重民意；而民亦與君同心以禦憂侮，故無不以人力克服自然困難者。此固可看作鼓勵群眾之說詞，但其所舉根據必是一般承認者，且亦必是發言者所願意承認者。據此觀之，〈盤庚〉以上之語，強調君必尊重民意，又強調人民應與君主同憂，以便能克服困難；則人民地位之重要，當亦是殷商民族所承認之觀念。

〈周書・泰誓〉：

> 天視自我民視，天聽自我民聽。

此見《孟子》所引。今本〈泰誓〉雖偽，此一語在《孟子》即見之，足知當時之經中有此語在。其意亦與上引〈皋陶謨〉二語相似，皆視民意為天意之表現。

〈周書・酒誥〉：

> 人無於水監，當於民監。

「監」即「鑒」，取鑒之意。此謂人照水而見影，故常於水監；然政治之興亡得失，實由人民之趨向而決定，故就為政者說，實當於民監。此亦是以人民為國家根本之意。

總之，中國古代思想中雖亦有以人君為「受命天子」之觀念，但另有人民為國家根本之觀念。此種「民本觀念」，確為中國政治思想特色之一。

(二)人才觀念

〈虞書・皋陶謨〉：

皋陶曰：都，在知人，在安民。禹曰：吁，咸若時。惟帝其難之。知人則哲，能官人；安民則惠，黎民懷之。

案此記禹與皋陶問答之辭。皋陶舉「知人」與「安民」二項為政治原則。「安民」與上所述之「民本觀念」為一事，「知人」與「安民」並舉，則表現對人才問題之重視。此中涵有一重要觀念，即反對「領袖萬能」，而以得人才，知人才為政治要務。

早期社會多以英雄崇拜為主；中國古代雖亦強調共主之才德，但認為領袖必待有才者相輔，始能成功。由此而有後世「尊賢」之觀念。此點與日後中國政治制度之特色尤有密切關係。

《書經》中關於人才觀念之資料，尚有：

〈皋陶謨〉（案今流行本中將〈皋陶謨〉後半分出，作為〈益稷〉，下引資料在今本〈益稷〉中，原實屬〈皋陶謨〉）：

（帝）乃歌曰：股肱喜哉，元首起哉，百工熙哉。皋陶拜手稽首……乃賡載歌曰：元首明哉，股肱良哉，庶事康哉。又歌曰：元首叢脞哉，股肱惰哉，萬事墮哉。

此節帝舜與皋陶之歌，皆表君主必賴人才相輔之意，可看作上文「知人」一語之補充。

〈周書・君奭〉：

公曰：君奭。我聞在昔，成湯既受命，時則有若伊尹，格於皇天；在太甲，時則有若保衡；在太戊，時則有若伊陟臣扈，格於上帝，巫咸乂王家；在祖乙，時則有若巫賢；在武丁，時則有若甘盤。率惟茲有陳，保乂有殷，故殷禮陟配天，多歷年所。

此謂殷之統治，悉仗賢才為輔，其下又謂：

惟文王尚克修和我有夏，亦惟有若虢叔，有若閎夭，有若散宜生，有若泰顛，有若南宮括。

此則謂文王之興，亦依賴人才輔佐。其下更謂武王亦賴人才而成一統，不備引。

總之，周初及較早時之文獻，皆常透露此種重視人才之觀念，與領袖崇拜之心理不同，不可說不是古代中國思想之一特色。

以上為《書經》中之古代中國思想。

參　附論原始信仰

《詩經》中之「形上天」觀念，《易》（卦爻辭）中之「宇宙秩序」觀念及《書經》（今文）二十八篇中之「民本觀念」及「人才觀念」，皆是有相當理論意義之原始觀念，以上已略作析論。此外，尚有某種原始觀念，本身並無理論意義，僅代表古代習俗，但對後世有某種影響者。雖非哲學史所討論之主要題材，於此亦應順便提及。

此種觀念，大抵與原始宗教信仰有關，可分三點論之；即：㈠人格天觀念；㈡「神鬼」觀念；㈢「命」觀念。以下分別略作敘述。

一、人格天觀念

《詩經》中雖有「形上天」觀念，但大半資料仍表現「人格天」觀念。此種「人格天」，即原始信仰中之「神」，作為人間之最高主宰。《書經》中亦常有此種「人格天」觀念，作為政權興廢之主宰。就所用詞語而論，書中說及「人格天」時，仍用「天」字；《詩經》中則常用「帝」字以稱此種主宰意義之天。此點是《詩》、《書》用語顯著差異之一。《書經》中之「帝」字，例指本文所涉及之共主；《詩經》大體均為周代作品，因周天子稱「王」不稱「帝」，故「帝」字乃專以指最高主宰之神或人格天。但《詩經》中有時亦用「天」字稱呼「人格天」，如「天命玄鳥，降而生商」（〈商頌〉）之類。但「帝」字則必指「人格天」，無用以指天子者。

此種「人格天」觀念，原屬早期社會之普遍信仰；不足代表古代中國思想之特色。而且此一觀念本身之理論意義甚少，只算是古代習俗之一部分。但因習俗之遺留每每歷時甚久，故日後中國思想界之言宇宙論及神祕主義者，常取此種古代信仰支持其說。由此，「人格天」觀念，對後世中國思想確有某種「發生意義」之關聯。雖非「本質意義」之關聯，亦頗可重視。

「人格天」之起源，雖無法考定其時代；但無疑是早期便有之信仰。此種「帝」或「天」之觀念，雖與希伯來教義之「神」相似，然其性質有一主要不同處；此即：希伯來教義中之神，既是創世者，亦是主宰者；中國古代思想中無創世觀念，故「帝」或「天」只是主宰者，而並非創世者。如「天生烝民」一語，雖似有創世之意，然下接「有物有則」，則此「天」之形上意味甚強，而「人格天」之意味極少（見上節）。此外，言「天」言「帝」之資料，則大抵皆只重在說其主宰世界，而極少涉及世界之創造問題。

即以「人格天」之主宰性而論，主要表現仍只在於政權之興廢。《書經》原是政府文獻之彙編，偏重政治，固是應有之特色；即以《詩經》而論，涉及「帝」或「天」之語，亦大抵多與政權興廢有關。「人格天」雖視為最高主宰，其主要作用似乎僅表現在政治成敗一面。此處實有一隱涵之問題，應作簡略說明。

人類早期對「人格天」或最高主宰之信仰，固是一普遍現象，但對此種主宰之依賴，亦有種種不同。某些民族可能在早期有「人格天」信仰，其後愈來愈趨淡薄；另一些民族則可能一直保存其原始信仰，並極力擴大

即另一部分非由人死而成之神，亦似乎屬於世界之一部分。前節曾指出古代中國之「人格天」或「帝」，有主宰世界之地位，並無創造世界之地位。此處則應指出，古代中國之「神」，根本無超越世界之上之意義。

第三、由於「神」有一部分指人死而成者，故「神」與「鬼」意義遂接近。古代文獻常以「神鬼」並稱。如《尚書・金縢》有：「能事鬼神」，「不能事鬼神」等語；即對「神」與「鬼」未作區別。而「神」與「鬼」並稱，遂與「天」或「帝」之意義益遠，而轉與「人之靈魂」一觀念接近；此點與日後道教之「神」觀念大有關係。

進而言之，此種由於相信人死後之存在（即「靈魂存在」）而生出之「神鬼」觀念，與古代之占卜祭祀又皆有不可分之關係。以殷人論之，殷人有種種占卜，其禱告對象，大抵為已死之祖先（所謂「先王」）。祖先原是人；死後仍存在，故能通過占卜以示吉凶。此即可能是「人死為神」一觀念最早之表現。又祭祀在古代原與相信受祭者實際存在有關（孔子日後說「祭神如神在」，是儒學之觀點。古代信仰原不如是）。而最重要之祭祀，仍屬「祭天」與「祭祖」。「祭天」自以「人格天」為對象，「祭祖」則是以已死之人為對象。此亦應是「神鬼」觀念最根本之表現。凡此種種，皆在周以前即有；自與周以後之思想不是一事。然後世言占卜術數，祭祀祈禱之道教，實與此種古代思想淵源甚深。而民間之「鬼神」觀念，更全屬此一類型。

第四、就神人之關係而論，一方面人可成神，於是「神鬼」之領域，基本上與人之領域不可分；人解釋「神鬼」之行為，皆依人世之習慣及價值標準決定之。由此，「神」本身雖不可見，卻並無不可解釋之神祕性。此種思想，亦屬古代中國之特色。後世道教之通俗教義中，諸神納入一種仿自人間之組織，即由此種原始觀念演變而成。

此種過度密切之神人關係，在古代曾一度形成社會問題。《尚書・呂刑》述古代共主對此問題之措施，曾謂：

乃命重黎，絕地天通；罔有降格。

《國語》亦謂：

少皞氏之衰，九黎亂德；民神雜揉，不可方物；夫人作享，家為巫史，無有要質。……顓頊受之，乃命南正重司天，以屬神；命大正黎司地，以屬民；使復舊常，無相侵瀆。是謂絕地天通。❶

《國語》之記載，乃晚周人對《尚書》「絕地天通」一語之解釋。與《尚書・呂刑》原文比較，雖所指之共主不同，但皆謂古代有神人關係過度密切之問題，某一共主乃頒定制度，設專職人員分掌「祀神」與「理民」之事。此即所謂「絕地天通」。實即限制人民過度信神之傾向而已。《尚書・呂刑》及《國語》，論及古代此一社會問題時，皆歸罪於蠻族之擾亂，以為此種現象由蠻族造成，此蓋由於周人原較不重視對神之崇拜，故〈呂刑〉及《國語》記載，皆依周人觀點出發，遂將神民雜揉之現象解釋為蠻族之影響，不承認是古帝王時應有之事，而只將糾正此種傾向之功歸於帝舜或顓頊。今以客觀眼光衡度此一史實，則應說，神人關係之親密，原為古代中國風俗之一部；周人以前，古代部落首領及共主，是否曾有反神權之措施，殊未可知。觀「絕地天通」之說，不見於周以前之文獻，而只在〈呂刑〉述古代事時提出，則此種限制人民信神及反神權之觀念，極可能實是周人開國制禮，以制度代風俗後之想法；所謂帝舜或顓頊令重黎分掌神民之事，恐只是託古為說，未必上古信有此事。

但無論如何，周人提出此種反神權之觀念，是無可疑之事實；而此種觀念之提出，目的乃表示人民過度崇拜神權之不當，亦是一事實；由此推之，古代人民曾過度信神，一切人事均訴於「神」，以致巫史橫行，欺惑愚眾，亦必是事實。此類事實，合而觀之，即可知周以前之古代風俗中，必有神人關係過度密切之現象。此亦治古代思想之學人所應留意者。

---

❶ 《國語・楚語》。

總上所述，古代中國之神鬼觀念，以神人關係特近，人死為鬼為神等點為主要特色。但此種原始觀念，在周民族建統一政府時，便力予屏棄；故日後承周文精神之孔子及其儒學，即全無崇拜神權之說。然原始觀念在風俗中潛存，亦不易滌除淨盡，後世道教，仍承此種原始觀念，以構造其通俗教義；學者倘客觀探究，則此中分際固是了了可見。

三、「命」觀念

「天」與「神鬼」之外，古代思想尚有一影響後世之觀念，即「命」觀念。

「命」觀念在古代中國思想中，有兩種意義。一指出令，一指限定。前者可稱為「命令義」，後者可稱為「命定義」。就命令義說，此一詞義應為「命」字之本義；蓋「命」字本從口令。且就古代文獻觀之，則《尚書》及《詩經》〈雅〉、〈頌〉中常見之「天命」、「受命」以及相類諸語中，「命」字皆是「命令義」；故就時間先後而論，取「命令義」之「命」觀念，出現應極早。

此種「命」觀念，以意志性為基本內容。無論就人或天而言「命令」時，皆常假定一意志之要求。故「命令義」之「命」，在古代資料中，大半與「人格天」觀念相連，此點上文已論及。

「人格天」與「命令義」之「命」，皆為一般民族所常有之觀念；似不足以代表中國古代思想之特色；但就其演變而言，則又與日後中國文化思想中某些傾向有關，故本節對此一觀念略作析論。

「命」觀念之演變，乃由「命令義」轉為「命定義」。當人依「命令義」說「命」時，實涉及某一意志要求；故亦常涉及價值觀念。譬如，說「天命」時，首先必涉及一「人格天」之意志；然後，由於「天」之意志在原始社會中本視作一權威標準，於是進而將「天命」作為一價值標準看；換言之，即是以順「天命」為合乎「正義」。再進一步，則以人所肯定之「正義」，轉而視為合於「天命」者。於是，原始思想中遂有將「正義」與「天命」二觀念相混之結果。日後墨學興起於孔子後，當有以「義」為出於「天」之說，即是此種原始觀念之遺跡。

但就一般趨勢論之，則「命」觀念並非停於「命令義」一階段中。在周人反神權之思想傾向下，孔子以前已有視「命」為「命定」之材料。

「命定義」之命，以「條件性」或「決定性」為基本內容，此處不必然涉及意志問題，而必涉及一「客觀限定」之觀念。由於如此意義之「命」並不涉及意志問題，故亦可不涉及價值問題。有關「命定義」之「命」之資料，在《左傳》、《國語》中均屢見，但《詩經．國風》中已有之。例如：

〈鄭風．羔裘〉：

羔裘如濡，洵直且侯。彼其之子，舍命不渝。

此處之「命」，即指已定之條件說。能處其命定之環境而不變易，乃此詩所讚許之德行（此從舊解）。

〈召南．小星〉：

肅肅宵征，夙夜在公，實命不同。

又謂：

肅肅宵征，抱衾與裯。實命不猶。

此是嗟傷之詩；所謂「實命不同」，「實命不猶」，更顯然指「命定」之環境而言。

此種以「命」指「命定」之環境或條件之觀念，有一頗可注意之處，即由此一新起之意義，「命」遂可與「人格天」觀念分開，而只指「客觀限定」；更進一步，所謂「命」，即只是一客觀限定，則對價值問題而言，自應有中立性。於是，「命」之所決定者，與「正義」並無關聯；反言之，則人生之合「義」與否，是另一問題，與

「命」亦不必有關；蓋指客觀限定之「命」，只應能涉及條件系列，不應能涉及自覺意志。故「命」可決定成敗得失，然不能決定合義或不合義。原始觀念中混同之「義」與「命」，在此階段中，已漸分離。而孔子日後則明確表示，興廢生死，乃「命」之事，而君子行其義，行其道，則不訴諸「命」。孟子更將「天」與「命」二觀念，皆歸入「客觀限定」一義，儒學之基本精神遂完全透出。此在後章作析論。此處所應說者是：「命定義」之「命」，固是晚出之義，但正與日後儒學所取之態度相符。倘就哲學史之尺度說，此種演變正是思想之進展；倘學者以為不合「古義」，便不足取，則未免大悖哲學思想本身之標準，蓋「客觀限定」與「主觀自覺」之分，正是哲學上一大問題，亦是哲學進展中一大關鍵。原始觀念本不能代表文化及哲學之特性，尤不能成為一衡度思想之標準。此處如誤，必不能再觀嚴格之「理」。清儒攻訐宋明儒之哲學理論時，每每乞靈於「古義」，實不值識者一哂。學者今日治中國哲學史，於此等理論關鍵，尤不可犯前人舊病。

「命」觀念在日後中國哲學史上之影響，當於後章論述。以上所說，僅指出「命定義」之「命」乃古代中國思想已有之觀念；其發展及理論意義，自非當時人所知；然其出現，本身即是一重要事實。此所以在本節中論及之。

×　×　×　×　×

綜上各節所論，古代中國之思想要點已大致可見。合而言之，可分六項。分而言之，則「形上天」，「民本」及「宇宙秩序」之觀念，本身有哲學意義；可看作古代中國智慧之表現。至於「人格天」，「鬼神」及「命」三觀念，則本身原為先民習俗之一部，所含心理情緒之意義較多；只可看作原始習俗之代表。若就中國哲學之發展歷程說，則孔子以後，中國儒學興起時，對於前代習俗，雖不能完全掃除，但在自覺方向上，則並不與古代原始觀念相同。至於其他學派，則道與墨皆含原始觀念較多，而墨學尤甚。儒學自身至漢以後則一度變質，此中頭緒紛繁。本書以下各章當依時代次序論之。本章所述，可視為中國哲學興起以前之古代觀念；學者應作為思想史料而了解，不可誤以為此等觀念有決定日後中國哲學之作用，否則將有淆亂主從之病；蓋中國哲學中各派學說之特性，以本身之自覺方向為主，一切歷史條件畢竟只是從屬條件而已。

第三章　孔孟與儒學

(上) 孔子與儒學之興起

前章論古代中國思想，是指哲學開始成立以前說。孔子於周末創立儒學，方是中國最早的哲學。所以，就時間次序說，孔子既是第一個建立中國哲學理論的人，中國哲學史的論述，即應從孔子開始。

孔子之所以為最早的中國哲學家，乃因孔子最先提出一系統性自覺理論，由此對價值及文化問題，持有確定觀點及主張。系統性與自覺性為哲學之特色，故孔子以前之原始思想不能算作哲學，而孔子之自覺理論及系統觀點之出現，方表示中國哲學正式開始。就此一意義說，雖然孔子所建立的儒學理論，只是中國先秦哲學中之一派；但由於孔子以前並無任何正式哲學理論出現（老子之時代問題，舊說實誤，見下論道家哲學章），從哲學史立場看，應承認孔子是中國哲學之創立者。

以上專就時間次序講。若就學說內容與哲學史實際發展情況說，則儒學雖只是各家哲學中之一家，但漢代以降，直至明清，中國哲學思想以及文化活動之方向，皆以儒學精神為主流。此一主流之成就如何，或得失如何，是另一問題；無可疑的是，實際上此一主流存在。就此而論，儒學有代表中國文化傳統之地位，而孔子作為儒學之創建人，自然亦有為中國文化傳統奠立基石之地位。

總之，在時間次序上說，孔子是第一個提出哲學理論的人；在學說內容上說，孔子所提出之理論，實際上成為中國哲學思想之主流，而且決定中國文化傳統之特性；因此，中國哲學史之研究，必須由孔子之研究開始。

孔子之地位既明，以下即分論儒學之源流及孔子學說之內容及精神方向。

壹　儒學之源流問題

所謂「源流」，指根源及流派而言。由於儒學在漢代以後，獲得支配中國思想及制度之地位，所以二千年來中國學人對儒學常抱有某種程度之宗教情感，因之，對於儒學之根源問題，殊少有嚴格探究；至於儒學流派問題，歷代論述雖稍多，但根源問題不明，流派之分劃亦常欠準確。本書取哲學史立場，對此一源流問題，應作一客觀討論。

先說儒學之根源。此一問題可分兩方面討論：首先，儒學作為一學派，係如何演變而成？其次，儒學之基本精神及思想，與古代之思想觀念習俗等，有何種關係？

首先，關於學派方面，舊說以《漢書·藝文志》之說法最為流行。其大旨以為，先秦各學派皆出於「王官」，即每一學派皆由政府中某一部門演變而生。就古代社會中貴族掌握一切知識而論，此種「諸子出於王官」之說，亦反映某一部分史實，不可說完全虛妄；但此種說法有一最大弱點，即是對各學派之特性及貢獻，皆不能明確陳述，且令人易生誤解，以為一切學說思想，皆是「古已有之」。故此說在嚴格意義上，終不可取。對諸子說是如此，對儒學說亦是如此。

謂儒學出於王官，既不可從，於是近代有另創新說，以解釋儒學之起源者。如胡適之先生著〈說儒〉一文，以為儒學出於殷士。其論據大意不外三點：

第一、周人建國之初，殷士以亡國者身分，為周人服役，而其職務則是主持禮儀。由此，而形成一特殊社群，以司禮為專業，即稱為「儒」；在生活態度上，儒以恭敬忍讓為主。此點之根據，以《詩・大雅》之資料為主，再以《書經》及《易》爻辭證之。此外關於「儒」字之詞義之資料，亦被引用。

第二、孔子及其弟子皆以禮為業，足見承殷士社群之傳統。此點之根據，以《論語》記載及別派對儒者之描述為主。

第三、孔子雖承殷士及職業禮生之傳統，但孔子提出新理論，並宣說新人生態度，故孔子為「儒」傳統之革新者；另一面孔子為殷人，故其革新運動代表殷民族復興之要求。結果，孔子事功雖無所成，卻成為一被崇拜之對象。

以上三點，論辯甚多。本書不擬多作討論。所應指出者，只是：胡氏之說，雖非無據，但此說只能解釋古代一社群之形成，實未能說明作為一「學派」之儒學之特性所在。一學派之所以成為一學派，乃在於其確定主張及理論，而不在於在組成方面與某社群間之外緣關係。孔子及其門人，雖實與禮生傳統之社群有關，但孔子之學說，為古代禮生社群所無。而最應注意者是，孔子之主張基本上與周文化之方向相同，並非殷文化傳統。故儒學作為一學派而論，既在孔子手中形成其理論及主張，則此一學派不能不視為孔子創建之學派；而另一方面，孔子之學說及其精神，非殷人傳統，反而正以重建周文為方向，則學者亦不能以為孔子所立之儒學，為承殷士傳統者。故孔子以前，以儒為名之禮生，雖與殷士社群可能有密切關係，但孔子以下之儒學，實與殷民族之傳統無干。至於殷民族復興之說，係以殷周二民族之對立為基本假定；此種事實雖在周初存在，但此種思想卻非孔子所有。蓋孔子以對文化生活之自覺肯定為立說主旨，其思想中時時透露對普遍性之肯定，實無現代民族主義者之情緒，以下論其學說即可闡述此義。

總之，儒學作為一學派，應視為孔子所創建者，因此一學派之特有理論及主張，皆出自孔子學說。胡氏之考證僅足以表明周初以下有一禮生社群，與殷士有關；而所論孔子及儒學之立場，則與事實不符。故儒學出於殷士之說，亦不能成立。

儒學創自孔子，此為平穩之說。本書即依此而論儒學之起源。

以上乃就學派問題而言。至孔子及其儒學之精神方向，與古代觀念習俗等有何關係，則於下節論之。

其次，關於思想方向及精神方向，應就孔子學說之特色與古代一般觀念及習俗作一比較，以顯現其關係。首先須指出者，是孔子學說之精神並非承古代觀念及習俗而來；反是有革新意味之趨向。上古史實，雖不可詳考，但殷商時之史料，足以表明古代崇拜神權之習俗極盛；而參以《詩》、《書》資料，又可知此種傾向由來已久，應為上古以來之普遍情況。再就一般人類社會之進展說，早期民族崇拜超自然之神權，亦是常例。故學者有充分理由斷定，古代中國之觀念及習俗中，皆確有崇拜神權之色彩。

但周人建國，即以制度為重；於是一面封土建君，創立一種人為的政治秩序，以代部落酋長式之自然的政治秩序；一面立宗法制度，又將自然的血緣關係化入人為的政治關係中；此即所謂周公制禮之說所代表之文化史意義。周人此種設施，就其本意講，當是以建立較有力之中央政府為基本目的，但其結果則透露一種以人為主之思想趨勢。此處有一觀念上之分別，學者不可忽略。此即發生意義與本質意義之不同。一事之如何發生是一問題，一事有何種內含意義又是另一問題。譬如因測量之需要而研究圖形之性質時，此種需要為此種研究之發生條件；但此種研究所得之知識，在數學上有無真實性，有何種理論重要性，則屬於本質一面，並非受發生條件決定。又如一人欲取悅帝王而提出一種煉丹術，此事就其發生條件講，只是為求名利爵賞而來：但所提出之煉丹術有無真確性，則不受其卑劣動機（發生條件）之影響，而是屬於內含意義一面之問題。今就周人禮制而言，欲加強中央統治之力量，是發生條件；但此種禮制之內含意義則是透露出「人之地位之肯定」；此一肯定在文化歷程中之意義，亦不受周人加強中央權力一動機之影響。

以上解說，目的在於掃除流行俗見，以免學者將「發生意義」之問題與「本質意義」之問題混而為一，導致思想之混亂。以下即回到本題。

周人此種精神方向，既以「人之地位之肯定」為特色，則對以前之古代崇拜神權之觀念與習俗說，可稱為一種革新，一種扭轉之努力。此義既明，則吾人可看出古代中國文化史之一重要轉變——由原始信仰進至肯定人文之轉變。

此處又有一應加解說之處。此即，周人雖表現一新精神，採取一種異於古代傳統之活動方向，並非完全消滅古代觀念及習俗。在歷史之連續體中，新精神與新方向之出現，並不表示舊有者立刻全部消滅。不過，此種新精神一經確定，則逐漸形成一新傳統，終可取得支配地位，成為文化主流所在。

周人表現人文精神，只在其政治設施中，尚無明透之理論基礎；故吾人可說，周人以前之原始信仰，觀念及習俗等，固只代表未自覺之階段(因此原始事態只能作為一自然事實看；為多數民族之所同，不表特殊方向)，即以周初制定禮制時而論，仍只代表半自覺之階段；真正自覺階段須在能對「人文精神」提出確定理論時，方算是真正開始。而此一工作即以孔子為主要代表人物。此所以孔子代表中國文化自覺時期之開始，下節論孔子學說時再作陳述。

至此，孔子及其儒學之精神與古代傳統之關係，已可顯出。簡言之，孔子學說乃對周人之人文精神之自覺肯定，又因周人本對古代傳統取一改革態度，故孔子實非上承古代原始信仰之思想家，而是完成周人所代表之精神之理論基礎之人文思想之宗主。此所以孔子言「吾從周」，而又處處強調人之責任及意義，無取於崇拜天神之信仰也。

作如此說明後，吾人已可結束儒學根源之討論。約言之，「儒」作為一社群，可能是由職業禮生演進而成，此種職業禮生亦可能與殷士有某種關係；但就「儒學」而論，則孔子以前實無所謂「儒學」；「儒學」之基本方向及理論，均由孔子提出，故「儒學」必以孔子為創建人。至於儒學之精神及思想傾向與其前之文化間之關係，則吾人可斷言，孔子承周文化之方向，而揚棄周以前各民族之原始習俗及觀念。就此而論，周人之人文觀念可說在孔子手中方進入自覺階段，而成為確定之學說；逆而言之，亦可說孔子之儒學乃周之人文精神成熟之表現，亦即周文為儒學之源。關於周之前之古代傳說，孔子雖偶言及，亦只當作史料看。高談堯舜禹湯，乃後代儒者之事；蓋昧於古史，遂假想像以立說，並非歷史真象所在，亦異於孔子之本旨。

其次，儒學之流派問題，亦可以由此看出線索。孔子承周文而立說施教，但及門之門人弟子，已未必皆能得孔子學說之真義，後世儒者，自多有趨向別異者。但孔子之精神方向既可確定，則就此立一標準，吾人即可將後代以儒學自稱之各種理論，分為兩大部分，其一是直承孔子原有之方向者，另一則為與孔子方向不同者。其下又可再作次分。譬如承孔子者，或述其說之一部，或能作全面發展；此即見其不同。又如違離孔子學說之基本方向，而別有宗趣者，或接受古代觀念習俗之影響，或接受其他學派之影響，或自立一說，其間亦有不同。凡此種種，皆屬中國哲學史中須加闡述之問題。此處但舉其綱，詳見以後各章。

以上已對儒學之起源及流派作簡要說明，以下再論孔子學說之內容及意義。

貳　孔子之生平及其學說

孔子事跡及學說，資料大體無困難。雖漢以後偽書迭出，讖諱陰陽之說盛行，對孔子生平及學說，均有種種謬說；然清儒以下，學者考訂已多，真偽已不難辨。本書雖不能詳及考證之事，但所據資料皆以通過考證而無可疑者為限。

一、孔子之生平

孔子名丘，字仲尼；依《史記》所載，生於周靈王二十一年，即魯襄公二十二年；卒於周敬王四十一年，即魯哀公十六年。

依《公羊》、《穀梁》二傳，則孔子生於魯襄公二十一年，較《史記》所載早一年。二說以何者為正，難有定論，但相差一年，亦無嚴重影響。本書暫從《史記》之說。

《史記・孔子世家》：

孔子生魯昌平縣陬邑，其先宋人也。

孔子生地，即今山東曲阜。就血統而言，孔子之祖先為宋人；宋為殷後，故孔子在血統上原屬殷人，《禮記・檀弓》，記孔子將死時告子貢之語，謂「而丘也，殷人也」，亦與此合。就職業而言，孔子上代屢為司禮之官；孔子少即習禮，以通禮名於世。蓋殷人中之知識分子，在周代組成一職業禮生社群；孔子之先人屬於此一社群。孔子本人所受之教育，亦是此種社群之教育。故吾人可說，孔子最初原屬於職業禮生社群；其後另有新思想，皆顯然非孔子所作。漢儒讕言，徒貽笑柄。今論孔子學說，自不能以此種謬說為據。

孔子思想學說之唯一可靠資料，即門人記述孔子言行之《論語》。《論語》之體裁略近於對話集一類。然此中記載並非由門人偽託者。今日論孔子學說，主要資料仍為此書。

以下對孔子學說作一析論。

二、孔子之學說

孔子之學說，應分兩方面論述；其一是孔子學說之具體內容，其二則是孔子學說所代表精神之方向。就學說內容而言，又可分為基本理論與引申理論，蓋凡立一思想體系者，其學說大致皆有此兩部分可說。至於精神方面，則指其自我境界及文化意識講。

以下先述孔子學說之具體內容。

(一)孔子學說之內容

孔子之學，由「禮」觀念開始，進至「仁」，「義」諸觀念。故就其基本理論言之，「仁，義，禮」三觀念，為孔子理論之主脈，至於其他理論，則皆可視為此一基本理論之引申發揮。玆依次述之。

1. 基本理論

「禮」觀念為孔子學說之始點，但非孔子學說之理論中心。蓋孔子之學，特色正在於不停滯在「禮」觀念上，而能步步升進。今述孔子之基本理論，即應著眼於此一升進過程。

此一過程之展示，應從「禮」之意義問題開始。

所謂「禮」，原有廣狹二義。狹義之禮，即指儀文而言；廣義之禮，則指節度秩序。前者亦即世俗禮生所知之禮，後者為理論意義之禮，原非世俗所知，至孔子正式闡明其意義。但在孔子立說前，列國其他士大夫，已有區分「禮」與「儀」之言論。例如，《左傳・昭公五年》記女叔齊之言：

晉侯謂女叔齊曰：魯侯不亦善於禮乎？對曰：魯侯焉知禮。公曰：何為？自郊勞至於贈賄，禮無違者，何故不知？對曰：是儀也，不可謂禮。禮，所以守其國，行其政令，無失其民者也……。

此時孔子年尚幼（十四歲），自未立說；女叔齊固已倡禮儀不同之論矣。觀女叔齊之意，儀文種種，皆屬末節；「禮」之意義，在於能建立一安定秩序，故以「守其國，行其政令，無失其民」等語描述之。此即通往日後孔子說「禮之本」時之一義。女叔齊雖未建立體系理論，其見解已足表示當時士大夫或知識分子已注意此一問題。

禮取「秩序義」者，主要自是指制度而言；此固已與儀文有本末之分。但再進一步看，則以秩序或制度釋「禮」時，秩序制度之根據何在，始是基本問題；此點在孔子前，殊無人能作明切說明。一般知識分子大抵順流俗信仰而立論，以為秩序制度，以所謂「天道」為本；換言之，即假定某種「本有之秩序」，作為文化中「創造之秩序」之基礎。此固是原始信仰之一部；但在孔子前不久尚是知識分子所樂道之說法。例如，《左傳・文公十五年》記季文子評齊侯之說：

……禮以順天，天之道也。己則反天，而又以討人，難以免矣。……在〈周頌〉曰：畏天之威，于時保之。不畏于天，將何能保？以亂取國，奉禮以守，猶懼不終；多行無禮，弗能在矣。

此顯然以為「禮」以「天道」為依據，故「奉禮」即是「畏天」；換言之，人所以應「奉禮」之理由，即在於「禮以順天」。

如此，以「天道」為「禮之本」，此觀念至孔子而有根本變革，此是孔子論「禮之本」時之另一義。

然則孔子如何發展其有關「禮」之理論？簡言之，即攝「禮」歸「義」，更進而攝「禮」歸「仁」是也。通過此一理論，不唯本身不同於儀文，而且「禮」之基礎亦不在於「天」，而在於人之自覺心或價值意識。於是，孔子一方面固吸收當時知識分子區分禮儀之說，而脫離禮生傳統；另一方面，更建立「仁，義，禮」之理論體系，透顯人對自身之肯定，離開原始信仰之糾纏。於是，孔子予周文之精神以自覺基礎，遂開創儒學之規模。故「仁，義，禮」三觀念，即構成孔子之基本理論，以下依《論語》資料述其要旨。

(1)「禮」與「義」

孔子立「仁，義，禮」之說；依理論次序講，是以「攝禮歸義」為第一步工作，今亦由此下手析論。

所謂「義」，在《論語》中皆指「正當」或「道理」。偶因語脈影響，意義稍有變化，但終不離此一意義。茲先列舉此類資料如下：

〈為政〉：

子曰：……見義不為，無勇也。

案此「義」字顯指「正當」而言。

〈里仁〉：

君子喻於義，小人喻於利。

案此處以「義」與「利」對舉，「義」指「正當」可知。

〈里仁〉：

子曰：君子之於天下也，無適也，無莫也；義之與比。

案此處「義」與「適莫」對揚；「適莫」二詞之確義，舊日注疏雖有不同之說法，然此二詞指贊成與反對，則無可疑。如此，「義」指「道理」而言，「適莫」指態度而言。君子無特殊態度，唯理是從；故說「義之與比」。

〈公治長〉：

子謂子產有君子之道四焉；其行己也恭，其事上也敬，其養民也惠，其使民也義。

案此一「義」字，顯指「公正」而言；即由「正當」所衍生者。

〈雍也〉：

樊遲問知。子曰：務民之義，敬鬼神而遠之，可謂知矣。

案此一「義」字直接說應是「責任」之意；但顯由「正當」一義衍生。

〈述而〉：

子曰：……聞義不能徙，不善不能改，是吾憂也。

案此處「聞義」連「徙」字說，意謂聞一理而不能行之與「不善不能改」對舉。「義」顯指正當之理說，亦即「正當」一義。

〈顏淵〉：

子張問崇德，辨惑。子曰：主忠信，徙義，崇德也。……

案此處「徙義」一語，正可與上引〈述而篇〉中「聞義不能徙」一語合看；徙義即是從正當之理，故以釋「崇德」。此處「義」自指「正當之理」說，不待解釋。應附帶指出者是孔子對「德」之解說，以此語為最明確。

〈顏淵〉：

子張問士何如斯可謂之達矣？……子曰：……夫達也者，質直而好義……。

案此一「義」字即指「道理」講。

〈憲問〉：

……見利思義，見危授命……。

案此乃答子路問「成人」之言。此處「義」與「利」字對舉；「利」指收穫問題或效果問題，「義」涉及道理問題或正當問題，亦顯而易見。

〈衛靈公〉：

子曰：群居終日，言不及義；好行小慧，難矣哉。

案「言不及義」指「言論不及於理」講；「義」指「道理」。

〈陽貨〉：

子曰：君子義以為上。君子有勇而無義，為亂；小人有勇而無義，為盜。

案此答子路問勇之言；所謂「義以為上」者，即君子以求正當求合理為貴。此處「義」字仍指「正當」而言。

〈微子〉：

子路曰：不仕無義，長幼之節不可廢也；君臣之義如之何其廢之？……君子之仕也，行其義也。道之不行，已知之矣。

案此是子路述孔子之語以答荷篠丈人者；非子路之言論，而是孔子之言論。「不仕無義」之「義」字，自是指「道理」講。「君臣之義」一語中之「義」字，則兼指「責任」講，即後世所謂「理分」是。「行其義也」一語中，「義」字仍指「理分」講，即「正當責任」之意。但「正當責任」一義，自是由「正當性」及「道理」二觀念衍生。

以上十餘例，足以表明《論語》中「義」字之詞義；孔子對「義」觀念之重視，由此可見。後世有謂孔子言「仁」而不言「義」者，實屬謬誤。

然則，孔子對「禮」與「義」之關係，又如何解說？此點在《論語》中亦有顯明解釋。

〈衛靈公〉：

子曰：君子義以為質，禮以行之，孫以出之，信以成之。君子哉。

此處「義以為質，禮以行之」二語，即攝禮歸義之理論。「質」即「實」，以現代語說，即表「實質」，「禮以行之」，即以禮為「行義」者。換言之，禮依於義而成立；「義」是「禮」之實質，「禮」是「義」之表現。於是，一切制度儀文，整個生活秩序，皆以「正當性」或「理」為其基礎。人所以要有生活秩序，所以大則有制度，小則有儀文，皆因人要求實現「正當」。換言之，一切習俗傳統，不是「禮」之真基礎，而要求正當之意識方是「禮」之真基礎。至此，一切歷史事實，社會事實，心理及生理方面之事實，本身皆不提供價值標準；自覺之意識為價值標準之唯一根源。人之自覺之地位，陡然顯出，儒學之初基於此亦開始建立。

以上是從「義」觀念說，茲再從「禮」觀念說。

孔子言「禮」，並非全廢儀文；但孔子不以為儀文即足以代表禮；「禮」之末節固是儀文，但禮之本義不在此末節中。故孔子重視「禮之本」。

案「禮之本」可有兩層意義；其一是內在於「禮」講；此時「禮」之本義為「禮之本」，與末節儀文對揚。其二是就整個禮（包括本義與末節）之理論基礎講；此時「禮之本」即在「禮」以外。此則以全部之「禮」與其基礎對揚。此二義絕不可混同。現先論前一意義之「禮之本」。

〈八佾〉：

林放問禮之本。子曰：大哉問。禮，與其奢也，寧儉；喪，與其易也，寧戚。

此處孔子即表儀文非本之意。蓋奢與儉是具體設施問題，即儀文問題；孔子不拘於儀文，以為禮之本不在乎是。

不識字，其實字源之研究只能有補助作用；斷不能憑之以解一家之說。此點在稍有邏輯訓練者，皆能了解。清儒固不足深責，然現代人倘若仍誤以字源研究為解釋哲學思想之根據，則未免荒謬可笑。

以下觀孔子所用「仁」觀念之意義，即依《論語》資料，通過理論解析以作陳述。

〈雍也〉：

夫仁者，己欲立而立人，己欲達而達人。能近取譬，可謂仁之方也已。

案此節論「仁」之本義，最為明朗；「仁」即是視人如己，淨除私累之境界。此一境界自是一自覺境界，不假外求，不受約制，故孔子又即此以言自我之主宰性。

〈述而〉：

子曰：仁，遠乎哉？我欲仁，斯仁至矣。

案「仁」是一超越意義之大公境界，此可由「人己等視」一義顯出；而人之能除私念，而立「公心」，則是一純粹自覺之活動，故此處乃見最後主宰性，而超越一切存有中之約制。人能夠立此公心，全由自主，故說：「我欲仁，斯仁至矣。」

人倘能立公心，則自可一切如理。

〈里仁〉：

子曰：惟仁者能好人，能惡人。

案「好惡」若就情緒意義講，則一切人，一切動物皆有好惡，何必「仁者」？孔子之意，乃指好惡如理而言。仁者立公心，既無私累，於是對一切外界事物，皆可依理而立價值判斷。此即所謂「能好人，能惡人」。於是亦可見儒學中言「好惡」，乃指普遍義之肯定與否定講，不指心理反應。

〈里仁〉：

子曰：苟志於仁矣，無惡也。

案此一「惡」字乃「罪惡」之意，與「好惡」義不同。前就正面說，人若能具仁德，則大公無私，即可有如理之肯定及否定；此處就反面說，則人既能無私，即可超越一切罪惡；蓋罪惡源於私念，無私自「無惡」矣。

上節所引「義利」之分，亦可於此見其實義。從私念則求「利」，從公心則求「義」；「仁」既指公心，則「仁」為「義」本。就理論意義講，此理甚為明顯。蓋「義」指「正當性」，而人之所以能求「正當」，則在於人能立「公心」。「公心」不立，則必溺於利欲；「公心」既立，自能循乎理分。立公心是「仁」，循理是「義」。日後孟子言「居仁由義」，又以「仁」為「人心」，「義」為「人路」，最能闡發孔子之仁義觀念。蓋「仁」是自覺之境界，「義」則是此自覺之發用。能立公心者，在實踐中必求正當。此所以「仁」是「義」之基礎，「義」是「仁」之顯現。「義」之依於「仁」，猶「禮」之依於「義」。

以上是就「仁」與「義」二觀念之關係說。茲當再觀「仁」與「禮」之關係。

〈顏淵〉：

顏淵問仁。子曰：克己復禮為仁。一日克己復禮，天下歸仁焉。為仁由己，而由人乎哉？顏淵曰：請問其目。子曰：非禮勿視，非禮勿聽，非禮勿言，非禮勿動。

案此專說「仁」與「禮」之關係。何以謂「克己復禮為仁」？蓋克己即去私，復禮即循理。此處所以不言「義」者，因「義」與「禮」在理論上雖屬層次不同之觀念，但就實踐說，則能不隨私欲而歸於禮時，人即是循理而行，亦即是依一「求正當」之意志方向而活動。如此實踐，即返顯仁心。此節原就實踐說，故以下後以視聽言動之守禮，以指點實踐程序（即「目」）。

禮樂不興則刑罰不中，刑罰不中則民無所措手足。

案此即儒家最早之名分理論。孔子未言「分」字，但言「名」時即明白透顯此意。為政以「正名」為本，即是說以劃定「權分」為本；蓋一切秩序制度，基本上皆以決定權利義務為目的。在一社群中，權分之分劃既明，即可建立一生活秩序；如專就政治秩序說，一切政治制度之主要作用亦只是權分之劃定。

進而言之，所謂「權分」之劃定，目的又在於使社群中每一分子各自完成其任務；故孔子亦曾以此種說法表述此意。

〈顏淵〉：

齊景公問政於孔子。孔子對曰：君君，臣臣，父父，子子。

案此即對正名觀念之明確解釋。「君君」者，即有「君」之「名」之人，必須完成「君」之任務，亦只能享有「君」之權利。其他，「臣」，「父」，「子」等亦然。

此一說法，原只有形式意義；蓋並未說及「君」，「臣」等之權利義務內容如何，而只是肯定一「權分」觀念。正如邏輯家說「A是A」，「B是B」是，只表現對「同一性」觀念之肯定，並未涉及「A」或「B」具有何種內容。說「A是A」，意謂：不論「A」具有何種內容，同一性必須肯定。說「君君臣臣」時，亦是意謂：不論「君」或「臣」之權利義務如何劃定，「權分」總是必須遵守者。故孔子此說未涉及具體制度內容問題，俗論或以為此語表示孔子「擁護封建制度」，則是謬以千里；不唯誤解孔子，而且看錯問題❶。

❶ 有人以為孔子言「君君，臣臣」，至少是認為社會中應有不同階級存在，因此即謂孔子擁護專制云云。其說亦謬。孔子舉「君」，「臣」等詞以構成其形式陳述；乃因此種詞語為當時現成詞語，故用以指不同之職分。一社會中既有多數個體，則必有種種不同之職分，非獨專制政體為然。說不同職分之人應各盡其職分，何曾涉及特殊內容？此乃極明顯而無可爭

孔子既強調「權分」，自亟欲糾正當時權分混亂之現象。而欲正名以定權分，又非寄希望於一「統一秩序」不可；蓋權分之劃定，必在一統一秩序中始成為可能，否則，無統一秩序即無統一規範，權利義務皆將隨事實條件而變易，即一切訴於實力，無是非可說。就此觀之，可知孔子必主張建立統一秩序。孔子念念不忘周文，亦即此意。

但孔子雖亟欲建立一統一秩序，又以為此秩序不可由強力征服而建立。孔子以為凡恃強力者必不能真正服人；故涉及具體政治主張時，孔子強調教化，反對強力；極不以戰爭為然。

〈季氏〉：

季氏將伐顓臾。冉有季路見於孔子曰：季氏將有事於顓臾。孔子曰：求！無乃爾是過與？夫顓臾，昔者先王以為東蒙主，且在邦域之中矣。是社稷之臣也。何以伐為？冉有曰：夫子欲之，吾二臣者皆不欲也（案「夫子」此處指季氏）。孔子曰：求！周任有言曰，陳力就列，不能者止。……虎兕出於柙，龜玉毀於櫝中，是誰之過與？冉有曰：今夫顓臾固而近於費，今不取，後世必為子孫憂。孔子曰：求！君子疾夫舍曰欲之，而必為之辭。丘也聞有國有家者，不患寡而患不均，不患貧而患不安；蓋均無貧，和無寡，安無傾。夫如是，故遠人不服，則修文德以來之。既來之，則安之。今由與求也，相夫子。遠人不服，而不能來也；邦分崩離析，而不能守也；而謀動干戈於邦內，吾恐季孫之憂，不在顓臾，而在蕭牆之內也。

案此節為孔子具體政治主張之重要資料。孔子責其弟子不能盡職，故使季氏伐屬國。於是表示兩點重要意見。其一是，就經濟利益而言，孔子認為經濟問題以建立公平經濟制度為主；有公平制度，人民團結，安心工作，

辯者。論者倘就此語以證孔子主張專制擁護封建社會，則於理難通。至於孔子論及制度內容時，並無反君主之意，則是另一問題，後節論「孔子遺留之問題」時，另有評述。

論「理分」時，即內通於道德生活，外及於政治原理。孔子本人雖尚未提出此種完整理論，然在其言論中，亦已透露道德意義之理分觀念。此點可視為「義」觀念之引申。

〈子路〉：

葉公語孔子曰：吾黨有直躬者，其父攘羊，而子證之。孔子曰：吾黨之直者異於是。父為子隱，子為父隱，直在其中矣。

此節因所說過簡，最易引起誤解。茲逐步析論之。

就原文說，葉公以為能不顧父子之關係，表示正直合理；孔子則謂，正直合理不在於視父子為路人，而在於各盡其父子之理分。此即「證」與「隱」兩種態度之不同。學者倘只就此對話表面看，則極易誤解孔子，以為孔子提倡自私。但深一層看，則此處所顯示者，乃孔子對價值判斷一般原則之一特殊肯定。此一肯定，約言之，即是：「價值在於具體理分之完成」。倘就其理論意義說，則此處實含有日後儒學價值理論之基本原則。所謂「具體理分」，即孔子言「名」時之真實意指。不過「名」既本指涉一制度中之職分，故言「名」時是就政治生活範圍說理分。現就道德生活說理分，遂顯現一純理論問題。

此問題即價值意識之具體化問題。舉例說，倘有一百人從事運石工作；若從一抽象公平觀念看，則吾人似可說，令每一人做同樣工作，即是合理。但具體言之，則此一百人中或老或少，或強或弱，各有能力之差異；如僅僅令每人運石百斤，實在並非公平。因此，欲在運石一事上實現公平，則必須各就其具體條件而作決定。換言之，能運百斤者運百斤，只能運十斤者即運十斤；如是各個不同之人，各盡其力，此一具體情況中之公平方能實現。此即抽象之公平觀念與具體之公平觀念之不同，推而言之，亦即是價值意識之具體化之意義。

據此觀之，在運石之例中，作價值判斷者，不能說一人運石若干斤是合理，而只能在每一具體事例中，就其理分之完成（盡力）而言其合理。在孔子論「攘羊」一例中，情形相似。孔子之意以為，每一人在每一事中，有不同之責任及義務，故不能以「證人之攘羊」為「直」，而應說，各依其理分，或證或隱，始得其直。此一例中，所涉及之問題有二：其一是具體理分之肯定，此為孔子之本旨；其二是關於「父子」關係之看法，此自與孔子所處之社會有關。前者表現價值判斷之原則，後者則是特殊社會中之特殊說法。就理論意義說，則吾人縱使從另一社會中看此問題，而不承認「父子」關係之重要，仍無礙於吾人接受具體理分之觀念。蓋任何一社會中，必有具體理分問題。譬如，以現代社會而論，警察發現有人偷竊，則必將此犯罪者拘禁，此是警察之理分，但若小學教師發現兒童偷竊，則應予以訓斥，並教以不能偷竊之理，此是小學教師之理分。二者之所以不同，即其此二種理分皆屬具體理分。倘抹煞此種具體條件而只有一抽象「懲罰」觀念，則小學教師亦將拘禁偷竊之兒童；學校中須附設監獄，權責大亂；在現代社會制度下即成為不合理。推而言之，謀殺犯雖應處死，但在現代社會中，若被謀殺者之親友，自己殺死此犯謀殺罪者，反而是違法。「處死」是法庭之權力，而非個人之權力，此亦是具體理分問題。禁止私殺，並非謂謀殺犯不應處死；依此可知，孔子言「子為父隱」時，亦非謂「攘羊」一事不應受罰。孔子心目中之「父子」關係與路人關係之不同，亦正似法官與犯人之關係與仇家彼此之關係不同。此皆是具體理分問題。

總之，孔子論「直」，其本旨是說價值即具體理分之完成，故每一事之是否合理，須就具體理分決定。至於以「父子」與路人之不同為例，則是取材於特殊社會，而作說明。對此種說明，吾人可以不同意，但通過此說明所表現之本旨，方是重要問題。若就價值理論說，則具體理分之肯定實有不可否認之理據；因一抽象價值意識，固根本不能在生活中實現而不引起內在衝突（譬如，因主張「公平」而令老幼男女各運石一百斤，則結果適造成「不公平」，即內含衝突）。德國黑格爾（Hegel）之文化價值理論，所以歸於「權分哲學」(Philosophy of Right)，亦是此意。學者留意於此，方能接觸真實生活之價值標準問題。

孔子對具體理分之見解，可說是「義」觀念之引申。孔子既以為每一事上均有一具體理分，故在論人生態度時，自己即表示處處盡分為其理想。

〈公治長〉：

……子路曰：願聞子之志。子曰：老者安之，朋友信之，少者懷之。

案此節中孔子原命顏淵及子路各述其志，其後子路問孔子自己之志，孔子遂答以此語，其意即對不同之人各盡其理分。此亦可與「君君，臣臣，父父，子子」之說合看。就政治生活說，孔子要求人人盡其制度意義之理分；就道德生活說，則孔子要求自己處處盡其道德意義之理分。道德意義之理分，自比制度意義之理分，有更高普遍性；日後宋明儒大抵皆先究道德哲學，然後再展開其理論，以立政治生活之價值標準。但在孔子本人，則是先由「禮」開始，步步發現理分觀念，因此，具體理分之觀念之出現，始表現孔子為儒學之價值理論奠立基石。

本節論述之目的即在於闡明此義。

(3)「忠恕」與成德工夫

上節所述孔子之「直」觀念，為「義」觀念之引申。通過「直」觀念，孔子既建立價值判斷之原則，於是價值理論之建構，規模已具；但人之能否作正當價值判斷，不是對價值之了解問題，而實是一意志方向問題。孔子既立價值理論，再進一步，即必須面對意志本身如何純化一問題，因此，在三觀念中有「仁」，而在引申理論中遂有「忠恕」。

「忠恕」連用，原出於曾子對孔子之語。

〈里仁〉：

子曰：參乎！吾道一以貫之。曾子曰：唯。子出，門人問曰：何謂也？曾子曰：夫子之道，忠恕而已矣。

案此即以「忠恕」為孔子所持之「一貫之道」也。此語雖出自曾子，但就孔子其他言論觀之，則孔子本人亦實有此種看法。此點可分兩層予以解答。第一，孔子所謂之「道」是何意義？第二，此「道」與「忠恕」又有何關係？

先就「道」說。孔子論「道」，大抵即以「仁」為主。

〈里仁〉：

子曰：士志於道，而恥惡衣惡食者，未足與議也。

案此只是表示「道」與享受或富貴無關；尚未明說「道」與「仁」之關係；然「仁」本指無私之意志狀態，則不計衣食，既是「志於道」之要件，可知此「道」必以「無私」為特性。另一節則以「道」與「仁」連說：

〈里仁〉：

子曰：富與貴，是人之所欲也；不以其道得之，不處也。貧與賤，是人之所惡也，不以其道得之，不去也。君子去仁，惡乎成名。

案此節前二段，原說，富貴貧賤，本身悉不足計，君子只以「道」作為標準，而定取捨。下接言「仁」，謂離「仁」則「君子」即失去其特性（所謂「惡乎成名」），則顯然孔子所說之「道」，即依「仁」而立。一切要「以其道得之」，即是一切依大公之心以定取捨。其下又謂：

君子無終食之間違仁。造次必於是，顛沛必於是。

此即是說，有德者須時時存大公之心，不可須臾離此動力。而此動力即是「仁」，依此動力乃能「志於道」。「仁」為大公之意志狀態，為一切行為及判斷之動力；故此「一貫」之道，並非對外界事物之知識。觀《論語》中告子貢之語可知。

〈衛靈公〉：

子曰：賜也，女以予為多學而識之者與？對曰：然，非與？曰：非也。予一以貫之。

此處所說之「一以貫之」，與「多學而識之」對揚，蓋孔子所持之「一以貫之」之道，本指意志之純化而言，並非零碎知識，故特別點出此差別以告子貢。依此，則「一貫之道」更顯然只能與「仁」相應。

孔子所謂「一以貫之」，既是指「仁」而說，則此與「忠恕」有何關係？

〈顏淵〉：

仲弓問仁。子曰：出門如見大賓，使民如承大祭。己所不欲，勿施於人。

案孔子答弟子問仁，原有種種不同說法（此點後文另論之），此處答仲弓之語，則是從兩方面解「仁」。前二語就自處說，後二語就人我之間說。而後二語原是孔子釋「恕」時所用。

〈衛靈公〉：

子貢問曰：有一言而可以終身行之者乎？子曰：其恕乎！己所不欲，勿施於人。

案此明言「恕」即「己所不欲，勿施於人」。由此可知上引答仲弓之語中，後二句指「恕」，已無可疑；然則前二句是否指「忠」？

「出門如見大賓」，指恭慎而言，「使民如承大祭」，指誠敬而言；《論語》中雖無孔子專論「忠」之資料，但以「忠」字之通義看，則孔子所說「主忠信」，「忠告而善道之」，「與人忠」等語，皆足表示所謂「忠」正指誠敬不苟？故合觀答仲弓四句，可知孔子所說，正是以「忠恕」二觀念釋「仁」。此點日後宋儒提出「盡己之謂忠，推己之謂恕」而釋「忠恕」之義，其理大明。但即就孔子之語觀之，大旨亦已可見。

總之，孔子所謂「道」，即相應於「仁」說；而「忠恕」則是「仁」之兩面表現。是故曾子之答，頗合孔子之意。

然則「忠恕」二觀念之提出，有何理論意義？簡言之，此一對觀念主要意義即在於指出一實踐工夫。「仁」是大公之意志狀態。人如何能達到此狀態，顯然是一極為複雜之問題。孔子立說，尚未能完成此一理論；但就「忠恕」二觀念看，則孔子已有關於實踐工夫之基本說法。自處不為利欲所支配，而念念不苟，是「忠」；處人則視人如己，不侵人以自利，是「恕」。如此鍛鍊意志，即是達到「仁」之境界之實踐過程。孔子在《論語》中，每就此工夫中某一點著眼以指引門人，以下隨引數節。

〈顏淵〉：

司馬牛問仁。子曰：仁者其言也訒。曰：其言也訒，斯謂之仁矣乎？子曰：為之難，言之得無訒乎？

案此就恭慎之義說。蓋仁者既必須處處求慎，則不慎於言者，便不是「仁」。

〈學而〉：

子曰：巧言令色，鮮矣仁。

案此就誠信而言。巧言令色，即是不誠不信；不能誠信，亦不是仁。

〈雍也〉：

樊遲問知……。問仁。曰：仁者先難而後獲，可謂仁矣。

案此仍是說恭慎從事，方可謂仁。

總而言之，「仁」德之達成，必通過恭慎不苟，誠信無妄，視人如己等實踐；而此類實踐工夫，簡言之，即是「忠恕」二字。此所以「忠恕」為「仁」觀念之引申理論。扣緊此種理論分際說，「忠恕」即指達成「仁德」

之實踐工夫。故若就「仁者」之心境問題而論「忠恕」，則是不解「忠恕」之說在孔子學說中之地位。此一引申理論，其意義原在實踐工夫上落實，不可於他處求之也。

至此，孔子對「仁、義、禮」三觀念之引申理論，已述其要旨。除此以外，孔子自尚有其他言論；但孔子學說之主要內容，實不外「仁、義、禮」三大觀念，以及此種引申理論。其餘零星意見，就哲學史立場說，不必一一述及。

至於有關孔子之精神方向，則亦有確定資料，應加注意。下節即以此種材料為據，作一論析，以結束對孔子學說之研究。

(二)孔子之精神方向

由於孔子是儒學之創建者，故孔子所代表之精神方向，日後即為整個儒學傳統之精神方向；而由儒學精神所決定之一切文化活動，亦皆依此精神方向而獲得其特性。因此，研究孔子學說時，學者固應對孔子學說內容有明確了解，但對其精神方向，則更應精思詳辨，求得一嚴格確定之了解；蓋每一學派之創建人，在立說之具體內容上，多半未臻詳備，然在精神方向上則必顯現極為重要之特色。學者倘不能掌握此精神方向之真實面目，則縱能了解其學說內容，亦將不能明白此一學派之最後特性，以及其文化意義所在。

本節專論孔子之精神方向，材料仍以《論語》為主。

所謂「精神方向」，在確定意義上，原即指「價值意識」而言；故闡述孔子之精神方向，實即是說明孔子之價值意識。析別而言之，則此種價值意識，固必表現於不同方面，而各自形成一特定態度。由此，本節為求敘述明確，即分三面討論孔子三個重大問題上所持之態度，以顯現孔子之價值意識或精神方向。

此三問題即是：「文化問題」、「自我問題」、「傳達問題」。此中「文化問題」涉及一般文化生活，包含孔子之宗教觀及宇宙觀在內；「自我問題」則涉及純哲學中之「自覺心」問題；「傳達問題」則涉及孔子對理論學說之觀點。

就文化問題而論，孔子立「人文之學」；就自我問題而論，孔子立「德性之學」；就傳達問題而論，孔子立「教化之學」。此三者合而觀之，固是同一原則之不同顯現（此所以孔子自謂「一以貫之」），但分而言之，亦有不同之重點。以下即分別作一論述。

1. 孔子對「文化問題」之態度

孔子對文化之態度，簡言之，即「人之主宰性之肯定」；此所以為「人文之學」。但肯定人之「主宰性」時，必涉及正反兩面之問題。從正面說，欲肯定人之「主宰性」，必須對此「主宰性」本身有一說明；從反面說，肯定人之「主宰性」時，對於一切客觀限制與「主宰性」之衝突，亦必應有一確定態度。孔子對前一部分問題，已通過「仁」、「義」二觀念予以解答；換言之，人之「主宰性」即表現於人能立「公心」、求「正當」；關於此點，前已說明。就第二部分問題而言，人雖有此「主宰性」，但在具體人生歷程中，顯然有種種不為人之自覺所能控制之限制。對於此種限制，應持何種態度，又是另一問題。孔子對此問題之看法，表現於其「義命分立」之說。

《論語》中關於孔子論「命」之材料，足以表明孔子對「命」之看法，以及對「義命分立」之基本觀點。〈雍也〉：

> 伯牛有疾。子問之，自牖執其手曰：亡之，命矣夫。斯人也，而有斯疾也；斯人也，而有斯疾也。

案孔子以冉伯牛病危，而歎其遭遇，歸之於「命」；顯然孔子之意謂冉伯牛不應有此遭遇，而竟有此疾，乃無可奈何之事。故此「命」顯與「義」分立。「命」是客觀之限制，與「義」表自覺之主宰不同。

〈憲問〉：

子曰：道之將行也與，命也；道之將廢也與，命也；公伯寮其如命何？

案此段最能表現孔子對「應然」與「必然」（或「自覺主宰」與「客觀限制」）之區別。就「義」而言，自然「道之行」合乎「義」，「道之廢」則不合乎「義」。但道之「應行」是一事；道之能否「行」，或將「廢」，則是事實問題，乃受客觀限制所決定者；故孔子謂道之行或不行，皆非人自身所能負責者，亦非反對者所能任意決定者。換言之，道之「行」或「不行」，是成敗問題；道之「應行」，則是價值是非問題。人所能負責者，只在於是非問題，而非成敗問題也。

孔子既劃定「義」與「命」之範圍，故不計成敗，唯求完成理分。此點頗為當時人所不解，因之，論者常致譏嘲。

〈憲問〉：

子路宿於石門。晨門曰：奚自？子路曰：自孔氏。曰：是知其不可而為之者與？

案以孔子之「知其不可而為之」而相譏嘲，正是當時俗流之見，蓋不解孔子所爭者為是非，固不在乎成敗也。對晨門之語，孔子無機會答覆，但在荷篠丈人一節，則孔子命子路代答之言，即足表示孔子之立場。

〈微子〉：

子路曰：不仕無義。長幼之節，不可廢也，君臣之義，如之何其廢之？欲潔其身，而亂大倫。君子之仕也，行其義也；道之不行，已知之矣。

案前數語係就當時情況略作辯駁，理論意義不高；最重要者乃最後二語。「君子之仕也，行其義也」，即表示孔子之關心政治，不學荷篠丈人之隱居，乃由於孔子肯定人之責任；「道之不行，已知之矣」，則表示孔子盡力完成其責任時，固非就「成敗」著眼。明知「道之不行」，仍須「行其義」；此即使「義命之分」大顯。而道德意義之「自覺主宰」自有一領域，不可與事實意義之「客觀限制」領域相混，亦十分明白。

「自覺主宰」之領域是「義」之領域，在此領域中只有是非問題；「客觀限制」之領域是「命」之領域，在此領域中則有成敗問題。孔子既確切分劃此二領域，一切傳統或俗見之糾纏，遂一掃而清。而「道德心」之顯現，亦於此透露曙光；文化意義之肯定，亦從此獲得基礎。

由於辨義命之分立，乃一大樞紐觀念，故孔子屢言對「命」之了解極為重要。

〈為政〉：

子曰：吾十有五，而志於學；三十而立，四十而不惑，五十而知天命，六十而耳順，七十而從心所欲不踰矩。

案此節在俗說中以為表示孔子崇信天命，實則大謬。此明言「知天命」。「知天命」者，即知客觀限制之領域是也。「不惑」以前之工夫，皆用在自覺意志之培養上，「知天命」則轉往客體性一面；「不惑」時已「知義」，再能「知命」，於是人所能主宰之領域與不能主宰之領域，同時朗現。由是主客之分際皆定，故由耳順而進入從心所欲之境界。此所謂「知天命」，正指知此客觀限制而言，與原始信仰之混亂義命，正是相反。且此種關鍵適為孔子基本精神所在，不可誤解。

〈堯曰〉：

子曰：不知命，無以為君子也……。

案此亦謂欲明義命之分，必須知命。合前引各節以觀，吾人自可知此種說法皆與崇信天命無關。

孔子辨「義命之分」，一方面奠立日後儒學精神之方向，一方面則是清除原始信仰之迷亂。就儒學日後方向說，由於「義命」分判已明，人之主宰性遂有一分際明確之肯定；就原始信仰說，則既已分別「是非」與「成敗」，所謂天命神意等觀念，即不再與價值意識相混。故孔子分「義命」，不唯衍生日後孟子一系之思想學說，而且決定儒學方向下宗教問題之處理。此點向多誤解；西方漢學家及宗教人士對此點尤喜任意歪曲；故此處應略作說明。

就理論意義說，人對「命」觀念之態度，主要不外四類。

其一，是以為「命」不可違，故人應努力實現此「命」。譬如，以「命」歸於超越主宰者時，則有「人格神」，「意志天」等等觀念，以此等觀念為基礎，遂衍生以超越主宰者為價值根源之說。在中國之原始信仰中，言「天命」時，即有此等立場。其後墨子之言「天志」，以「天」為「義之所從出」，即是以「命」為「義」之具體理論。此是義命相混之第一種立場。

其二，是承認「命」不可違，但不承認超越之主宰，而只以「命」歸於事實意義之「必然」，於是主張人了解事實之必然規律，而以為人應順此規律以行動。此即各種類型之自然主義及機械論觀念。經驗科學影響下之精神方向，即屬此類立場。就此立場說，只有客觀限制，而並無自覺意志之領域；所謂「正當」，亦只是合乎客觀事實而已。此可稱為否定超越性與自覺主宰，而只承認自然之立場。

其三，是承認有「命」之領域，由之而推出「自覺」(或自我)在此領域中根本無可作為，故以人應了解此種「命」之領域，而自求超離；換言之，以離「命」為「義」。此即道家無為之說與印度解脫之教所代表之立場。

其四，則是孔子之立場，此立場是先區分「義」與「命」，對「自覺主宰」與「客觀限制」同時承認，各自劃定其領域；然後則就主宰性以立價值標準與文化理念，只將一切客觀限制視為質料條件。既不須崇拜一虛立之超越主宰，亦不須以事實代價值，或以自然代自覺；而此一自覺主宰亦不須求超離。於是，即在「命」中顯

「義」，成為此一精神方向之主要特色。從超越主宰者，是神權主義；從自然事實者，是物化主義；持超離之論者表捨離精神。孔子則不奉神權，不落物化，不求捨離，只以自覺主宰在自然事實上建立秩序，此所以為「人文主義」。

孔子之立場既是如此，故孔子對原始信仰中之天神鬼等觀念，皆不重視。

〈先進〉：

季路問事鬼神。子曰：未能事人，焉能事鬼？敢問死，曰：未知生，焉知死？

案此足見孔子不喜談原始信仰。

〈八佾〉：

祭如在，祭神如神在。子曰：吾不與祭，如不祭。

案孔子對祭祀不從神之受祭解釋，而從祭者之誠敬說明其意義。「祭」原是人之行為，其意義即在人之履行此一套儀文上；倘人不能親祭，則「祭」完全失去意義，蓋孔子並不以為客觀上真有一「神」享祭。如其有一「神」享祭，則不親祭時，亦有意義，正如邀人宴會，命他人代陪，被邀者仍享受酒食。但若並無此「神」，「祭」只表示人之儀文，則不親祭時即全無意義，故說「如不祭」。

〈雍也〉：

樊遲問知。子曰：務民之義，敬鬼神而遠之，可謂知矣。

案孔子既以「敬鬼神而遠之」為「知」，則親近鬼神，自即是愚昧。春秋時代一般知識分子，固已有反神權之言論；再向前說，則周人立禮制時，亦早已有提高人之地位之傾向。但孔子立說後，此種人文精神始日趨純粹化，而其自覺理論基礎亦由此漸漸建立。人文精神既透顯出來，不僅原始信仰逐步失去勢力，且整個宗教問題，亦獲得一新處理。茲對此點作一說明，即結束本節之論述。

宗教問題雖千端萬緒，但就宗教精神之內涵，則以下三概念可代表宗教之特性：

其一，是人格神，即肯定一超越主宰，以之作為一最後決定者。

其二，是以人格神作為價值根源，即以神作為一切價值標準之最後依據。

其三，是神人關係中之酬恩觀念，即以人為應向神酬恩者，因此即應委託其生命活動於神。

此中第一可稱作 "Ontological Concept of God"，第二可稱作 "Ethical Concept of God"，第三則大致上可看作 "Concept of Commitment"。

因此，一般宗教教義，大體上皆有此三概念，形成三部分相關之說法，分別處理「必然問題」、「價值問題」及「義務問題」。通過此三問題之處理，即顯現一特定之精神方向。現在即依此線索，對孔子之人文精神作一綜合性之描述。

首先就「必然問題說」說，一切事物在性質與關係上皆是已定者；就此而論，遂有所謂「命」概念。「命」即指「被決定」而言。事物既有一定性質及一定規律，則無論人是否能了解此種性質及規律，其為「已被決定」者，則無可疑。通常人在粗陋思想中每每有一錯誤觀念，即以為人既有知識上之進步，故事物即並無一定性質及規律。其實，嚴格言之，當人說及「知識」時，即指人所能了解之事物性質及規律，因此，如不預認事物有性質及規律，則「知識」即完全無意義；因為，事物若並無一定性質及規律可說，則一切存在皆可任意改變，「知識」即不可能。譬如，「水」由氫氧合成，是一化學知識；但若水之構成根本無一定，可以隨意改變，則說「水由氫氧合成」，便全無意義。此與知識之進展問題無關；因當吾人說人對水之知識可有進展時，其確切意義是說，「水」有一定性質及規律，人應逐步求了解；已有之了解可能不真確，故有進展可說；並非謂「水」根本無一定性質及規律。若無性質規律可說，則根本吾人之了解無所謂「真」或「不真」，無論如何想，如何說，均無正誤問題，則根本無所謂「知識」，自然更無「知識進展」可說。

由此可知，「知識」之成立，必以「事物有一定性質及規律」為基礎假定；此即表示，客觀世界有一理序，亦即有一定之限制。人在經驗生活中，一切遭遇，在此意義上，亦是被決定者；此即顯現事象系列之必然性，亦即孔子思想中「命」之意義。

在對象界中，人既與其他事物同為一「被決定者」，故「命」之限制或「必然性」之限制，乃不可否認者；然則人生中是否無主宰可說？此即「自由」概念能否成立之問題。

為揭明此一「自由」之領域，故孔子有「義」觀念，與「命」觀念對揚。「命」觀念表「必然」，「義」觀念則表「自由」。

如前文所釋，所謂「義」即指「正當」而言。倘若只從「命」一面看人生，則人生一切事象，亦不過是宇宙現象中之一部；既皆在必然系列下被決定，便無所謂是非善惡；由此再推一步，則一切所謂人類之努力，亦在根本上無價值可說。因「努力」本身之出現，以及其結果，皆在最後意義上是已決定者，被決定者，如此，人生亦全無可著力處。但若在「命」以外更立一「義」觀念，則價值、自覺、自由等觀念所運行之領域，即由此顯出，而人生之意義亦由此而顯現。然則孔子如何能在「命」以外立此「義」觀念？簡言之，即由人之「能作價值判斷」一點建立此一大肯定。

人作為一經驗之存在者，無論在物理、生理或心理層面上，均處於一條件系列中，因此無自由可說，亦無價值可說，但人除作為一經驗存在外，尚有自覺能力；由此自覺能力，人遂有「應該」或「不應該」之意識；此種意識決定人有一內在動力決定其行為方向。此動力通常即稱為「意志」。孔子所謂「士志於道」，即指此一自覺要求說。人倘無此一自覺能力，則根本不能有價值意識；今人實有價值意識，即表示人實有自覺能力。此點在日後孟子學說中有相當詳備之說明。但孔子思想中實已有此一肯定。

人作為一經驗存在，全無自由可說，亦無主宰可說；但人作為自覺活動者說，則即在自覺處顯現其自由及主宰。前者是「命」，後者是「義」，人只能在「義」處作主宰，故人可對是非善惡負責；人不能在「命」處作主宰，故成敗得失，實非人所能掌握者。由此，有智慧之聖哲，即必須明白此中分際或界限；一面知何處人能負責任，應負責任，另一面知人之存在之限制性；兩面俱明，則即是「知命」，即能「不憂不懼」。而「不知命」則孔子以為即不足為「君子」。此所謂「知命」，原非崇信天命神權之意；其理甚顯。

由此，人生之意義自只能在「義」之領域上成立，因人不能作主宰處，便無可著力；亦只有事實，而無意義可說。故能知「義」與「命」，則明朗觀見「必然」與「自由」；亦即顯出人所能努力之領域。具體言之，人只能在「求正當」一點上努力，亦只能在此處表現其主宰性。

對「自由」與「必然」二問題，孔子思想中既有如此之解決，其精神方向與一般宗教之殊異，已可顯出；最後對於生命之責任及約束問題，孔子思想中亦提示一特殊解答。以下略述其大要，以便與宗教精神下之“Commitment”一觀念比照，而使孔子思想之面目更為清楚。

孔子不崇神權，亦不取原始宇宙論觀念，故既不以為人應對神「酬恩」，亦不以為人只應順某種神祕意義之宇宙規律而活動；反之，只以人之自覺為人生活動之唯一基石。此義在以上各節已反覆論之。然孔子並非不承認生命基本責任一觀念。不過，此一責任不在人神之間，亦不在人物之間，而在人與人之間；此即孔子之人倫觀念；擴而充之，即成為一文化意義之歷史觀念。

所謂「人倫」，原指人類分子彼此間之各種關係講。人類彼此間可有多少種關係，自然是一經驗事實問題。

孔子及其從者所列舉之關係，當然與其所處之社會環境有關。此是次要問題。此處須作說明者，是「人倫」觀念本身之意義。

人何以應有「人倫」觀念？依孔子之意說，此即由於人作為一個體，皆必須接受其他各種人之助力；因此，人必須對其他人有某種酬恩之義務。《論語》材料中最足以代表孔子此一立場者，即孔子對「孝」之解釋。〈陽貨〉：

宰我問三年之喪；期已久矣，君子三年不為禮，禮必壞；三年不為樂，樂必崩；舊穀既沒，新穀既升；鑽燧改火，期可已矣。子曰：食夫稻，衣夫錦，於女安乎？曰：安。女安則為之；夫君子之居喪，食旨不甘，聞樂不樂，居處不安；故不為也。今女安則為之。宰我出。子曰：予之不仁也。子生三年，然後免於父母之懷。夫三年之喪，天下之通喪也。予也有三年之愛於其父母乎？

案此節曾被胡適先生用作證明孔子講殷禮之資料；但「三年之喪」，是否源自殷制，是另一問題。此處吾人應注意者是，孔子解釋此制之意義時，所取之理論立場為何。孔子以「三年之喪」為孝道之表現；而所以應如此之故，又在於「子生三年，然後免於父母之懷」；故「三年之喪」即表示子女對父母之「三年之愛」，以酬父母對子女之「三年之愛」。宰我不解此旨，故孔子謂宰我何曾對父母表示「三年之愛」，即責其不知人倫酬恩之理也。

此節雖只就「三年之喪」而言，其實代表孔子所持之人倫觀念之主要涵義。此一意義，用現代語言表述，亦不難了解。每一個人自出生起，即接受社會中各種直接間接之助力；其中以父母之撫養為最基本；故人自有生時起，即已受社會之恩惠，因此，人必須對社會有一酬恩之態度；此一態度在孔子時，即通過人倫觀念表示。人既有對社會酬恩之責任，故人亦可說是終身有一種對他人之普遍責任。此責任落在具體關係中，乃有具體內容，此即通往「理分」觀念；但就其本身說，則可說是一種“Commitment”。

由此，孔子及日後儒者所提倡之人生態度是，關心一切人之幸福，而在實踐中依理分而盡其力；對於本國政府，對於父母，對於兄弟，對於師友，各有其理分，故「忠」、「孝」等觀念即由此建立；但人對其他人亦有責任，此即引生儒者平治天下之懷抱。學者倘明白此種基本態度及理論，則即不致誤以為儒者言人倫是對某一社會制度之擁護。此中理論層次，稍有思考能力者皆不難辨明。世俗道聽塗說，實是個人情緒表現，不足以評論文化思想也。

此種人對人之理分及責任觀念不僅限於同時之人，而且擴及於前代；因人之有今日之文化成績，實與前人之不斷努力有關；故孔子雖在思想內容上取周文化為主，但對歷史人物，皆決無仇視態度。言文化成績，則孔子以人類之文化成績為一整體；古人與今人在文化大流中，亦屬時間先後不同之共同工作者；故孔子時時讚美古人，決無將古今割斷之想法。

〈述而〉：

子曰：述而不作，信而好古，竊比於我老彭。

案「述而不作」，表示孔子自覺為循周文立說，故作謙詞。「信而好古」則表示孔子對古人成績之尊重。

〈為政〉：

子曰：殷因於夏禮，所損益可知也；周因於殷禮，所損益可知也；其或繼周者，雖百世可知也。

案孔子雖「好古」，並非迷信古人而不求文化進展，故明說夏、殷、周之禮制，形成一發展過程。所謂「損益」，即就進展說。而孔子所以獨重周文者，則因孔子深覺周能吸收殷夏之成績，而又自有其特殊精神及成就。

〈八佾〉：

子曰：周監於二代；郁郁乎文哉。吾從周。

案「監於二代」，即觀前代成績之得失，郁郁文哉，則指周文自身之精神。蓋孔子時，周文為已有之最高文化成績，故孔子立說，即由此始。

綜上所述，孔子所持之人文精神，面目已明。由「義命之分立」，顯現道德生活之領域，及文化價值之領域；由「倫」及理分觀念，而決定道德生活之內容；由主宰在人之自覺中，故不從原始神權信仰；由客觀之必然理序之了解，故盡分而知命，不於成敗上作強求；由自覺主宰本身有超越自由，故在理分之完成上，人須負全責。推至制度問題，歷史問題，所持態度亦可步步推出。此即孔子對人生及文化之根本態度。最後，孔子之精神境界可以《論語》中數語包括之：

〈憲問〉：

子曰：不怨天，不尤人。下學而上達。知我者，其天乎！

案不怨不尤，即知命守義之心境；下學而上達，則是德性智慧之成長不息。最後知我其天一語，則表示孔子亦自覺時人不能了解孔子之思想（此中「天」字是習俗意義，孔子有時自不能免俗，亦偶用習俗之語。學者不可執此等話頭，便曲解其全盤思想也）。

2. 孔子對「自我問題」之態度

「自我問題」本為哲學之基本問題，亦是一理論性極高之問題。孔子時，中國哲學理論尚未充足發展，故孔子對此問題之見解，實遠不如稍後出現之各家學說能確立其論證。但孔子對此問題之態度，仍在《論語》中作相當程度之流露。本節即據此略作析論。

欲了解孔子對「自我問題」之態度，主要可通過其對各種價值之論說而作觀察，蓋一學說中所最強調之價值，必代表立說者對自我境界之主張。孔子與儒學自亦不能例外。茲自孔子對「仁」、「知」、「勇」三觀念之看法著手，以展示孔子之主張。

〈子罕〉：

子曰：知者不惑，仁者不憂，勇者不懼。

案此以知、仁、勇三者並舉，與〈憲問〉同。

〈憲問〉：

子曰：君子道者三，我無能焉。仁者不憂，知者不惑，勇者不懼。

案此處與〈子罕〉不同者，只是「仁」、「知」二字之次序先後改易而已。此種詞語次序，自不足以說明孔子對三者所取之態度。但另一段則態度明朗：

〈憲問〉：

子曰：有德者必有言，有言者不必有德。仁者必有勇，勇者不必有仁。

案此處「言」，是指思辯論議說，自是屬於「知」之範圍；所謂「有言」與「有德」之關係，實即表「知」與「仁」之關係；而下接兩句，則又明確表示「仁」與「勇」之關係；故合而言之，本節所說，可當作孔子論「仁」與「知」及「勇」間之關係之資料看。然則，三者間是何關係？依此節則「有德」可決定「有言」，「有言」不能決定「有德」，此即表示「仁」必能生「知」，「知」則不必能立「仁」；下謂「仁者必有勇」，亦是如此解。換言之，「仁」可決定「知」、「勇」，而後二者則不能決定「仁」。至此可知，「仁」觀念在孔子學說中地位高於「知」及「勇」。

但「仁」、「知」、「勇」等等畢竟於自我境界何所指述？此點須通過純理論之考察而作說明。

由於孔子本人原未提出有關「自我」之純哲學理論，故此處吾人應提出某種理論意義之設準（Postulates），以使吾人能展示有關「自我」之基本問題。

此設準即對自我境界之劃分方法。一設準不表示某種特殊肯定，只表示一種整理問題之方法。此點學者必須明確了解。凡論述前人思想時，固不可依特殊肯定而立說；但另一面又必須有某種設準，作為整理陳述之原則。提出設準，並不表示贊成或反對。設準之意義只在於澄清問題，使陳述對象明晰顯出其特性。

自我境界之有種種不同，乃一無可爭辯之事實。茲依一設準，將自我境界作以下劃分：

(1)形軀我——以生理及心理欲求為內容。

(2)認知我——以知覺理解及推理活動為內容。

(3)情意我——以生命力及生命感為內容。

(4)德性我——以價值自覺為內容。

孔子所提出之「仁、義」觀念，顯然屬於「德性我」。今將孔子對各自我境界之觀念所持態度，作一比較，即可看出孔子所強調之自我境界何在。

首先，就形軀我而言，孔子曾有明顯表示，謂形軀之生死不足計。

〈衛靈公〉：

> 子曰：志士仁人，無求生以害仁，有殺身以成仁。

案身之生死，尚不足計，則其他形軀欲求更不待說。自我應依德性之要求，而處理形軀，故「求生」不是一標準，「殺身」不足為慮。是故君子「謀道不謀食」，只用心於「是非」問題，不用心於形軀欲求之滿足；而「憂道不憂貧」，則是以德性為唯一關心之事，而不以窮通得失為念。故孔子極讚顏回之不以窮困為意。

〈雍也〉：

子曰：賢哉，回也。一簞食，一瓢飲，在陋巷，人不堪其憂，而回也不改其樂。賢哉，回也。

形軀生活中之得失，本非自己所能控制者，故君子明德性之為本，念念在於得正，雖窮困中亦然；世俗之人則隨欲求而決定其行動，每在窮困中即放棄一切標準。故孔子又說「窮斯濫」之義。

〈衛靈公〉：

子路慍見曰：君子亦有窮乎？子曰：君子固窮，小人窮斯濫矣。

總言之，形軀之苦樂，得失，甚至生死，均非孔子重視之問題（此自是就人之自處而言，至於為民求福利，則是「義」之所在，另是一問題）；蓋「形軀我」在孔子思想中原無重要地位也。

其次，就「認知我」而論，孔子從不重視知識之獨立意義；而且就「知」與成德之關係而言，孔子亦不認為「知」能決定「成德」。

〈衛靈公〉：

子曰：知及之，仁不能守之；雖得之，必失之。……

案此下原尚有數語，但就上引二語觀之，已可知孔子認為意志本身之純化，遠較認知重要。此又與希臘哲學中蘇格拉底之思想有異。蘇格拉底以為「道德即知識」，忽視意志本身之問題，孔子則以意志本身為主，而不重視認知。

又孔子自己亦不以「有知識」自豪，曾自謂「無知」。

〈子罕〉：

子曰：吾有知乎哉？無知也。有鄙夫問於我，空空如也，我叩其兩端而竭焉。

案此調教人非傳授知識，而在於引導問者之思悟。就此點而論，孔子立場又與蘇格拉底似頗接近。然嚴格言之，則蘇格拉底所說無知，乃指知識內容而言，實際上是強調形式思考之規律，亦可說是強調形式之知識；孔子則基本上認為意志方向重要，而對整個認知活動不予重視。此則是不可混處。此義又通至孔子立說之態度（見後）。

至於就「知」本身而言（作「智」解），則孔子亦不以為人之智慧在於能了解事物規律，而以為智慧之主要功能在於了解人本身。

〈顏淵〉：

樊遲問仁。子曰：愛人。問知。子曰：知人。樊遲未達。子曰：舉直錯諸枉，能使枉者直。

案依此，分明「知」或智慧之功用，僅在於輔助進德而已，蓋「知」之意義僅在於「知人」，而「知人」之目的又仍是落在導人歸正上，即所謂「能使枉者直」，則智慧之作用，只依於德性而成立，已極顯明。

由此，可知孔子對「認知我」，亦只作為「德性我」之附屬看。

最後，尚有「情意我」一層。「情意我」可包括「生命力」與「生命感」兩面；前者表現為「勇敢」，「堅毅」等等品質，後者則表現於藝術活動。孔子對此二面之自我境界，皆認為應依於德性我，受其範定。

〈八佾〉：

子謂韶，盡美矣，又盡善也。謂武，盡美矣，未盡善也。

案孔子之評「韶」與「武」，並非就樂本身而言，而是依其對制樂者之德性評價而作分別。「武」所以未盡善，因周武王實是一軍事征服者，不如帝舜有德。此種以德性觀念為基礎以評音樂藝術之態度，日後生出戰國儒者對樂之理論。專就孔子本人講，則此類表示亦屢見於《論語》中。如：

〈衛靈公〉：

顏淵問為邦。子曰：行夏之時，乘殷之輅，服周之冕；樂則韶舞。放鄭聲，遠佞人；鄭聲淫，佞人殆。

案所謂「鄭聲淫」，明是一道德意義之判斷；而孔子固以此決定音樂之存廢，且以禁止此種不合道德標準之音樂為政府之責任，則孔子心目中視藝術為應受德性裁制者，固無可疑。

其次，就表現生命力之品質說，其中最明顯之例，自是「勇」觀念。前文已引「仁者必有勇」之說，足見孔子認為德性自覺可生出一種生命力。茲就另一面看，又可知孔子認為，生命力如不受德性指導或裁制，則將生出罪惡。

〈陽貨〉：

子路曰：君子尚勇乎？子曰：君子義以為上。君子有勇而無義，為亂；小人有勇而無義，為盜。

案此節前說明「義」觀念時曾加引用；此處又可用以表示孔子對「勇」之看法。「勇」必須以「義」為規範，否則即生出罪惡，是知生命力又應受德性之控制。

總上各節，可知孔子對純哲學意義之自我問題，雖未有完整明確之理論，但其意向之獨重「德性我」，則甚明白。形軀、認知、情意既皆繫於「德性我」之下，則以孔子之學為「重德」之學，亦顯無問題。由此，就孔子對自我問題之態度說，孔子之精神方向可稱為「德性之學」。

3. 孔子對「理論學說」之態度

此點涉及孔子對「學」及理論活動之一般觀點。本節據《論語》中足以表明孔子論「學」及施「教」態度之資料，作一闡述。

《論語》中言及「學」者甚多，但最足以表明孔子所持之「學」觀念者，莫過於孔子稱顏淵之語。

〈雍也〉：

哀公問弟子孰為好學。孔子對曰：有顏回者好學；不遷怒，不貳過。不幸短命死矣。今也則亡。未聞好學者也。

案孔子於諸弟子中，獨稱顏回好學；然其所謂「好學」者，乃指「不遷怒，不貳過」而言；顯然此與知識無關，全屬進德之事。則孔子心目中之「學」，顯然即指進德之努力講。

「進德」不重在已達成之德，而重在不斷向上之意志力或自覺要求，故孔子說「學」時，又特別注意此「不斷向上發展」之意義。

〈公治長〉：

子曰：十室之邑，必有忠信如丘者焉，不如丘之好學也。

案此節表示孔子自許「好學」，然謂他人可能與孔子具有同樣德性，但不如孔子之「好學」；則此所謂「好學」又顯指不斷發展而言。

孔子論「學」，既落在意志之純化升進，或價值自覺之拓展上，故孔子不僅不以具體知識為重，而且對知識活動之規律，亦不注意。因此，孔子立教之態度，亦與傳授知識者或尋求知識規律者不同。

人如欲傳授一定知識，則教人時必須極力證明此知識之真實性；因此必以客觀存有為重。人如欲揭示思考規律，則教人時必須極力求解析之嚴格精透，以使思考規律能顯豁呈現，因此必以「必然性」為重。孔子現取「進德」為「學」之本義，故其教人，不以建立某一客觀論證為重，而以能直接助受教者改變其意志狀態，而能進德為主。因此，孔子與門人之問答中，可說極少有客觀之論證。大部分對話，皆以直接影響聽者為目的。此與後世所謂「當機立教」，頗為近似。

〈先進〉：

子路問：聞斯行諸？子曰：有父兄在，如之何其聞斯行之？冉有問：聞斯行諸？子曰：聞斯行之。公西華曰：由也問聞斯行諸，子曰：有父兄在；求也問聞斯行諸，子曰：聞斯行之。赤也惑，敢問。子曰：求也退，故進之；由也兼人，故退之。

案此節最能代表孔子施教之態度。子路與冉有向孔子提出同一問題，孔子之答覆則相反，故公西華大感迷惑，以問孔子。孔子則表示對二人之答語，皆針對二人之缺點說，換言之，孔子目的並不在於對「聞斯行諸」一問題作一客觀答覆，而在於從此答覆中，糾正問者本有之缺點。此即是說明，孔子以進德為「學」之目的時，對知識本身實不重視。

從此種施教態度，擴充一步，即顯出孔子對一切理論學說所持之態度。蓋人之為學，目的既只在於提高價值自覺，培養意志，則理論學說皆只是附屬條件。人倘能進德，亦不必需要一定理論或學說。至於論證之嚴格性等等，則更屬題外。於是，孔子既不重視思辯，亦未肯定理論知識之客觀意義。此點日後亦成為儒學傳統中一大問題。

關於孔子施教之態度，前人多未能作確切說明，故解《論語》時常發現種種問題，窒礙難通。譬如，孔子答門人問「仁」時，每次說法均不相同；由此，學者遂有疑孔子思想本身不定者。其實孔子自身之思想學說，甚為確定；不重視思辯規律，而重視當機教化，亦是其一貫之施教原則，可作為其思想之一部分。吾人倘知孔子精神方向，既本是以「德性我」為主，則即不能因孔子不重視認知之規律，遂謂孔子本人思想不定。孔子答問時所以不提出一客觀理論者，實因孔子本意，只欲教化當前之受教者，而非尋求客觀論證。此是孔子與蘇格拉底之不同；亦是傳統儒學精神與思辯哲學之根本殊異所在。

×　×　×　×　×

以上已將孔子學說內容，及其精神方向，分別說明。茲再略論孔子門人之分派，及孔子學說中所遺留之問題，以結束本書對孔子之論述。

三、孔門學派與孔子遺留之問題

本節中將先說明孔門弟子之分派，然後由孔子學說本身之發展需要，以衡斷日後各派儒者，孰為直承孔子之學者，以明孔子之儒學主流所在。蓋凡自稱宗孔子者，皆自命為儒學之主流，倘就表面言之，殊難判定主流何在；然吾人若能明確指出孔子學說中遺留有何種問題，尚待解釋或補充，然後再看日後各儒者中，誰能完成此一工作，則儒學主流所在，即不須爭議而可定矣。

孔子門人繁多，記載亦不完全。但孔子死後，以「儒」自稱者派別甚多，則是事實。本書不能詳考此類問題，所必須說明者，只是孔子思想本身有一進展程序，故先後在門下弟子，所得亦不同。舉其最重要者言之，則子夏、子游等早期弟子，皆從孔子學「禮樂」，而未及親聞孔子成熟期之理論；故與晚期弟子——如曾子、子張等，基本見解不同，人生態度亦異。茲舉《論語》中有關資料數節，以作說明。

〈陽貨〉：

子之武城，聞弦歌之聲。夫子莞爾而笑曰：割雞焉用牛刀！子游對曰：昔者偃也聞諸夫子曰：君子學道則愛人，小人學道則易使也。子曰：二三子，偃之言是也。前言戲之耳。

案此節所記子游引孔子之言，表示子游所聞於孔子之「道」，實指「禮樂」而言。此即孔子早年之思想。

〈子張〉：

子夏之門人，問交於子張。子張曰：子夏云何？對曰：子夏曰，可者與之，其不可者拒之。子張曰：異乎吾所聞。君子尊賢而容眾，嘉善而矜不能。我之大賢與，於人何所不容？我之不賢與，人將拒我，如之何其拒人也？

案子夏之語，係守禮者拘執之態度，子張所說「尊賢而容眾，嘉善而矜不能」，則顯然有仁者氣象。二人論交友之道之不同，即表示兩種人生態度之不同，而此兩種態度亦大致反映孔子言禮與言仁兩階段之思想。子夏年長，是早期弟子，故代表孔子早期思想；子張則入門較晚，「所聞」故不同也。

至於曾子，則不僅在答孔子時，獨明所謂「一貫」之道，且在其他言論中，亦常表現一偉大哲人之人生態度，與拘守禮樂者不同。

〈泰伯〉：

曾子曰：士不可不弘毅。任重而道遠。仁以為己任，不亦重乎？死而後已，不亦遠乎？

案曾子雖亦主張敬慎自持，但不止於拘拘細節，而有「任重道遠」之語，此代表孔子晚期之精神。

關於孔門弟子問題，在《論語》中資料不多，因《論語》原以記孔子之言為主，故不多言及門人言論，然就以上數段觀之，亦可見其梗概。至於詳細資料，則在諸子書中及漢儒所輯之《禮記》中可見，茲不具引。

總之，孔門早期弟子，除顏回早死外，其餘大抵只學得孔子之政治思想，故以禮樂為主。孔子晚年之成熟思想，則由曾子承繼。故欲觀孔子學說之發展，必須自曾子一系言之。

其次，就孔子學說內部觀察，則吾人顯然可見孔子理論中遺留問題不少。其中最重要者有二：

第一、孔子立人文之學，德性之學，其最大特色在於將道德生活之根源收歸於一「自覺心」中，顯現「主體自由」，另一面又由「仁、義、禮」三觀念構成一體系，使價值意識由當前意念，直通往生活秩序或制度，於是有「主體自由之客觀化」。有此兩步肯定，於是義命分立，原始信仰之陰霾一掃而空，而人之主宰性及其限制性，亦同時顯出。就規模而論，孔子之學確是一宏大貫徹之文化哲學。但就純哲學問題說，則此一切肯定能否成立，必視一基本問題能否解決，此即「自覺心」或「主宰力」如何證立之問題。孔子雖透露對此基本問題之看法，但並非提出明確論證。此是孔子所遺留之第一重要問題。

第二、孔子由仁、義、禮等觀念，推繹而生出「正名」之主張，此點固涉及一般生活中之價值標準，但亦特別涉及其政治思想之原則。就孔子對政治生活之主張說，秩序之建立是第一義，為建立秩序故須正名定分，此是順說，自無困難。但孔子對秩序之保證力——即國家權力——問題，則未詳加討論。雖說「君君，臣臣」，是各定一理分；但如「君不君」時，政權是否應作轉移？轉移之形式如何？孔子皆未提解答。而就理論意義說，孔子既認為「君」有一定理分應求完成，則顯然對違反理分之「君」，必須有一制裁觀念，換言之，即必應有一決定政權轉移之標準，否則，政權倘永不能轉移，則「君不君」時，豈非仍將任其存在，此則於理不可通，亦非孔子思想中所能容納者。故政權轉移問題，乃孔子學說所遺留之第二問題。

此二問題，前者屬於純哲學範圍，後者則屬於政治思想範圍。就學派之發展講，孔子創建儒學，規模既定而遺留如此問題，則後起者如能解答此二問題，又不違孔子精神方向，則即在客觀意義上為代表此一思想主流者。此人為誰？即孟子是。

孟子曰後有「心性論」之建立，證立主體性或道德心，又有明確政治理論，決定政權轉移問題；故為孔子後最重要之儒者。而儒學主流，在先秦階段，即以孔孟為代表，亦屬定論，無可疑者。孟子學說，見下章。本章論孔子及儒學之基本精神，即於此結束。

（下）孟子及儒學之發展

孔子代表中國儒學之創始階段，孟子則代表儒學理論之初步完成。就儒學之方向講，孔子思想對儒學有定向之作用。就理論體系講，則孟子方是建立較完整之儒學體系之哲人。故在先秦哲學家中，孟子有極為特殊之地位。中國文化精神以儒學為主流，而孟子之理論則為此一思想主流之重要基據。

孔子立仁、義、禮之統，孟子則提出性善論以補成此一學說。無性善則儒學內無所歸，故就中國之「重德」文化精神言，性善論乃此精神之最高基據。倘就哲學問題言，性善論亦為最早點破道德主體之理論。其重要性亦不待贅述。本章論孟子之學，亦以展示性善論為主要工作。

壹　孟子之生平及其自處

孔子沒後，門人散於天下。其中形成學派或影響當世政治者極多，然真能推進孔子學說者唯孟子一人。孟子之生平大略見於《史記》，其學說則有《孟子》之書七篇。

孟軻，鄒人也，受業子思之門人。道既通，游事齊宣王，宣王不能用。適梁，梁惠王不果所言，……當是之時，……天下方務於合從連衡，以攻伐為賢。而孟軻乃述唐虞三代之德，是以所如者不合。退而與萬章之徒，序《詩》、《書》，述仲尼之意。作《孟子》七篇。

至於孟子之生卒年代，則《史記》未有明白記載。據後世考證，孟子生於周烈王四年，卒於赧王二十六年，即是西元前三七二年生，前二八九年卒。上距孔子之卒一百餘年。

孟子在政治上之遭遇，有略似孔子處。孔子周遊列國而不見用於諸侯，孟子亦遊齊適梁，終不得合。但孟子在學術生活中之處境，則與孔子之處境頗為不同，故其自處亦大異。

孔子生當春秋末世，首揭儒學之大義，當世無與抗衡者。故孔子雖在遊楚時偶遇南方觀念之挑戰，平生實無與敵論者力爭之事。孟子之時代則不然。孟子生時，楊朱墨翟之學已盛。甚至慎宋之流，儀秦之徒，亦皆各肆其說。儒學在此時已遭遇敵論之威脅。故孟子言仲尼之教，必廣為論辯，以折百家。由此，孟子乃以保衛儒學，駁斥異說為己任。而孟子所以能成為儒學體系之建立者，亦與此種處境有關。此由答公都子問之語可知。

《孟子・滕文公》下：

公都子曰：外人皆稱夫子好辯，敢問何也？孟子曰：予豈好辯哉，予不得已也。

所謂「不得已」，乃指為保衛儒學不得不與百家相爭。故孟子即歷述堯舜禹以及於周公孔子之業，而以為列聖各有一歷史任務，而孟子自身之任務則即在於駁斥謬說，以光正學。又謂：

昔者禹抑洪水而天下平；周公兼夷狄，驅猛獸，而百姓寧；孔子成《春秋》而亂臣賊子懼。……我亦欲正人心，息邪說，距詖行，放淫辭，以承三聖者。豈好辯哉，予不得已也。

而孟子所欲駁斥之「邪說」，主要指楊墨之言（此點後文再論之）。故又謂：「能言距楊墨者，聖人之徒也」。足見孟子實以為，在當時之階段中，建立正面理論與駁斥失正之學說，是第一要務。

雖自工作之實際內容看，孟子乃一建立儒學體系之人物，然在孟子自身之心目中，則並不以創建者自處，而只以孔子之繼承者自處。故一方面直認私淑孔子，另一方面在論歷史人物及歷史責任時，亦常自認為孔子後能繼其道業者。而孔子從周文，稱古先王之德，孟子遂亦喜談堯舜文武之事，此對日後之道統觀念大有影響。

倘吾人據理如實以觀之，則顯然可見道統之說實欠明確。孔子以前之名王，姑無論其事跡可考信者多少，總無一人是真有哲學之自覺者。自堯舜至於文武，其有功於世，或不盡屬子虛，然政事之功績與學說之創建相去甚遠。倘以儒學為正學，以儒家之統為道統，則此道統實只能始於孔子，而不能謂始於堯舜。堯舜皆早期部落社會之共主。其智慧事功原不可詳考；縱使所傳皆真，亦不足使之成為哲人。吾人更不能以堯舜為儒學之祖。學者觀孔孟之說時，於此等分際宜深辨之。

然則孔孟何故而喜稱先王，混事功與學說而為一，以啟後世道統之說？此理實亦甚明，即在於孔子之具體心念中，原以恢復周文秩序為志。此志乃一實際經世之要求。雖自哲學文化之大流言之，此種要求不過為一契機；但在孔子個人則自仍以此要求為重。而此要求通過理論之淘洗後，固成為一「以權分為中心，以仁、義、禮為脈絡」之儒學，在另一面在心情上仍保留其原來之作用。孔子及繼起者皆一面致力於儒學，一面念念不忘經世之事。而如屢已說明者，此種經世要求既源自恢復已壞之秩序之要求，則此中即直接涵有尊古之趨向。尊古故重先王，孔孟均如此，後世之道統觀念亦由此而衍生。此中分際亦可用「發生歷程」與「本質歷程」（即本質之展現歷程）二觀念以說明之。蓋就本質歷程言，儒學為重德哲學，其方向為人文化成，其造境則直歸道德主體之全幅展露。此中並不必涵尊古之義；因化成之功不息，文化作為一實現價值之活動，則其進程自當為向上者，不能涵「古必勝今」之義，亦即不涵「尊古」之義。然就發生歷程言之，則如上章所述，孔子志在恢復一已壞之秩序，歎當世文制之崩壞，遂深懷文武周公之盛，由此而再上溯，乃尊先王。而尊古之說於是乎生。此種發生歷程之因子，雖歷久而保持其影響，但終不可與本質混。學者苟能洞觀文化精神之內層真相，了然於本質與發生之別，則此中分際固自朗然可辨。

孟子以承繼孔子之統自居，而自定之任務又為建立體系學說以駁當世諸家之論，故孔子所未論及之問題，如價值根源，政權移轉等，皆一一提出理論。以下分述其要。

此外，尚應注意者是：孟子在孔門，所承為曾子及子思一派；熟知孔子晚期之成熟理論，故孟子獨能推進孔子之說。且在七篇中，孟子屢稱曾子及子思，亦可知其傳承所在。

貳　孟子之學說

孟子之學說以心性論及政治思想為主要部門。以下先述其心性論再述其政治思想。

一、心性論

心性論又可分數點言之：㈠性善與四端說——價值根源與道德主體之顯現。㈡義利之辨——道德價值之基本論證。㈢養氣與成德工夫——道德實踐問題。此中又以性善論為中心。

㈠性善與四端說

關於性善之說，孟子之理論大半見於其與告子之辯爭中；此外，則〈公孫丑〉之材料為有名之四端說，亦為性善理論之重要陳述。茲先引出此段，以為總綱。

《孟子，公孫丑》上：

孟子曰：人皆有不忍人之心。先王有不忍人之心，斯有不忍人之政矣……所以謂人皆有不忍人之心者，今人乍見孺子將入於井，皆有怵惕惻隱之心，非所以內（納）交於孺子之父母也，非所以要譽於鄉黨朋友也，非惡其聲而然也。

由是觀之，無惻隱之心，非人也。無羞惡之心，非人也。無辭讓之心，非人也。無是非之心，非人也。惻隱之心，仁之端也。羞惡之心，義之端也。辭讓之心，禮之端也。是非之心，智之端也。人之有此四端也，猶其有四體也……凡有四端於我者，知皆擴而充之矣，若火之始然，泉之始達，苟能充之，足以保四海，苟不充之，不足以事父母。

此一段材料中涉及論點甚多。茲逐步解釋如下：

第一、孟子所欲肯定者，乃價值意識內在於自覺心，或為自覺心所本有。但此所謂內在或本有，並非指發生歷程講。若就發生歷程講，則說「性善」時，即將指實然之始點為價值意識所在；換言之，將以為人在初生時（實然始點）為「善」。此自不可通。誤解孟子理論者每每如此講。其實此非孟子之意。孟子欲肯定價值意識為自覺心所本有，只能就本質歷程講。此所以孟子就四端而言性。

第二、所謂四端之說，如上所引，其理論意義在於此說實為孟子對性善之基本論證。

人在自覺生活中，時時有「應該不應該」之自覺；不論人所具之知識如何，以及人持何種內容之價值標準，總之，人必自覺到有「應該不應該」。此種「應然」之自覺，與利害之考慮不同。人當離開利害考慮之際，仍有此種自覺（在有利害考慮之際，價值自覺與利害考慮可有種種混雜糾結，此處不具論）。孟子就價值自覺之四種表現而說「四端」。此即「惻隱」、「羞惡」、「辭讓」、「是非」。依次觀之，人當見某種事象之進行時可以自覺到「不應有」；孟子以「孺子將入於井」為例，故拈出「惻隱」二字。孟子之例偏重於人對生命之苦難或毀滅所起之「不應有」之自覺，故用怵惕惻隱以描述之。

其次，人對某種已有之事象，若覺其不應有，即顯現拒斥割離之自覺，此在孟子，說為「羞惡」。人當考慮自己之所得時，常有應得或不應得之辨別（不論所據理由之內容如何），此種自覺在孟子稱為「辭讓」。最後，人對於一切主張常能自覺到合理不合理。此即孟子所謂「是非」。

人之惻隱、羞惡、辭讓、是非之自覺，皆為當前自覺生活中隨時顯現者，亦皆為價值自覺；總而言之，即為「應該不應該」之自覺。此種自覺與利害考慮本質上不同，故孟子在舉見孺子將入於井一例時，即順便說明。其說法是，人可以不由於利害或形軀感受之原因，而仍自覺到此事之不應有。孟子之語雖簡，所接觸者實為「善惡」與「利害」之差別問題。此點在後文論「義利之辨」時，當再作討論。

此種價值自覺，通過各種形式之表現，即成為各種德性之根源。自另一面言之，人由於對當前自覺之反省，發現此中含各種德性之種子，即可肯定人之自覺心本有成就此各種德性之能力。就所顯現之自覺講，只為一點微光，故說為「端」，「端」即始點之意。

第三、由當前之反省，揭露四端，而透顯價值自覺之內在，此為「性善」之基本意義。但孟子又進而說明，「端」只是始點；自覺心原含有各德性，但欲使各德性圓滿開展，則必須有自覺之努力。於此，孟子乃說「擴而充之」一義。四端待擴充，即見「性善」之說決不能指實然始點。反之，德性之完成必為自覺努力之成果。並就實際之人講，其成德之進程是由對價值意識內在之自覺，進而擴充本有之價值意識以達於各德性之完成。並非說，人初生時即具已完成之德性。德性實為價值意識發展之結果。

擴充四端乃工夫中事。孟子此一理論遂成為後世儒者論工夫之根據。誤解此義者以荀子為最著（見後）；荀子論性頗苦糾結。但孟子學說之本旨實亦甚明，要在學者能精思深辨而已。

第四、最後再就「性善」一詞略釋數語。

所謂「性」，在孟子原指自覺心之特性講，意義略相當於亞里斯多德所謂之“Essence”。但「性」字在字源上本出自「生」字，故學者苟不悟孟子所說之義，則即易於將「性」看作自然意義之實然始點。依孟子之說，「性善」即指價值意識內在於自覺心。質言之，即價值根源出於自覺之主體。嚴格講，應說善惡問題皆以自覺主體為根源，而不必說「性善」。但孟子以為所謂「惡」，乃善之缺乏（此與柏拉圖學說有相似處），故只點出「性善」，以明價值根源在於自覺心（即主體）。觀此亦可知古人語法常欠嚴格。學者但能不以辭害意，即可不誤解舊說而橫生枝節矣。

以上已解釋「性善」及「四端」之本義，由此可見孟子心性論之基本論證。以下再據《孟子》書中〈告子篇〉之材料，對性善論所牽涉之各項問題作進一步之探究。

㈡義利之辨與駁告子之說

「性」字在古文與「生」字為同一字，故人每以為所謂「性」即指生而具有者。孟子所言之性則指特有之本性言，故孟子曾駁告子之說。

〈告子〉上：

告子曰：生之謂性。孟子曰：生之謂性，猶白之謂白與？曰：然。白羽之白猶白雪之白，白雪之白猶白玉之白與？曰：然。然則犬之性猶牛之性，牛之性猶人之性與？

此乃孟子駁「生之謂性」之理論。蓋告子以為所謂「性」即指「生而具有」而言。如此，則成為一全無內容之概念，因不能涉及各種存在所具之特性也。故孟子謂：倘只以「生」釋「性」則一切事物之性均可視為指「生」而言，於是不能分辨其特具之本性，而成一混沌觀念。犬與牛，與人秉性自殊，則若只就「生」而觀之，則其殊別將不可見，豈能展示本性乎？

觀此益知孟子所說之人之性，乃指人所以與其他存在不同之性而言，亦即指“Essence”。學者欲深究人之性，則當觀人之與其他存在不同處，而不可泛舉一「生」釋「性」。

又〈告子〉上：

公都子曰：告子曰：性無善無不善也。或曰：性可以為善，可以為不善，是故文武興則民好善，幽厲興則民好暴。或曰：有性善，有性不善，是故以堯為君而有象，以瞽瞍為父而有舜……。今曰性善，然則彼皆非與？孟子曰：乃若其情，則可以為善矣，乃所謂善也。若夫為不善，非才之罪也。惻隱之心，人皆有之；羞惡之心，人皆有之；恭敬之心，人皆有之；是非之心，人皆有之。惻隱之心，仁也。羞惡之心，義也。恭敬之心，禮也。是非之心，智也。仁義禮智，非由外鑠我也；我固有之也；弗思耳矣。故曰：求則得之，舍則失之。或相倍蓰而無算者，不能盡其才者也。

此節孟子指出，所謂「性善」之「善」，乃指性之「實」。「實」含有實現價值之能力而言。故劈頭即謂：「乃若其情，則可以為善矣，乃所謂善也」。「情」訓為「實」，乃先秦用語之通例。此語即見「性善」乃指實現價值之能力內在於性之實質中。

其次，「才」指本質言。人之不能實現價值，並非由於人之「性」中無此能力，故說：「非才之罪也」。人所以不能實現價值，乃由於人未能發揮其本性中之價值意識，此即「不能盡其才」。

顯然，此與四端說相通。故孟子又舉人之四種意識（心）而為言；所舉四者中，唯以「恭敬」代「辭讓」，餘皆與〈公孫丑〉之說相同。而「恭敬」與「辭讓」於義亦略同。

公都子所謂三說，皆於價值意識之內在義未通。所謂「無善無不善」乃中性觀；此不可以釋價值根源。所謂「可善可不善」，「有善有不善」亦皆指經驗事實中之狀態講。價值根源內在於自覺心是一事，人在經驗事實中能否發揮其價值意識又是另一事。譬如，推理為人之本有之思考能力。而人能否充分發揮此能力，則不礙此能力之為本有。吾人不能因人在事實上常有推理不密之誤，遂謂推理能力非人所本有也。關於價值意識，理亦相類。

但論析至此，則有一重要問題徐徐呈現。此即：人何以不能盡其才？何以不能充分發揮其價值意識？

孟子與告子之另一辯論中，對此乃有初步解釋。

〈告子〉上：

告子曰：性，猶湍水也。決諸東方則東流，決之西方則西流。人性之無分於善不善也，猶水之無分於東西也。

孟子曰：水性無分於東西，無分於上下乎？人性之善也，猶水之就下也。人無有不善，水無有不下。今夫水，搏而躍之，可使過顙；激而行之，可使在山。是豈水之性哉，其勢則然也。人之可使為不善，其性亦猶是也。

案此即「無善無不善」之說，而以水為喻。孟子則駁此種中性觀而另提一論證：

此處即接觸一關鍵問題。孟子先指出，人之有價值意識，似水之有「就下」之本性；告子所取之喻實不當。然後再說明，水雖有「就下」之本性，但在某種條件之干涉下亦可以轉而上漲；人之為不善亦類乎是。

此處學者所宜留意者是孟子以水之「上下」喻價值自覺之冇向性，本身是一「喻」而非一「證」。乃因告子指水無分東西以喻性之無分善惡，故孟子即以水之有分於上下，以喻性之有分於善惡。並非以水證性。

孟子既指出，水之不能盡其性，乃「勢」使然；而人之可以為不善亦類乎此；則下一步問題是：在何種條件下，人乃不能盡其性（或「才」）以發揮其價值意識？於是孟子乃點出義利之辨，公私之別。亦即論及意志之方向問題。

〈告子〉上：

公都子問曰：鈞是人也，或為大人，或為小人，何也？孟子曰：從其大體為大人，從其小體為小人。曰：鈞是人也，或從其大體，或從其小體，何也？曰：耳目之官不思，而蔽於物，物交物則引之而已矣。心之官則思，思則得之，不思則不得也。此天之所與我者。先立乎其大者，則其小者弗能奪也。此為大人而已矣。

孟子之主旨是指出自覺心與感官之差別。感官經驗在一組條件下成立，僅表事象之關係，故說「物交物則引之而已矣」。至於自覺心則以「思」（此處指「自覺」言）為其功能。價值意識能否發揮，視自覺心本身之自覺如何而完。心溺於物，則意志即以形軀之欲為方向；遂不能如理，亦不能實現價值。心不溺於物，則如理暢行，即以本有之價值自覺為方向。意志選擇何種方向，乃由自覺心自決者。故曰，思則得之，不思則不得。此見孟子對道德主體之點明。此義點明，則道德意志、道德責任等觀念皆可由之推出矣。

大體指自覺心，小體指感官。人苟能自覺朗照，則感官之欲不能取價值意識而代之。故曰，先立乎其大者，則其小者弗能奪。

自覺心或升或降，或溺物或不溺物，皆自主之事，故孟子又謂：

……故苟得其養，無物不長，苟失其養，無物不消。

並引孔子之言為證，所謂「操則存，舍則亡」也。人之為不善，全由溺於物，蔽於私而起。故亦可以「義利」之對別說。

〈梁惠王〉上：

孟子對曰：王何必曰利，亦有仁義而已矣。王曰：何以利吾國；大夫曰：何以利吾家；士庶人曰：何以利吾身；上下交征利，而國危矣。萬乘之國，弑其君者必千乘之家；千乘之國，弑其君者必百乘之家。萬取千焉，千取百焉，不為不多矣。苟為後義而先利，不奪不饜。

此是孟子對「義」與「利」之具體解說。義即理，有普遍性；利則只有特殊性。特殊性不能作為價值規範之基礎；循利而行，必見爭攘。故出一「奪」字。循利必生奪，以利必為私故也。義利之辨亦即公私之別。

另一面，孟子更申說如理循義乃自覺心之本來方向（即價值自覺所顯之方向）。

〈告子〉上：

口之於味也，有同耆（嗜）焉，耳之於聲也，有同聽焉，目之於色也，有同美焉。至於心，獨無所同然乎？心之所同然者，何也？謂理也，義也。聖人先得我心之所同然耳。故理義之悅我心，猶芻豢之悅我口。

此乃孟子對義與理之正面陳述。其主旨在於說明，價值自覺要求如理，一如感官各要求其滿足；但人之為人在於其自覺，故人當依自覺心之要求而求如理；不可循形軀之束縛而逐欲求利。而此種選擇仍恃人之存養工夫為基礎。

〈離婁〉下：

孟子曰：人之所異於禽獸者幾希。庶民去之，君子存之。

此語說明所謂性者指「人之所異於禽獸者」，即指人之“Essence”；而此種性之內容即求理之價值自覺。而此種自覺能否發揮其力量，又純依人之自覺努力而定。即所謂存養之義是也。

至此，義利之辨可得一結束。最後再專論孟子所講之存養工夫，此亦即其對「成德工夫」之理論。可作為孟子心性論最後一項論題。

擴充四端之說，引出儒學中之工夫問題，亦與所謂「存」與「養」之觀念不可分割。此種問題，日後宋明儒者論究精透。在孟子則只有一概要講法，然觀其說亦可以見儒學之一貫精神所在。

㈢養氣與成德工夫

茲先引《孟子》書中有關此問題之主要材料如下：

〈公孫丑〉上：

……曰：敢問夫子之不動心，與告子之不動心，可得聞與？

告子曰：不得於言，勿求於心；不得於心，勿求於氣。不得於心，勿求於氣，可。不得於言，勿求於心，不可。夫志，氣之帥也，氣，體之充也。夫志至焉，氣次焉，故曰：持其志無暴其氣。

既曰：志至焉，氣次焉；又曰：持其志無暴其氣者，何也？

曰：志壹則動氣，氣壹則動志也。

此節孟子因論「不動心」之義，評及告子之說，提出志、氣、心等觀念。其大旨可逐步說明如下。

第一、孟子所引告子之語中，所謂「得」，即指「得理」而言（即「得正」），乃由「相合」一義引申而來。焦循《孟子正義》解此「得」字，謂與「不得於君，不得於親」同。大意近是。但焦氏以為「不得」乃指「失意」而言，則為趙氏注所誤（見後評）。茲以「得理」釋「得」，則「不得」亦即「不得理」之意。

第二、所謂「言」、「心」、「氣」，皆指在己者而說。「言」即己之講論，「心」即己之心志，「氣」則指己之意氣。趙岐注以為：

不得者，不得人之善心善言也。

此蓋以為「言」、「心」等皆就在人者而說，實未明孟子之論旨。孟子此節論「不動心」，以君子自養為論題。不應忽就他人之「言」與「心」說。且告子此語與其「仁內義外」之見相通，故下文孟子駁之。此亦可見「言」、「心」等應就在己者講，不能就在人者講。

第三、告子所謂「不得於言，勿求於心；不得於心，勿求於氣」，其意即謂：若講論有不得理者，不必求之於心志之中；倘心志有不得理者，則不必求之於意氣。孟子則謂：「不得於心，勿求於氣，可」，蓋心志未能得理，徒恃意氣以為矜持，是沽勇之流，非儒者所許。故若不得於心，即當內省而不可求於氣。但「不得於言，勿求於心，不可」；此則是孟子與告子之不同處。蓋告子以為養心之道，在於斷離。講論思辯，視為外事，故以為心不必為言所累；如此以求「不動」。毛奇齡以為如此則即是「道家之嗒然若喪，佛氏之離心意識參」，頗得此節大旨。然孟子所持為儒學成德之教，不能主心事斷離之說。故謂「不得於言，勿求於心，不可」，蓋講論有不得理或不得正者，正須求之於心志，以心正言，方是人文化成之精神。而所謂「不動心」者，正在於心志如理自在，非心與事隔之靜斂不動也。明乎此，則知孟子論「不動心」之本旨。

第四、孟子續論「志」與「氣」。「志」與「心」為一事，易其字而不改其義，此古代思想所常有者。「志」即「心」，二詞所指只有動靜之別。故孟子評告子後，乃申述自身之主張，而謂，人之意氣應以心志為之主；心志指德性我，即含四端之價值自覺；氣指生命我或情意我，即合生命力與才氣而言。德性我應為生命情意之主宰，故曰：「志，氣之帥也」。「體」指形軀我。形軀我之活動直接受生命情意之力決定，離生命情意則形軀只成為一組機械因子之聯體，固與任何物質存在無殊。故形軀我以生命力及情意感為內容，故謂「氣，體之充也」。

生命情意應受德性我之統率，故心志定其所向，而氣隨之。此即所謂「志至焉，氣次焉」。

但以心志統氣（以德性我統生命情意），乃一成德之境，是「應然」而非「必然」，故必須有存養之道。孟子於此乃謂「持其志，無暴其氣」。「持」，定守之謂，趙注所謂「正持」也。「暴」，指「亂」而言。欲以志帥氣，則必須一面定守其志，一面勿使其氣暴亂。換言之，欲以德性我統攝生命情意，則須一面使價值自覺澄定，一面不縱其生命情意，免使至於肆而亂也。

第五、公孫丑聞此而有疑。蓋孟子言「志至焉，氣次焉」時，尚未辨明此是「應然」非「必然」。故公孫丑初聞之以為「志」本能帥「氣」，則又何必為存養之事乎？故問：既曰志至氣次，何又曰持其志無暴其氣。孟子亟舉自我升降之義以答之，點明志與氣之孰主孰從，並非必然。遂說：「志壹則動氣，氣壹則動志也」。

「壹」，趙氏注以「噎」解之，遂不可通。案《說文》壹部云：「壹，專壹也」。《左傳・文公三年》：「君子是以如秦穆公之為君也，舉人之周也，與人之壹也」。皆取不二之義。可知此處之「壹」即應與「定於一」之「一」同。壹有主宰之義；所謂「志壹則動氣，氣壹則動志」，實即謂：以志主宰，則能支配氣，反之，氣若為主宰亦能支配志。「動」即「使之動」之義，為動詞，可用「支配」釋之。

以須「持其志無暴其氣」者，乃因一心之升降無必然。德性我倘不能為之主宰，則生命情意亦可作主，而反制德性我，即成橫決。所謂氣壹動志是也。以志帥氣，不容氣壹動志，故須持志而無暴亂其氣。

綜上各點，再作一總釋。所謂「言」，指認知我而說，所謂「心」，指德性我而說，所謂「氣」，指情意我或生命我而說。孟子之本旨乃成德之學，以德性我為主宰，故必以志帥氣，且必以心正言。故即以駁告子之語表此意。以志帥氣，其最後境界為生命情意之理性化；至此境界之工夫過程即孟子所謂「養氣」。以下續觀《孟子》原文。

〈公孫丑〉上：

> 敢問夫子惡乎長？曰：我知言，我善養吾浩然之氣。

此處「知言」指德性我對認知我之臨照，「養氣」即指德性我對生命情意之轉化。茲先論「養氣問題」。

敢問何謂浩然之氣？曰：難言也。其為氣也，至大至剛，以直養而無害，則塞於天地之間。其為氣也，配義與道；無是，餒也。是集義所生者，非義襲而取之也。行有不慊於心，則餒矣。我故曰：告子未嘗知義，以其外之也。

此節孟子再詳論養氣之道。生命情意若皆能理性化，則經理性化後之生命力量，即浩浩然廣大無際。此種生命力以義為根，故不可屈亦不可限，運行無礙，孟子以「大」與「剛」形容之。又明言「配義與道」蓋理性化之生命情意，即由義理而定向者，非尋常之情意或生命衝動可比。尋常之情意要求及生命衝動，皆為無根者，其力易盡；故孟子曰：「無是，餒也」，即謂無義理為根之情意生命力，易成衰餒，與由理所生之氣不同。由理所生之氣所以不餒者，乃因義理之不可動。故若行不如理，則此氣不能顯用，故又補釋曰：「行有不慊於心，則餒矣」。

孟子既論生命理性化之義，乃又返而評告子。告子以為心與事斷離而得「不動」，蓋不知德性我即在事中實現理以顯現價值；以為理在心外而孤存，故有「以義為外」之病，不知義理皆在自覺心中，亦不明實現之義。孟子乃謂「告子未嘗知義」，所以「未知」者，「以其外之也」。

最後，孟子又謂：

必有事焉而勿正心勿忘勿助長也。

此語引起後世爭論甚多。玆略為考釋，再解其義。

宋儒如明道伊川，對此語皆取佛教雙是雙非之說法釋之，以為「勿忘」與「勿助長」為兩端，而孟子教人不取兩端，即不忘失其存養，亦不強為。此說素為解經者所信守，但有一基本問題；即據漢趙岐注文觀之，經文本身恐有訛誤。

趙岐注於此句下謂：

言人行仁義之事，必有福在其中；而勿正，但以為福，故為仁義也，但心勿忘其為福，亦勿汲汲助長其福也。

此注自與原意未必合。但可注意者是趙注中環繞一「福」字而為訓；但今見之經文中並無「福」字，亦無可解作「福」之字。舊注之說法，吾人可以不以為是。但注文必與經文相合。則此處「福」字從何而來，不得不予以探究。

觀注中「必有……」云云，則可知趙氏作注時所言之「福」，與經中「必有事焉……」之「事」字相當。但「事」字本身無訓為「福」者，則注中何以言「福」？此唯有以字形之訛解之。

案古文「福」字作「畐」，缺去一畫，便成「畗」，與「事」字極近；趙氏所見之本當原是「畐」字，故趙注遂以「福」為中心而釋之。後世「畐」訛為「事」，遂成今本所見之文。如此，趙注乃成為可解。而今釋此節，亦應就「畐」而釋之。

倘原文為「必有畐焉」則以下諸語應如何解說？案孟子本常謂「仁者無敵」，蓋以為行仁義必有實效，此雖與儒學之基本精神不全同，但《孟子》書中關於此點之證據固極多。則孟子謂以理養氣，必可收功於事中，亦不違孟子之一貫理論，但如此改正後，原文中「勿正心」三字亦不可解。苟斷自「正」字為句，則以下「心勿忘」云云，亦不合古文習慣。

顧亭林《日知錄》以為「正心」二字，實「忘」字傳寫之誤。蓋原文中先說「勿忘」，又釋之曰「勿忘，勿助長也」。依此，則經文應為：

必有畐焉而勿忘，勿忘，勿助長也。

「忘」通「妄」，原文蓋謂：如理以行，必有效果（福）；但不可妄求；妄求其效果，則是揠苗助長，反為有害。故原文此下孟子即曰：

無若宋人然，宋人有閔其苗之不長而揠之者，芒芒然歸，謂其人曰，今日病矣，予助苗長矣。其子趨而往視之，苗則槁矣。天下之不助苗長者，寡矣。以為無益而舍之者，不耘苗者也。助之長者，揠苗者也。

非徒無益，而又害之。

觀此，則「不助長」即不強為；其旨甚明。而所謂「以為無益」即與以上之「必有畐焉」相承而來，亦甚明顯。

總之，孟子論養氣，本旨在於論生命之理性化。此為事中顯理之義，乃儒學人文化成精神之特徵所在。而存養工夫主要亦即歸宿於此。

德性我與形軀我之間，常為生命情意所隔，故言成德之學者必扣緊生命理性化而言。蓋必使生命力及情意活動能歸於理，然後始能於生活萬事中一理流行。此與釋氏老氏之主清靜寂滅皆有根本殊異。學者宜詳察之。

至於孟子對「知言」之說法，則亦見同章：

何謂知言？曰：詖辭知其所蔽，淫辭知其所陷，邪辭知其所離，遁辭知其所窮。

以上已說明，孟子對「知言」之理論，即對德性心統攝認知心之解說。此問題若嚴格言之，應關涉思辯之規律，由之即涉及邏輯及知識論之問題，但孟子所持為儒學之重德精神，故只重德性之顯現問題，而不重知識架構本身之問題。所謂「蔽、陷、離、窮」，大抵只就心念處講。但孟子此語，即與上引之文中對告子之批評一脈相承。亦即孟子所持之以心正言之工作。故引出以供學者參考。

孟子心性論至此結束。以下略論孟子之政治思想，以結束本章。

二、政治思想

孟子對孔子學說之補充，除心性論方面之性善說外，尚有政治理論。本節論孟子之政治思想，即以此為主，故先述孟子對「政權轉移問題」之理論，再以其他觀點或主張補之。由是，本節分為以下三點：㈠民本說，即孟子對政權轉移問題之理論。㈡「仁政」與「王道」。㈢「仁」之效用化及德治觀念。

㈠民本說（政權轉移問題）

孔子以重建周之文制為目的，故平生言說未詳論政權轉移之軌道。而修《春秋》時則以「尊周」為基本宗旨，蓋孔子在意向上欲重振周政權，而並非有意建立一新政權；於是在理論上對政權之轉移亦無定說。孟子則生當戰國。其時，周室衰甚。世之論政者固皆知興周之不可能，孟子亦遂以建立新政權為志。以孟子與孔子相較，則可說孔子以「尊周」及「存周」為志，而孟子則有「代周」之志。此種意向之不同，引致理論之不同。

孟子既以另建新政權為意向，故首須闡明政權轉移之理。七篇中乃屢見此種材料。首先，孟子明說天下之得失繫於民心之向背。

〈離婁〉上：

> 孟子曰：三代之得天下也，以仁；其失天下也，以不仁。國之所以廢興存亡者亦然。

何以如此？蓋因仁則得民，不仁則失民也。故又謂：

> 桀紂之失天下也，失其民也；失其民者，失其心也。得天下有道，得其民，斯得天下矣。得其民有道，得其心，斯得民矣。

此明言「得天下有道」。而以「民心」決定政權之得失，乃大異舊說。案孔子以前之古代思想，雖有民本觀念之萌芽，但此種思想之大成則待孟子之說始見。舊說本以「天命」解釋政權之轉移，凡得政權者皆視為「受命於天」。孟子則直以「民心」釋「天命」（唯將時機及才能歸於天而已）。

〈萬章〉上：

萬章曰：堯以天下與舜，有諸？孟子曰：否，天子不能以天下與人。然則，舜有天下也，孰與之？曰：天與之。天與之者，諄諄然命之乎？曰：否，天不言，以行與事示之而已矣。

所謂天以行與事示之，即以民心所向為主。故下謂：

使之主祭而百神享之，是天受之；使之主事而事治，百姓安之，是民受之也。天與之，人與之。故曰：天子不能以天下與人。

此表面仍以「天」與「人」分言，但孟子所歸乎天者絕小，而以民之歸向為主。觀下文可知：

舜相堯，二十八載，非人之所能為也，天也。

蓋孟子只以人之能獲得此種時機為由於「天」。此外，則所謂天意實即民心，故續論堯舜之事云：

堯崩，三年之喪畢，舜避堯之子於南河之南。天下諸侯朝覲者，不之堯之子而之舜，訟獄者，不之堯之子而之舜，謳歌者，不謳歌堯之子而謳歌舜，故曰：天也。

此以諸侯人民之所歸為天意所向矣。於是，其下又引《逸書》之文曰：

〈泰誓〉曰：天視自我民視，天聽自我民聽。此之謂也。

如此，則實以民心為天意之表現。而所謂出自「天」者，則主要只在於人之能否有表現於民之時機而已。但孟子尚以為人之是否有才能，亦可視為天意。此意於論禹之傳子時及之。

萬章問曰：人有言，至於禹而德衰，不傳於賢而傳於子。有諸？孟子曰：否，不然也。天與賢則與賢，天與子則與子。……舜、禹益相去久遠，其子之賢不肖，皆天也，非人之所能為也。

觀此，則所謂「天」命者，不過指人力所不能決定者，故謂：

莫之為而為者，天也。莫之致而至者，命也。

總之，所謂天命，主要表現於民心。其可歸諸天者，唯某人之能否得時機以表現，及某人能否具政治才能而已。但時機與才能二因素，不過限制人之能否試於民。至政權轉移時，則終以民心為決定條件。

由此再推進一步，孟子遂盛讚湯武之革命。

〈梁惠王〉下：

齊宣王問曰：湯放桀，武王伐紂，有諸？孟子對曰：於傳有之。曰：臣弒其君可乎？曰：賊仁者謂之賊，賊義者謂之殘。殘賊之人，謂之一夫。聞誅一夫紂矣，未聞弒君也。

孟子蓋以為：為「君」者倘失道，則民可以推翻其政權而誅逐之。此即明白表示政權可以轉移，而轉移之軌道則是依天下民心之所向定之。堯舜禪讓之事如此，湯武革命之事亦是如此。總而言之，則如〈盡心〉下：

民為貴，社稷次之，君為輕。是故得乎丘民而為天子，得乎天子為諸侯，得乎諸侯為大夫。

以上為孟子之民本說。在孟子以前原有以神與民並稱之說，如「事神保民」是；又有重民輕神之說，如「國將興，聽於民；將亡，聽於神」是。但詳論「天命」之依於「民心」，並明揭「民貴君輕」之說，則唯孟子有之。且孟子又以「仁」或「不仁」為政權得失之決定條件，蓋已確言政權轉移之軌道矣。至所謂「仁」與「不仁」，在政治思想中之意義又有與孔子論「仁」之說稍異者，於下論之。

(二)「仁政」與「王道」

孟子將「仁」擴大為政治哲學之觀念，遂有「仁政」之說。孟子對梁襄王，曾謂「不嗜殺人者能一之」，即以「仁」為統一天下者所必具之條件。但此尚就個人而言，而言「仁政」則另指一組具體設施。有時亦稱之為「王政」與「王道」。

〈梁惠王〉上：

梁惠王曰：晉國天下莫強焉，叟之所知也。及寡人之身，東敗於齊，長子死焉。西喪地於秦七百里，南辱於楚，寡人恥之。願比死者壹洒之，如之何則可？孟子對曰：地方百里而可以王，王如施仁政於民，省刑罰，薄稅斂。深耕易耨。壯者以暇日修其孝弟忠信，入以事其父兄，出以事其長上。可使制梃以撻秦楚之堅甲利兵矣。

孟子所以如此判斷，並非真昧於征戰之事，以為制梃可勝甲兵，實因孟子深信若行仁政則民心即歸之，故謂：

彼陷溺其民，王往而征之，夫誰與王敵？故曰：仁者無敵。王請勿疑。

〈梁惠王〉上：

齊宣王問曰：齊桓晉文之事，可得聞乎？孟子對曰：仲尼之徒，無道桓文之事者……無以，則王乎。曰：德何如，則可以王矣？曰：保民而王，莫之能禦也。

此即以「保民」釋王道。亦即所謂「養生送死無憾」也。然則「保民之道」或「仁政」之內容如何？孟子在說齊宣王時論之曰：

……是故明君制民之產，必使仰足以事父母，俯足以畜妻子，樂歲終身飽，凶年免於死亡。……王欲行之，則盍反其本矣。五畝之宅，樹之以桑，五十者可以衣帛矣，雞豚狗彘之畜，無失其時，七十者可以食肉矣。百畝之田，勿奪其時，八口之家可以無飢矣。謹庠序之教，申之以孝悌之義，須白者不負戴於道路矣。

案此為孟子之具體主張，其旨在於使民安樂，與法家之主張適相反。蓋孟子論政之宗旨即在於以「保民」為施政之本；所謂「仁政」亦即使人民安樂之設施。孟子名之為「王道」者，蓋因孟子深信能行仁政即能得民心，能得民心則必可王天下也。

對當時實際政治情勢之看法，使孟子相信大國若能行仁政，則即可建立一新政權，以統一天下，故答公孫丑之問時，乃謂管晏不足道，而〈公孫丑〉上曰：

以齊王，猶反手也。

又謂：

當今之時，萬乘之國行仁政，民之悅之，猶解倒懸也。故事古半之人，功必倍之，惟此時為然。

就上所引之說觀之，孟子論仁政或王道，固以改進人民生活為主，但孟子亦強調教育知識之重要。〈公孫丑〉上：

孟子曰：仁則榮，不仁則辱。今惡辱而居不仁，是猶惡濕而居下也。如惡之，莫如貴德而尊士。

依此，則「貴德而尊士」，亦為仁政之內容矣。與此語可相印證者，〈公孫丑〉上尚有：

尊賢使能，俊傑在位，則天下之士皆悅而願立於其朝矣。

蓋孟子以能保民為得民之道，以能尊士為得才之道。合而言之，即孟子心目中之仁政王道之具體內容。

此種政治主張，在今日觀之，似並無出奇之處。但以戰國風氣論之，則孟子實是在權詐之風盛行之際，而獨揭仁義之說；在當時實是一極為特殊之立場。

若以政治理論之標準衡度之，則孟子「仁政」之說，實為其民本說之補充；對政權轉移之軌道，提出明確說法。亦為古代學說中不多見者。

由於孟子以民心所向決定政權所歸，又以「仁政」為得民之要；故「仁」觀念在孟子學說中遂得一擴張，由純道德意義之觀念化為涉及實際之觀念。此即所謂「仁之效用化」。

(三)「仁」之效用化及德治觀念

孟子因強調行仁政得民，故亦強調「仁」之效用。所謂「仁者無敵」、「仁則榮，不仁則辱」以及「不嗜殺人者能一之」等等，皆表示此一觀點。孔子論政，以「正名」為主，言「仁」時則常就自覺之境界立論。故孔子之「仁」只有純德性意義。今孟子以為「仁者」必為天下所歸，遂使「仁」有效用意義。

德性意義之「仁」可以全不涉及後果，效用意義之「仁」則與後果不可分。就孟子以「仁」為必有效用而言，孟子之說與孔子頗有差異。但孟子亦有「勿助長」之主張，固非以追求效果教人者。仁觀念之被效用化，只為立政治理論時之說，亦並非與心性論中之說衝突或對立者。蓋言人之本性含仁義諸德，是一事；再言此諸德發揮作用時可有一定效果，又是一事。只要不是就效果義建立仁觀念，便與四端說無甚衝突。

孟子既將「仁」觀念效用化，遂堅持仁為政治之原則。由此而生出德治之理論。

「德治」與「法治」，「人治」互別。言德治者，以為治亂之道，繫乎執政者之德性。此說之根源即在於「仁政」理論。蓋依孟子之說，「仁政」為獲得政權及保有政權之條件；天下治亂，悉以仁政有無為斷。而仁政之施行，必有賴於掌政權者本身能立仁心。所謂「先王有不忍人之心，斯有不忍人之政」，仁心能否建立，則即是德性問題。必須執政者有如此之德性，然後能由其仁心而施仁政，既有仁政，然後天下方能得治。於是，孟子之政治理想遂以「有德者執政」為中心。此即後世所謂「聖君賢相」之政治理想，亦即所謂「德治」。蓋源於孔子而成於孟子之理論也。關於孟子之政治思想，述至此處為止。

三、其他理論

除「心性論」與「政治思想」外，《孟子》書中尚有涉及其他理論問題之資料。此類資料所涉及之問題，理論意義頗高；但書中僅有簡略議論，並未形成系統化之陳述。由此，本書一方面不能別列專節以述之，另一面亦不應完全略去；故在本節中撮述其大意，以作為上文之補充。

本節所述，亦可分為三點：㈠社會分工觀念：此涉及知識分子之地位問題。㈡史觀問題：此涉及人之自覺力量在歷史中之作用。㈢天、性、命之關係：此涉及孟子之哲學立場問題。以下即依次述之。

㈠社會分工觀念

《孟子》書中對「社會分工」觀念之討論，見於孟子駁許行之言；茲先引原文再作析論。

〈滕文公〉上：

有為神農之言者許行，自楚之滕，踵門而告文公曰：遠方之人，聞君行仁政，願受一廛而為氓。文公與之處。其徒數十人，皆衣褐捆屨織席以為食。

案此言許行來自南方，而自稱為「神農」一派。徒眾皆從事手工生產以維持生活，顯然與其他戰國學派作風不同，但尚未述及其理論。下文通過陳相始透露許行之主張。其文云：

陳相見許行而大悅，盡棄其所學而學焉。陳相見孟子，道許行之言，曰：滕君則誠賢君也；雖然，未聞道也。賢者與民並耕而食，饔飧而治。今也滕有倉廩府庫，則是厲民而以自養也。惡得賢？

此處陳相表述許行之立場，要點在「並耕而食」一觀念，及「厲民」之說；蓋許行之意，認為人必須直接從事生產，不然即是剝削他人勞動成果——即所謂「厲民」；由此對於國家之有「倉廩府庫」，亦認為不當。此說顯然觸及社會結構之根本問題，故孟子即由此角度提出駁論，原文記其問答云：

孟子曰：許子必種粟而後食乎？曰：然。許子必織布而後衣乎？曰：否。許子衣褐。許子冠乎？曰：冠。曰：奚冠？曰：冠素。曰：自織之與？曰：否。以粟易之。曰：許子奚為不自織？曰：害於耕。曰：許子以釜甑爨，以鐵耕乎？曰：然。自為之與？曰：否。以粟易之。

問答至此，許行立說之根本困難，即漸顯出；蓋社會稍進展時，「交換經濟」即為當然現象。人不能事事親為，必在分工原則下，各執其業，以進行交換滿足人生之需求。此種交換，與「剝削」或「厲民」實無關也。故孟子即正面詰之云：

以粟易械器者不為厲陶冶；陶冶亦以其械器易粟者，豈為厲農夫哉？且許子何不為陶冶，舍皆取諸其宮中而用之？何為紛紛然與百工交易？何許子之不憚煩？

此一反詰，涉及兩點；其一是「耕」並無特殊地位。人各執一業，各有其工作成果，互相交換，無所謂一方剝削另一方。耕者有「粟」，陶冶有「械器」，交換之權利義務，彼此相同。此是駁「並耕」觀念之初步說法。其二則由人之不能同時從事耕種與陶冶，引向「社會分工」之觀念；其所論不限於某一特殊職業與另一特殊職業之關係，而推至其他各種職業。原文云：

百工之事，固不可耕且為也。

此陳相之語；蓋問答至此，陳相已不能不承認人不能事事親為，而只能從事某種職業矣。於是孟子即提出「社會分工」之大原則。其言云：

然則治天下獨可耕且為與？有大人之事，有小人之事。且一人之身而百工之所為備；如必自為而後用之，是率天下而路也。故曰：或勞心，或勞力。勞心者治人，勞力者治於人。治於人者食人，治人者食於人；

天下之通義也。

此處孟子之意，亦可分兩層說。其一是說「分工」之必要；如不分工，而欲人人做盡百工之事，理不可通。其二則專就不屬於直接生產之工作說。蓋社會進展，即有專負責管理公共事務以及設計制度，保衛社會秩序及大眾安全等等工作；此種工作通常即屬於「政府」。孟子於此提出「勞心」與「勞力」之分，以區別兩種不同之「勞動」；又以「治人」及「治於人」，「食人」及「食於人」等詞語分釋之。其主旨在於指出社會發展中，必有不屬於直接生產之工作，且此種工作之重要性實勝於直接生產工作。

其下，孟子以古人為例再闡明此義；原文不具引。其意不外說明社會文化之進展，在在需要非直接生產之工作。譬如禹之治水，為大眾解除自然災害，后稷教民稼穡，契教民以「人倫」，建立社會規範等等；此等工作不是直接從事生產，但對社會大眾之重要性，反在生產之上。然後孟子再進而點明一關鍵問題。此即：從事非直接生產之工作者，並非懶惰偷安；蓋管理領導等等工作，亦同樣屬於勞動也。原文中孟子云：

堯舜之治天下，豈無所用其心哉？亦不用於耕耳。

此處原文乃針對許行之主張立論，故落在「耕」字上。若就其理論意義者，則此處所肯定者是：在社會分工原則下，各種工作所需之勞動，皆有一定之價值；並非僅僅「直接從事生產」方算「勞動」。由此，知識分子倘從事有益社會大眾之工作，自不能視為「不作勞動」。但孟子之意尚有更進一層者，即強調管理領導等等工作，較之直接生產更為重要；則知識分子之「勞動」，應有更高之價值矣。

其下，孟子又以北方文化之立場批評南方之許行為蠻夷之道；此節理論意義不多，從略。但本章尚有一點應提及者，即陳相最後為許行辯護，提出一種「平等」觀念，於是引出另一理論問題。陳相云：

從許子之道，則市賈不貳，國中無偽；雖使五尺之童適市，莫之或欺。布帛長短同，則賈相若；麻縷絲絜輕重同，則賈相若；五穀多寡同，則賈相若；屨大小同，則賈相若。

此處主要論點在於「賈相若」及「市賈不貳」。陳相亦未說明許子之道何以導致此種效果。「並耕而食」之主張與「市賈不貳」並無直接關聯，陳相此處所言，在理論上亦似缺一段。但其本意實不難明。蓋當許行主張人人應從事直接生產時，固隱含一否認價值層級之觀點。其所以認為管理領導等工作，不比「耕」重要，亦即由此隱含之觀點生出。今陳相將此觀點用於經濟之交換行為方面，遂有「賈相若」或「不貳」之說。此說主旨亦即是否認事物之品質差異，只取一「量」意義之標準，而否認「質」意義之標準也。此論點固不能駁孟子所提出之社會分工之主張，但與孟子之價值標準觀念自正相反對；故孟子即駁之云：

夫物之不齊，物之情也；或相倍蓰，或相什伯，或相千萬。子比而同之，是亂天下也。巨屨小屨同賈，人豈為之哉？從許子之道，相率而為偽者也。惡能治國家？

此段文義亦稍欠明確，須加解釋。陳相原只否認「質」方面之差異，並未否認「量」方面之差異；所謂「市賈不貳」，亦只說：「大小同」、「輕重同」時，則「賈相若」。何以孟子此處提出「巨屨小屨同賈」一語？此在表面看似屬難解；然就上下文觀之，孟子原意亦不難知。蓋孟子先提出「不齊」，作為「物之情」——即「物之實」，以駁陳相否認價值層級之說；其意是：事物有價值差異，乃一種客觀真實，強使不同者為同，即是製造混亂。然後，孟子再依對方之立場反詰之，因「巨屨」與「小屨」在陳相亦知其「大小」之異，故就此種「量」之差異著眼，而言倘強令「大小」不同之物「同賈」，豈有人能從之；即以此喻品質不同之物之不能強同。換言之，孟子此言，意即依於對方所承認之「量」之差異，喻明己方所持之「質」之差異也。

由於孟子強調事物之價值差異為一客觀真實，故即判定「許子之道」是「偽」，「偽」即「反於真實」之意；與常言中「誠偽」之意義有別。許行極可能是誠意欲將「不齊」之「物」視之為「同」，然既違反「物之情」，便「偽」矣。

總觀此段資料，可將孟子論旨撮述如下：

第一、社會分工乃必要而且應有之現象；故若主張人人必從事某一工作，即為不合理之說。生產工作亦不能獨為例外。各種工作均互相依賴，亦皆為社會所需要。

第二、在各種工作中，有屬於管理及領導等方面之工作；從事此種工作，亦是作一種有益於社會之勞動；無理由否認其價值。此即「或勞心、或勞力」之說。

第三、若就各工作之重要性作一比較，則孟子更進一步指出：「勞心」之工作（如管理領導等等工作）較「勞力」之工作更為重要。由此可推出「知識分子」對社會之任務及地位。

第四、對此問題如再追進一步，吾人即可知孟子之主張實以強調「價值層級」為基礎；此點在原文最後一段中亦略略點出。

又許行雖自稱「為神農之言」，但觀陳相所述，其基本價值觀念大致偏於「平等」之肯定，實近墨子之「優差等」（荀子語）；故孟子此段駁許行之說，實亦表現儒墨兩派對平等觀念之不同主張。此點亦學者所應留意者也。

㈡史觀問題

關於歷史之演變是否服從某種規律，以及人類之意志及自覺力量在歷史中有何作用等問題，孟子雖未作系統性說明，但亦嘗透露某種觀點。本節即取此類零星資料作一簡述。

〈公孫丑〉下：

五百年必有王者興，其間必有名世者。由周而來，七百有餘歲矣。以其數則過矣；以其時考之，則可矣。

此孟子去齊時，答充虞之言。「五百年」之說，已似有一種歷史循環之觀念，而其中兩「必」字，又似暗示一「命定論」之假定。然其下謂此數已過，則「必有王者興」顯又不真是「必然」。則孟子對歷史之演變究竟持何觀點？對「命定論」持何態度？此就另一段資料看，則其意較顯。

〈離婁〉上：

孟子曰：天下有道，小德役大德，小賢役大賢。天下無道，小役大，弱役強。斯二者，天也。順天者存，逆天者亡。

此處所謂「天」，自是指一種「勢」講；既說「順天者存，逆天者亡」，則其意顯然承認有「客觀意義」之「勢」，而且人當「順」此勢以求「存」；但下文又云：

今也小國師大國，而恥受命焉，是猶弟子而恥受命於先師也。如恥之，莫若師文王。師文王，大國五年，小國七年，必為政於天下矣。

依此，更合上文觀之，則當「天下無道」之際，弱國受強國支配，固是「天」或是「勢」所決定，但弱國又可不受此種「勢」之限制。若「師文王」，便不僅可不受強國支配，反而可成為天下之主宰。由此，孟子之史觀實不難知。簡言之，即孟子首先承認既成之歷史皆表示一種事實意義之限定，因此，對人事即提供一種「勢」。此種「勢」在價值上為中立，故說「斯二者，天也」；即「有道」與「無道」之歷史事實皆同樣提供此種「勢」。客觀之「勢」一經成立，人事成敗即受其限制，故順逆之際即存亡之分。但孟子畢竟以其心性論作為思想之總綱，故雖承認歷史中之「勢」，仍堅持自覺意志之力量。自「師文王」以下數語，即表示人自覺又隨時可以超越已成之勢而有所創造；但此種創造力及超越事實限定之活動，理論上雖永有可能，事實上則僅有極少數具大智慧之心靈能實現此可能；孟子對此點亦曾言及。

〈盡心〉上：

孟子曰：待文王而後興者，凡民也。若夫豪傑之士，雖無文王，猶興。

「文王」自代表「有道」，故「待文王而後興」只是順「勢」而興；此是常人之事，故云「凡民」。無文王而興，則是超越已成之「勢」而自作創造，須「豪傑之士」始能之。豪傑即是極少數具大智慧之人，故能表現自覺心或自覺意志之主宰力也。

總之，孟子對歷史演變之觀點，基本上仍承認人之自覺能改變或創造歷史；歷史之「必然」或「勢」，雖亦為孟子所承認，但孟子未嘗深信「歷史命定論」；此亦見其心性論之原則固直貫其史觀也。

孟子此種承認人在歷史中有最後主宰性之立場，不僅上承心性論之說，且亦與其政治思想不可分；蓋既以為行「仁政」即可收「王天下」之效用，則對人之意志方向能決定歷史方向實已預認。但在論「仁政」與「王道」時，孟子未確切點出此種追尋理想之活動與事實限制之關係，故本書在此節內補作以上之論述。

此處尚有一較細微之問題應稍作說明。孟子固堅持自覺心或智慧足以克服客觀之事實限制，但此只是說：「主體性」有此主宰力量，而並非說：「主體性」必須在克服事實限制處方顯現此主宰力量。換言之，孟子與黑格爾不同。黑格爾強調「實化」及「具體之普遍」等觀念時，其主旨即在斷定「客觀化」本身代表更完滿之價值，亦即認為未客觀化之主體性乃尚未完成價值者。孟子則不然。孟子雖認為主體性能創造歷史，但並非以為主體性必須在此一層面上方完成其價值。蓋孟子所持之「心性論」立場，終以內在意義之德性為價值所在，一切外在意義之創造顯現，皆只視為此德性之展開。此種展開，有固甚佳，無亦不礙德性本身之價值。此點孟子亦曾以明顯詞語表示，例如：

〈盡心〉上：

孟子曰：廣土眾民，君子欲之，所樂不存焉；中天下而立，定四海之民，君子樂之，所性不存焉。君子所性，雖大行不加焉，雖窮居不損焉；分定故也。

以下即說「君子所性」乃「仁義禮智」；蓋孟子認為一切在外在世界中表現之功效成果，終不影響德性之價值。君子固以此種「實現」為「樂」，然究非「性」所在；「性」所在則是「分定」，是不受外界任何影響者，亦不待外在意義之實現方完成其價值也。此點闡明，吾人對孟子之史觀以及其對於「客觀化」問題之理論立場，皆可見其大要矣。

(三)天、性、命之關係

此點涉及孟子哲學立場問題。

上文析述孟子之民本說時，已說明孟子所謂「天」，主要指人力不能決定之範圍。就孟子談政治問題之資料中看，此一解釋原無可疑。但孟子書中尚另有資料，亦涉及「天」，而其詞義則不如此明確，以致詮釋者可有不同說法。本節即專對此類資料，作一析論。

此類資料即將「天」與「性」、「命」連說者。就本文看，固甚簡略，然可能涉及之哲學問題，則甚複雜。在此處所作之不同解釋，即可引至對孟子哲學立場之不同看法。茲先舉原文，展示其理論意義，然後再試作一判斷。

孟子將「天」、「性」、「命」連說之文，見於〈盡心〉上，其言曰：

盡其心者，知其性也；知其性，則知天矣。存其心，養其性，所以事天也。殀壽不貳，修身以俟之，所以立命也。

此段先言「心」、「性」與「天」，後落至「立命」上。其下又另說「知命」。原文云：

孟子曰：莫非命也，順受其正；是故知命者不立乎巖牆之下。盡其道而死者，正命也。桎梏死者，非正命也。

此處雖未著「天」字，但與上段「天、性、命」連說之文合看，則其間自可有理論上之關聯。又在〈盡心〉下中，有一段以「性」、「命」對比而為說，復涉及「天」。原文云：

孟子曰：口之於味也，目之於色也，耳之於聲也，鼻之於臭也，四肢之於安佚也，性也；有命焉，君子不謂性也。仁之於父子也，義之於君臣也，禮之於賓主也，知之於賢者也，聖人之於天道也，命也；有性焉，君子不謂命也。

此段應為討論孟子對「性」、「命」之理論之主要資料。其解釋即涉及孟子之哲學立場。

此外，在〈告子〉上，答公都子「大人」、「小人」之問時，又曾語及「天」與心性之關係。其言曰：

心之官則思，思則得之，不思則不得也。此天之所與我者。先立乎其大者，則其小者不能奪也。此為大人而已矣。

案此段本屬心性論之資料，但對本節所探究之問題言，則因涉及「天」，故亦可作為參證資料。以上已引有關之資料。茲可進而討論此中所含之理論問題為何，及其理論意義所在。

首先，以上各段所涉之理論問題，可分為以下數點：

1.「天」與心性之問題。因孟子一向以「心」與「性」合說，即以自覺心之特有能力為人之「性」，故此問題可簡稱為：「天」與「性」之問題，主要涉及「天」之詞義。

2.「性」與「命」之問題。此涉及「性」、「命」二詞之意義及指涉（即所謂"Meaning"與"Reference"）；以及二者在其哲學理論中之地位問題。

3.「天」與「命」之問題。此涉及「天」與「命」在不同語脈中之不同詞義之問題。

4.「天」在孟子理論中之地位問題，此即涉及孟子之哲學立場問題。

此處學者宜加注意者，是《孟子》原書中所表現之哲學立場是一事，後世儒者解釋孟子時所持之哲學立場又是另一事。譬如宋儒詮釋孟子學說時，每每另以一套資料為根據以判定孟子之哲學立場；然如此立論時所表現者主要是解釋者之立場，非《孟子》本書之立場矣。此點在常識層面看，人或以為所有解釋皆不免此病。但具有理論訓練者，則自知某種解釋與另一種解釋之間常有效準之差異；其效準固可就一客觀標準衡定，並非無可比較也。

以下即逐步依上列次序作一析論。

1.「天」與心性

如本書述孟子心性論時所顯示，孟子以人之自覺心中之價值意識作為人之「性」，原不倚恃任何外在之存有。然既說「知其性」，則「知天」，又謂心之「官」（即能力）乃「天之所與我者」，則「天」與「性」究竟有何關係，自應作一辨析。

先就「知性」與「知天」說，通常習用解釋，是以此說與〈中庸〉之「天命之謂性」合看，謂二者相通。就字面看，此種傳統說法亦似甚為自然；蓋「性」若自「天」來，則由「性」反溯亦似可以知「天」也。但稍一深求，則從哲學史或哲學問題看，皆大有困難。蓋從哲學史角度看，則〈中庸〉乃晚出之書（參閱拙著《新編中國哲學史》第二卷論《禮記》部分），則舊說所假定之〈中庸〉與孟子之傳承，顯已不能成立。孟子自謂承孔子之學，而孔子思想之特色即在於強調自覺心之主宰地位，孟子之心性論分明承此立場而建立。先秦北方思想傳統又向無形上學旨趣，則孟子何以忽採取後世之形上學觀點（為〈中庸〉所代表），實不近情理。傳統說法所以不察覺此種困難，乃因受漢代後之學風影響，故忽視古今之異，以為後起之儒者所持之宇宙論及形上學理論，皆為先秦儒學所有。然此實悖於古史，尤不合哲學史所關之史實，今日觀之，極難成立。

其次專就哲學問題看，則此中之理論困難，亦甚明顯。蓋若以為「性」出於「天」，則「性」比「天」小；換言之，以「天」為一形上實體，則「性」只能為此實體之部分顯現；由「天」出者，不只是「性」。如此，則何以能說「知其性」則「知天」乎？「其」字自是指「人」講，「知其性」縱能反溯至對「天」之「知」，亦只是「天」或「天道」之部分，人不能由知人之性即全知「天」也。總之，如「性」出於「天」，則「知其性」不能充足地決定「知天」。而就《孟子》本書或同時代之一般語法言，則凡說「……則……」時，「則」字前之陳述例為「則」字後之陳述之充足條件。此點亦屬常識，無待多辯。

倘欲使「知其性」成為「知天」之充足條件，如《孟子》原文之意，則只有兩可能。其一是肯認「性」比「天」大，如此則「知其性」則必可「知天」，但此即與「天命之謂性」直接衝突。蓋說「性」比「天」大，即是肯定一最高主體性，而在此意義下，「天」亦當依此「性」而安立；則在理論次序上，「天」不能先於「性」矣。其二是以「性」與「天」相等，如此則天所具之一切性質或內容，均為「性」之所有，而且二者內容全不可分辨——如可分辨，則不「相等」。由此推之，「天」與「性」成為二名一實之關係。吾人可說「天」是「性」之別名，亦可說「性」是「天」之別名。如取此說，則《孟子》本文中所說之「存其心，養其性，所以事天也」，已不可解；且取《孟子》書中言「性」之語，以「天」字代之，則處處皆不可通。若在〈中庸〉一面，則依此觀點看「天命之謂性」一語，亦成為不可解，蓋將等於說：「性命之謂性」或「天命之謂天」矣。

其實此問題亦不難解。蓋〈中庸〉提出「天命之謂性」一語時，其立場確定為形上學立場，亦確定認為「天」作為「形上實體」有最高地位，故「性」比「天」小，亦不待言。而孟子本非持形上學立場者，故無「性」比

「天」小之明確觀念。「知其性」則「知天」一語，本身意義不甚明確，但與「天命之謂性」不能相合，則甚為確定也。

至此，傳統舊說之不能成立，已屬顯明。然則孟子對「天」與「性」之關係，究竟如何看法？此須由此處「天」之詞義下手，試作解說。

首先應加注意者，是此處之「天」字，與其民本說中所說之「莫之為而為者，天也」，詞義不同。此處之「天」字，不重在「限定義」，而有「本然理序」之義。「天」作為「本然理序」看，則即泛指萬事萬物之理。說「知其性，則知天矣」，意即肯定「性」為萬理之源而已。

此解與「此天之所與我者」一語合看，即可知文中之「此」字指上文「思」字而言，換言之，即指「心」之能力而言，「我」字則轉與「心」字相應。明此語即是說，「心」有「思」之能力，此能力乃心本然具有。亦即是說「思」是心之「本然之理」。因此處「天」字亦取「本然理序」之義，故與「知天」之說互通。總之，孟子是以「天」說「思」，非說「心」出於「天」。其與《中庸》「天命之謂性」之說不同旨趣，即在於《中庸》取形上學立場，孟子則取心性論立場。形上學重視「有或無」，故必以「實體」觀念為根本；心性論重視「能或不能」，故以「主體」或「主宰性」為根本。明乎此，則先秦儒學之本旨方不致迷亂也。

孟子之「心性」原就最高主體性講，有時用「我」字，亦指此心性。譬如〈盡心〉上：

> 萬物皆備於我矣。

此自是說心性中包有萬物之理，亦可與上解參看。「萬物皆備於我」自與「皆出於天」不同；但如要強調「萬物皆備於我」乃心性本然之理，則亦可用一「天」字作某種描述；然如此用「天」字，並非以「天」作為一形上實體，而將「我」或「心性」視為「天」之生出也。

以上皆將「心性」合說，但《孟子》書中通例雖不分別「心」與「性」二字，但說「盡其心者，知其性也」時，則顯是分說「心」與「性」，故此處須稍作補充。

所謂「盡其心」自指盡其心之功能講；但心之功能原即孟子所說之「性」，則「心」何以須在「盡」處方能知「性」？解答此問題，關鍵在「知」字。

孟子此處所謂「知」，蓋指「自覺」而言；「心」之發用即是「性」之顯現，但「性」顯現卻未必即表示心自覺到自身之功能。「心」發用至充足狀態，方自覺到自身之「性」；此即是反照之智慧；在此反照處，方說「知其性」。而心能自覺其「性」時，亦即自覺其最高主宰性，故亦即自覺其為萬理之源；故「盡心」與「知性」，「知性」與「知天」，皆是一充足決定關係。「知」乃「自覺」之義，則並非落向一超越或外在之實體，即甚顯豁矣。

總上所論，可知孟子言及「天」與「性」時，並非肯認一形上實體；「知其性」則「知天」之說，語義正與「天命之謂性」相反；「心」是主體，「性」是「主體性」而「天」則為「自然理序」。「自然理序」意義甚泛，自亦可引出某種形上學觀念，但至少就孟子本人說，則孟子並未以「天」為「心」或「性」之形上根源也。

2.「性」與「命」

此問題主要根源在上引比論「性」與「命」一段文字。

孟子先就「口、耳、目、鼻、四肢」等各舉其所欲，然後說此雖亦是本有之功能（性），但係在經驗界中被決定者，故不能謂之為「性」。此處前一「性」字與後一「性」字之意義指涉同異如何，首須辨明。「命」字亦然。

說「性也，有命焉」時，此「性」字自是「本有之功能」之義；而「命」字則取「限定義」。蓋言人之形軀層之慾望，雖亦可視為本有之功能，但因是被限定或被決定者，故「君子不謂性也」，此後一「性」字即取「主體性」之義。合言之，即謂：凡屬被決定之功能，皆不表主體性。此理自甚明顯。如此，取前一「性」字之意義，則其指涉即在形軀之各種官能；取後一「性」字之意義，則其指涉即在於人之價值意識——即孟子所謂「四端」所顯現者。而「命」字在意義上則為「命定」之意，所指涉者則包括經驗界之一切條件系列。倘將每一條件系列看作一種「理序」，則「命」字之指涉，正與「天」字相近。此又可見民本說中孟子界定之「天」與「命」二字之詞義，雖與本節所言在嚴格意義上不同，然畢竟出現於同一人之思想歷程中，其間亦有確定關聯在。

再看下文，孟子又舉各種德性價值為例，而說此種種價值實際之實現，雖亦是受經驗決定者，但求實現之活動乃根於主體性，而非被決定者，故「君子不謂命也」。

此處與上文論「性」之情況又有殊異。上文兩「性」字，意義與指涉均不同；此處則兩「命」字皆取「命定義」。「價值意識之活動」以「性」為基礎，表自覺心之主宰性；此是一事。此種活動之實現分度乃「命定」者，又是另一事；前後用兩「命」字，皆取「命定義」，與上文兩「性」字，一是指功能，一是指主體性者，實屬不同。

然則孟子何以作此對舉平行之語？就原文語氣觀之，孟子當是針對常識意見而作此論。常識觀點以為人之欲求皆可視為「人之性」，故孟子指出此類欲求乃被決定者，與孟子所言之「性」不同。常識觀點又以為人之德性成就，亦屬「天生」，即為「命定」，孟子則指出德性本身不可視為「命定」。嚴格言之，前段涉及兩種「性」，後段則未涉及兩種「命」也。詮釋者倘因強求兩段相類，而將前段之二「性」字，視為意義指涉相同者，則即違孟子立說之主旨。此病清代文人往往有之。茲不具述。

總上所說，「性」字表主體性，即以價值意識或作價值判斷之能力為指涉，仍是孟子一貫立場。「命」與「性」

對比而言時，仍取「命定義」，亦是孟子之一貫態度。如此，「性」與「命」各指一領域，而此兩領域即合成吾人之世界。此義固上承孔子「義命分立」之說，亦先秦儒家之主要態度所在也。

但孟子用「命」字，並非全取「命定義」；此觀其「立命」與「正命」之說可知。下節論之。

3.「天」與「命」

當中國古代強調人格天信仰時，「天命」二字連用，自即指人格天之命令；但孟子學說中並未立一「人格天」；而其所謂「命」亦與普通語言用法不同。在民本說中〈萬章〉上原謂：

> 莫之為而為者，天也。莫之致而至者，命也。

此是明白界定「天」、「命」二字之文。但在〈盡心〉中孟子說及「立命」與「正命」時，「命」字又取另一意義。說明此點，應先說明「命」字之不同用法。

「命」字從口從令，就其本義言，自以「命令義」為最早。其次，則有「命定義」，此在先秦文獻中亦屢見之。除此二義外，尚有「壽命義」，此專就生死而言。「壽命義」雖極可能由「命定義」衍生，但終竟是兩個不同之詞義，其指涉亦不同。

孟子說及「立命」時，〈盡心〉上謂：

> 殀壽不貳，修身以俟之，所以立命也。

此處既涉及「殀壽」，則所取者為「壽命義」，似甚明顯；但以此義釋此處之「命」字時，此段文字應如何解釋，則尚須略加說明。

「立命」之「命」字，取「壽命義」，則「立命」一語乃指人對壽命問題應有之態度講；故「殀壽不貳」即是說無論命長命短，「修身以俟之」則即是提出一態度，意謂人不當憂慮壽命長短問題，只應致力於修身，以俟壽命之自然終結也。蓋壽命長短之事，在孟子亦認為屬被決定之範圍，故謂人不應作此「外求」；能如此超脫生死問題之困擾，即能「立命」矣。

但殀壽固是被決定之事象，人之心意行為亦可以摧殘自身之生命，人固不應憂慮生死問題，但亦不應如此摧殘自身生命；由此，孟子乃有「正命」之說。即〈盡心〉上所謂：

盡其道而死者，正命也。桎梏死者，非正命也。

人必有死，但自然壽命之終結，與德性無關。人但能盡其道，則其死只表一事實。如此，則生命由始至終，無悖義理，故稱為「正命」，反之，如自身先有行為上之失德或行罪惡之事，以致於死，則是自身心意行為悖理而喪其生命，此是對自身生命之摧殘，故曰：「非正命也」。

依此，則本節所說之「立命」及「正命」，皆只涉及人對壽命問題之態度，並未涉及某種形上學問題。孟子作此類言論時，亦未見有涉及形上學實體之必要也。

古代中國，「天命」自是一普遍信仰。但孔孟立說，皆不以原始信仰為依據。《中庸》有「天命之謂性」之說，正見其與孔孟思想方向有異；蓋《中庸》大致出於秦漢之際，此時原始信仰因文化上之大破壞而重現，各種非儒學之觀念亦相繼與儒學混合，終有漢代之「天人觀念」出現。《中庸》之形上學系統原屬此一儒學變質時期之產物，未可強視為孔孟所代表之先秦儒學之「發展」也。

以上各節所涉及之孟子言論，包括「盡心」、「知性」、「知天」、「立命」以及「正命」等觀念，皆是宋儒常加引用之資料。宋儒除極少數言心性者外，大半皆喜談《中庸》及《易傳》中之形上學理論；而又誤信《中庸》為子思所作，於是極力牽引孟子思想使與《中庸》相符，以塑造其「儒家形上學」之圖像。然吾人自客觀角度看，則《中庸》作者既屬於儒家，則其思想與孔孟之說之某種關聯，自亦不足為奇，但其思想之類型，與孟子之類型大異，故孟子思想難與《中庸》相符，亦不必求其相符。而以上所涉資料，一一檢論，則並無必然引出一「孟子之形上學」之確據。即就「立命」與「正命」說，孟子此處之論點，亦不須依賴一對「天命」之信仰，或對「形上天」之肯認也。

最後當略論「天」觀念在孟子思想中之地位，以結束本節之討論。

4.「天」之地位

宋儒自《中庸》及《易傳》中承襲其形上學觀念，故特重「天」之地位；而其闡述先秦儒學之言，乃常以此種異於孔孟立場之思想為據。於是，形成一傳統說法；以為先秦儒學亦以「天」觀念為中心。吾人今暫離此種傳統觀點，而詳審《孟子》原書，並以古史之客觀知識為輔，則見此種觀點根據甚為可疑。一般流行之原始信仰，與孔孟之學說固不能混為一談（至於孔孟本人或多或少亦具有當時社會之某種語言習慣，則是另一事。人皆先生活在某一社會中，亦皆不免受此社會中已有之傳統習俗之影響；但某人提出一學說時，則可以與其社會中一切傳統想法不同。論者必須留意一學說之理論結構及內容，而不可取某人日常語言中一二語，以與傳統習俗有關，便謂其思想立場與傳統習俗無異也）。其次，則南方文化與北方文化之分立，自周初開始形成。而形上學旨趣顯屬南方，此以道家為代表。儒學則承北方文化之道德政治旨趣。其不涉及形上學問題，頗為自然。後世儒學屢經演變，自可以有儒家之宇宙論及形上學出現，但此種後起之說，不能強加於前代之人。講先秦儒學自當依先秦資料探究，《中庸》、《易傳》，可能價值極高，但決不能代表孔孟之「儒學」也。

吾人倘專就先秦資料以觀先秦儒家思想，以《孟子》原書為據，以講論孟子之思想，則對於「天」觀念在孟子思想中之地位問題，即無法贊同宋儒傳統之說。

首先，孟子之思想，以心性論為中心；落至政治生活上，乃形成其政治思想。宇宙論問題及形上學問題，皆非孟子留意所在。故談及「天」時，最重視有關政治問題一面之說法；但其理論立場則是以「民心」釋「天意」；故並非提高「天」對政治生活之重要性，實是削減「天」觀念之分量。其次。古代流行之「人格天」觀念，在孟子語言中亦有時出現，但與其主要思想無甚關聯。此點正與孔子在《論語》中用語之情況相似。此外，偶有以「天」作為「本然理序」之說法，此即本節所論者。此種說法雖似重視「天」之地位，但仍與以「天」為形上實體之說大異。另一面，孟子之心性論，全建立在「主體性」觀念上，無論其論證強弱如何，處處皆可以離開「形上天」之假定而獨立。則「天」觀念在孟子思想中並無重要地位，似亦無疑。

總之，當吾人取哲學史之角度，而詳審資料及史實時，實不見「天」觀念在孟子思想中有何重要地位；純就理論關聯看，孟子之說亦並不須涉及「形上天」。依此，吾人即可說，「天」觀念在孟子思想中，只是一輔助性觀念；倘除去此觀念，孟子之主要理論並不受影響。

作此結論後，尚應一提者是：論儒學者對「天」之地位問題，尚可從另一角度提出一問題，此即，孟子學說是否「應該」強調「天」之地位？換言之，孟子之「心性論」是否「應該」歸於一「形上學」？此處所謂「應該」，自是就哲學之理論價值說，因之，以上之問題實即是問：孟子之「心性論」如歸於一「形上學」，是否有較高價值？

此一問題顯已逸出哲學史範圍，因哲學史工作在於整理展示前人之說，須保持客觀性。某人之學說是否如此如此，乃哲學史上工作者面對之問題；至於某人之學說如何方是「最有價值」或「最好」，則另是一事。但此問題卻涉及另一嚴重哲學問題，此問題是：價值哲學、道德哲學以及文化哲學等等，是否皆須依賴某一形上學？換言之，如一切形上學皆不能成立，是否上舉各類哲學理論亦皆不能成立？此問題可說是康德以後哲學界一大問題。本書自不能對此問題提出解答，但仍願提出此問題，以點破許多有關解釋儒學之衝突意見之遙遠根源。

蓋許多爭論原不在哲學史內部之工作，或儒學中某人思想之內部結構等等問題，而實源於此一在哲學史範圍外之問題也。

至此，已將《孟子》書中除「心性論」及「政治思想」兩主要部分外之理論問題，稍加清理。學者以此與前文合看，對孟子之學說即可見其大要矣。

第四章　道家學說

壹　道家思想之源流及時代問題

道家之源流時代問題，爭議已久。關於「老子」其書其人，真僞先後之辯，群言滋繁。蓋道家向宗老子，老子可疑則道家即根本上為可疑。今欲重為整理，不得不析剖老子問題，考老子問題之所以發生，實一由於《史記》傳文之誕妄，二由於今本經文之雜亂，三由於莊子以下後世立說者之假託臆度。蓋司馬遷傳文所記，既違史實，復悖常理；聃儋相混，生卒不詳。於是老子其人為可疑。經文流傳，自王注本，傅校本，河上章句，至於崇寧五注，《永樂大典》之書；旁出景龍，景福，龍興觀，古樓觀諸碑；皆多異詞，難定正譌。而諸本詞句略同之篇章中，復常雜以後出之語。於是《道德》五千言之經文為可疑。戰國諸子，言喜託古；動撰故事，以尊所宗而抑人。至劉向班固，又據古學在官之說，以各家之言分屬於古某官；遂謂道家者流出於「史官」，更不辨學說形成之年代。於是道家思想實始何時，亦成為可疑。凡言老子之學者，於此三疑必先有所斷。至於莊子，則所涉問題較簡，亦可比照老子而觀之。總之，道家源流及時代問題大要不外三方面：

第一、人之年代問題。即老子、莊子其人之時代以如何斷定最為近理。

第二、書之年代問題。即《道德經》、《南華經》之成書（略如今所見諸本）可斷為何時。

第三、思想之年代及源流問題。即此一系思想約當在何時興起，如何發展，及其與其他學派思想之關係等。

茲先就第三問題作一探究，因哲學史所最重者為思想本身，理宜先論思想興起之年代及源流。至於老莊其人與《道德》、《南華》二書之年代問題，當在分論老莊之學時再為析論。

專就「道家思想」著眼，吾人乃涉及楊朱之說，觀楊朱思想之盛衰及內容，有助於吾人斷道家思想興起之年代。

先就盛衰而論，可取《孟子》、《莊子》、《荀子》及《韓非子》中之材料觀之。

《孟子》中論楊朱之材料屢見，而以〈滕文公〉下答公都子一段最為重要。

> 孟子曰：予豈好辯哉，予不得已也。……聖王不作，諸侯放恣，處士橫議。楊朱墨翟之言盈天下。天下之言，不歸於楊，則歸於墨。楊氏為我，是無君也。墨氏兼愛，是無父也。……楊墨之道不息，孔子之道不著，是邪說誣民，充塞仁義也。仁義充塞，則率獸食人，人將相食。吾為此懼，閑先聖之道，距楊墨，放淫辭……。昔日禹抑洪水而天下平；周公兼夷狄，驅猛獸而百姓寧；孔子成《春秋》而亂臣賊子懼。……我亦欲正人心，息邪說，距詖行，放淫辭，以承三聖者；豈好辯哉，予不得已也。能言距楊墨者，聖人之徒也。

此段之所以特見重要，乃因孟子在此處之言，實自述其懷抱；語皆鄭重，非尋常泛談可比。孟子歷數禹、周公、孔子三人之功業，然後自謂以「距楊墨」為志。蓋孟子視楊墨之言為天下大患，故以「距楊墨」為自身之歷史任務。此點在論孟子之學時另有闡述。此處所須注意者為孟子無視於當時其他論者之言，而獨標楊墨為其「息邪說」之大工作之對象。且孟子謂：「天下之言，不歸楊，則歸墨」；又謂：「楊朱墨翟之言盈天下」，則當孟子時，楊朱與墨翟之思想必皆盛行於當世，殆無可疑。然而《莊子．天下》及《荀子》〈非十二子〉及〈解蔽〉，評論諸家思想，則皆有墨而無楊。

案〈天下〉本非莊子本人之言，乃莊學後輩所記。但此一年代問題對此處之引證無甚關係，因〈天下〉成於孟子之後乃無可疑者。茲先引原文如下：

> 不侈於後世，不靡於萬物，不暉於數度，以繩墨自矯而備世之急；古之道術有在於是者，墨翟禽滑釐聞其風而悅之。……不累於俗，不飾於物，不苟於人，不忮於眾；願天下之安寧，以活民命；人我之養，畢足而止，以此白心；古之道術有在於是者，宋鈃尹文聞其風而悅之。……公而不當，易而无私，決然无主，趣物而不兩；不顧於慮，不謀於知，於物无擇，與之俱往；古之道術有在於是者，彭蒙田駢慎到聞其風而悅之。……以本為精，以物為粗，以有積為不足，澹然獨與神明居；古之道術有在於是者，關尹老聃聞其風而悅之。……芴漠无形，變化无常，死與生與，天地並與，神明往與；芒乎何之，忽乎何適，萬物畢羅，莫足以歸；古之道術有在於是者，莊周聞其風而悅之。……

案此段歷舉墨翟等十人，而無楊朱。此外，在原文此段之前論「道術」時曾謂：

> 其明而在數度者，舊法世傳之史，尚多有之；其在於《詩》、《書》、《禮》、《樂》者，鄒魯之士，搢紳先生，多能明之。《詩》以道志，《書》以道事，《禮》以道行，《樂》以道和，《易》以道陰陽，《春秋》以道名分，其數散於天下，而設於中國者，百家之學時或稱而道之。

此處雖未明言「儒」，但「鄒魯之士」，及「《詩》、《書》、《禮》、《樂》、《易》、《春秋》」等語，皆顯然指儒學而言（案〈天下〉中並無攻訐儒者之詞，與〈內篇〉、〈外篇〉各篇之立場不類；此為〈天下〉非莊子本人意見之

「陽」通「楊」，「居」與「朱」音可轉。且〈寓言〉所記「陽子居」與老聃之事，亦見於《列子》書中，而作「楊朱」。《列子》書雖為偽作，但偽作者襲《莊子》書中此節而下筆時，以「楊朱」代「陽子居」，則正可見解莊者歷來以「陽子居」為「楊朱」。

由此等材料可知楊朱在《莊子・雜篇》時代尚偶有人語及，但不列於評論中，即見其地位之衰落。〈應帝王〉中提及「陽子居」，亦視為問學於老聃之人，而不視為一派之代表。

欲探究楊朱思想衰息之原因，必須涉及楊朱思想之內容。一派思想之衰息，通常不外二種狀況。或因人普遍否定其思想方向而自衰，或因有同方向而較成熟之思想興起而被取代。今欲斷楊朱思想之衰屬何狀況，必先觀其思想方向所在。否則，無論就何狀況看，均無從下判斷。

楊朱之說，已不可考。但其大方向所在，仍可據他人之轉述而見之。近人言及楊朱者，大抵皆據以下數段材料：

《孟子・盡心》上之材料：

孟子曰：楊子取為我，拔一毛而利天下，不為也。

《呂氏春秋》中之材料（雜家）：

陽生貴己。❸

《淮南子》中之材料（雜家）：

全生保真，不以物累形，楊子之所立也，而孟子非之。❹

---

❸《呂氏春秋・不二》。

❹《淮南子・氾論訓》。

據此數項材料，楊朱學說之大方向似不外以下二點：

第一、楊朱肯定一「我」或「己」。

第二、楊朱否定「物」。

然則，楊朱所肯定之「我」或「己」究竟是何意義？最顯而易見者是：此所謂「我」或「己」，不能是「物」；因楊朱已否定「物」。其次，「全生保真」一語中之「生」與「真」顯然即為楊朱所肯定者。由此，吾人可斷定，楊朱所肯定者應是一與「生」及「真」觀念相符之「我」（或「己」）；而非「物」義之「我」。

就「生」以言「我」，又離「物」義；則此非「物」而又屬「生」觀念之「我」，即決不能指「物欲」中之「我」；如此，吾人可知楊朱所肯定者應為一「超形軀義之生命我」。而所謂「真」即指「不累於物」之純生命情趣；至於「形」字則雖易使人困惑，但只足見楊子就「生」言「我」時之欠嚴謹，未可以據之否定以上判斷。

楊朱肯定一「生命」，但有時可能仍與「形」觀念相混（《淮南子》中所以有「不以物累形」之語，可能即因漢代人所傳之楊朱思想中，有「形」字出現）；此不足怪。吾人正可由此見楊朱為最早言「生命我」之人。其言為最早一階段之學說，故未能嚴格。

再視道家之說，則老莊顯然皆肯定「生命我」者；老子以「善攝生者」為「得道者」之別稱（此見《老子》第五十章，解釋見下節）；莊子則明言「養生」之義，而有〈養生主〉一篇。且在〈內篇〉、〈外篇〉中反覆發揮此義（見下節），其語甚精嚴，蓋屬「生命我」理論之晚期。

「生命我」即「情意我」；因就「活動」言，「情意活動」即以純粹「生命我」為根者。凡肯定「生命我」或「情意我」者，必貶斥「德性我」及「認知我」。老莊之言皆於此二面之否定有所發揮，固人所習知者。楊朱之言，雖不可詳考；但就已有之材料觀之，其所肯定者既是一「生命我」，則其大方向與老莊同，亦極明顯。

道家偽書如《列子》，即強使楊朱位於老子之徒之列；《莊子‧寓言》亦有類似說法。其所以如此，可能即因道家人物自己亦覺察楊朱與道家思想原為同向。

楊朱本人之思想，由於材料太少，在中國哲學史中不能專為論析；僅附於此略言之。而此處所牽涉之大問題乃在道家思想之源流及時代問題。

楊朱之說，一度極盛，其衰則應在孟子之後，〈天下〉時代之前。此一階段正是老莊之說興起之際。孟子生卒僅早莊子數年，而孟子時目中固無莊子，僅言楊墨，足見其時老莊思想尚未被視為一獨立學派；何以如此？蓋因老莊思想接近楊朱，故當時為楊朱所掩，合為一派。而日後楊朱思想之衰亦正由於老莊思想之興。老莊思想遠較楊朱成熟。《道德》、《南華》之說大行，楊朱之言遂衰息。此於理甚明者。

合以上所論，可得以下之結語：

第一、楊朱思想在孟子時極盛，至〈天下〉時代即衰，其後遂息。

第二、楊朱之說衰息時，道家之說大行。

第三、楊朱思想之內容，大方向上與老莊同，皆肯定生命情意我者。而老莊立說較楊子為精。

故可知楊朱思想之所以衰，實由於道家思想後來居上。以精代粗，乃同方向之哲學思想發展之通例。楊朱思想與老莊同方向，而精到不逮老莊；則其被老莊思想所取代，乃當然之事。

就道家思想言，吾人於此可作一斷定，即：此思想乃起自楊朱者，但在統系上楊朱與老莊間無傳承關係。就盛衰之經過言，則在孟子時，楊朱尚為代表此派思想之人物；莊子沒後，則言道家之說者悉宗老莊；楊朱偶被人提起，亦降為老子之徒之列。

貳　老子與《道德經》中之思想

所謂「老子」其人之時代，所以成為問題，首須解釋。

一、老子其人

在論《道德經》思想之前，先當略論老子其人其書之時代。司馬遷《史記》中有〈老子韓非列傳〉，就常理言，史籍有傳之人，本不應有所謂時代先後之疑；然老子其人之時代所以成疑，則正因傳文本身而起。茲先引《史記．老子韓非列傳》原文如下：

老子者，楚苦縣厲鄉曲仁里人也。姓李氏，名耳，字伯陽，謚曰聃，周守藏室之史也。

孔子適周，將問禮於老子。老子曰：子所言者，其人與骨皆已朽矣；獨其言在耳。……孔子去，謂弟子曰：鳥，吾知其能飛；魚，吾知其能游；獸，吾知其能走；……至於龍，吾不能知……吾今日見老子，其猶龍邪？

老子脩道德，其學以自隱無名為務；居周久之，見周之衰，迺遂去；至關，關令尹喜曰：子將隱矣，彊為我著書。於是，老子迺著書上下篇，言道德之意五千餘言而去，莫知其所終。

或曰：老萊子亦楚人也；著書十五篇，言道家之用，與孔子同時云。蓋老子百有六十餘歲；或言二百餘歲……。自孔子死之後百二十有九年，而史記周太史儋見秦獻公曰：始秦與周合……。或曰：儋即老子；或曰：非也。世莫知其然否。

老子，隱君子也。老子之子名宗，宗為魏將，封於段干；宗子注，注子宮，宮玄孫假；假仕於漢孝文帝，而假之子解，為膠西王卬太傅，因家於齊焉。

世之學老子者則絀儒學。儒學亦絀老子。「道不同不相為謀」，豈謂是邪？李耳無為自化，清靜自正。

以上之傳文，涉及六項問題：㈠姓名問題。㈡孔子問禮問題。㈢出關及著書問題。㈣年齡問題。㈤老萊子及太史儋問題。㈥世系問題。

關於此六項問題，自葉適、宋濂、畢沅、汪中、崔述、王念孫諸人，以至章炳麟、馬敘倫、梁啟超、胡適、唐蘭、馮友蘭之屬，皆有所論辨。顧所爭者多而所斷者少；蓋亦文獻不足，易疑而不易徵信之故。茲先分別略述此六問題其所以成問題之故，再擬一暫定之論斷。

㈠姓名問題

傳文中明言老子姓李名耳，字伯陽，諡曰聃；但鄭康成注《禮記・曾子問》，釋「老聃」則曰：「老聃，古壽考者之號。」故考者（如唐蘭）乃謂，鄭康成不應未見《史記》，何以不言「姓李名耳」？且以「古壽考者之號」釋「老聃」，顯然視之為一不知姓名之人；鄭康成時之《史記》必尚無「姓李名耳」之文，否則鄭注不致如此釋之。由此，則此文之真偽難定，而老子之姓名遂成問題。

又司馬貞索隱本，作「名耳字聃姓李氏」，注謂「有本字伯陽，非正也。」王念孫據此而旁徵《後漢書・桓帝紀》之注及《文選・反招隱詩》注，斷定《史記》原本之文是「名耳字聃姓李氏」，而今本之文為後人所竄改而成。「伯陽」之號出於《列仙傳》，依此，則《史記》傳文早被人竄改。第此點尚只涉及名字問題，未影響老子之姓「李」。

鄭康成釋「老聃」而不言「姓李名耳」，則產生老子是否姓「李」之問題。且觀傳文，前既確言老子之姓氏，後復以疑似之詞指「老萊子」及「太史儋」可能即為「老子」，此最可疑。關於「老萊子」及「太史儋」之問題，當在下㈤項中論之。此處可說者是：老萊子或為「老」姓，或如畢沅《道德經考異》序文所言，姓「萊」而以壽考稱「老」，總之並非姓「李」。何以司馬遷既知「老子」之姓為「李」，又疑與「老萊子」為一人？至於太史儋，《史記》亦無太史儋姓「李」之文。何以亦疑其與「姓李氏，名耳」之「老子」為一人？司馬遷或不知老子姓氏，或確知老子姓氏，如不知，則「姓李氏」云云即為偽作之文；如確知老子姓「李」，則後文之疑須另有解釋。蓋作史者苟能確言某人之姓名，則不應又疑某一另有姓氏之人與此為一人，此理甚明。今傳中乃有此最可疑之文，則老子之姓名不能不成為一問題。

㈡孔子問禮問題

關於孔子「問禮」於老子之說，《史記》似取材於《莊子》，前人已有言之者。此外，則有《禮記・曾子問》中之材料，一向被人視為孔子曾「問禮」於老子之證據。茲引原文如下：

> 曾子問曰：葬引至於堩，日有食之，則有變乎？且不乎？孔子曰：昔者吾從老聃助葬於巷黨，及堩，日有食之。老聃曰：丘，止柩就道右，止哭以聽變；既明反而後行，曰：禮也。……

又有答曾子問下殤葬禮之言：

> 孔子曰：吾聞諸老聃曰：昔者史佚有子而死，下殤也。墓遠，召公謂之曰：何以不棺斂於宮中？史佚曰：吾敢乎哉。召公言於周公，周公曰：豈不可。史佚行之。……
>
> 子夏曰：金革之事無辟也者，非與？孔子曰：吾聞諸老聃曰：昔者魯公伯禽有為為之也。今以三年之喪從其利者，吾弗知也。

除此以外，《莊子》及《孔子家語》中尚有言問禮者，但《家語》本為偽書。《莊子》寓言十九，所記尤不可信。

故關於「問禮」一事之討論，仍當以《禮記》及《史記》之材料為主。

《史記》除在上引之〈老子韓非列傳〉文中述「問禮」之事外，在〈孔子世家〉中亦有記載。茲引出如下：

> 魯南宮敬叔言魯君曰：請與孔子適周；魯君與之一乘車，兩馬，一豎子俱，適周問禮，蓋見老子云。辭去而老子送之曰：吾聞富貴者送人以財，仁人者送人以言。吾不能富貴；竊仁人之號，送子以言；曰：聰明深察而近於死者，好議人者也；博辯廣大危其身者，發人之惡者也。為人子者毋以有己；為人臣者毋以有己。孔子自周反於魯，弟子稍益進焉。

案在此一段之前，有「孔子年十七」之文，其後則有「魯昭公之二十年，而孔子蓋年三十矣」等語；依此，「問禮」之事似應在孔子十七歲至三十歲之間。然此與史實舛違，蓋在此十三年中南宮敬叔與孔子適周之事不可能。何以言不可能？考南宮敬叔生於魯昭公十二年而孔子生於魯襄公二十二年。襄公三十二年薨，昭公立，昭公元年，孔子年十一；則孔子年二十二時，南宮敬叔始生。孔子年三十，南宮敬叔年九歲，豈能從孔子遠遊問禮？

此乃無可置疑之史實。則《史記》中「問禮」之記載不能自立。又觀〈曾子問〉之文，孔子與老聃同見日食，則孔子「問禮」之年必是一有日食之年。閻若璩即依此以考定孔子適周之年為昭公二十四年，《四書釋地續補》曰：

> 惟昭公二十有四年夏五月乙未朔日有食之，見《春秋》。此即孔子從老聃問禮時也。❺

❺ 案終昭公之世，日食而有記載者凡七：①七年四月（甲辰朔）。②十五年六月（丁巳朔）。③十七年六月（甲戌朔）。④二十一年七月（壬午朔）。⑤二十二年十二月（癸酉朔）。⑥二十四年五月（乙未朔）。⑦三十一年十二月（辛亥朔）。⑧中國不見。閻氏誤。

但昭公二十四年，南宮敬叔年僅十三歲，亦不能從孔子適周。次年，昭公又已奔齊，孔子亦去魯，無由請車馬於魯君。

又有據《莊子・天運》而謂孔子五十一歲見老子者。但孔子五十一歲為魯定公九年；不特是年無日食，閻若璩已言之。且定公九年孔子為中都宰，定公十年孔子與夾谷之會；蓋始終未離魯，何能「問禮」？

故《史記》所述「問禮」之事，考之史實，舛謬顯然；且他說亦多不可通。「問禮」之事遂成為一問題。而此乃影響老子其人之有無者；因《史記・老子韓非列傳》僅述「問禮」及其出關著書二事；似老子生平為人所知之事實僅此二項較詳。今「問禮」之事既不可靠，則傳文益不可信。至於出關著書之事，則問題尤多。

㈢出關及著書問題

《史記》所載老子應「關令尹喜」之求而著《道德經》事，言之鑿鑿；但「關令尹喜」四字之解釋本身即成問題。通常不外二說，其一以為「喜」為人名，「關令」二字連讀，而以「尹」為姓。故《列仙傳》有「著書九篇，名《關令子》」之說，而《莊子・天下篇》釋文亦謂：「關尹，關令尹喜也。或曰：尹喜字公度」。「字公度」之說顯為後人臆造，姑置不論。以「尹喜」為人名，則是以「關令」為官名矣。然考諸子，則《莊子》〈達生〉及〈天下〉二篇中，均稱「關尹」，《呂氏春秋・不二》亦謂「關尹貴清」。皆無稱「尹喜」者。而《漢書・藝文志》又有「《關尹子》九篇」，注曰：「名喜」。則又皆是「關尹」二字連讀，「令」字無著落。且周制又未見「關令」之名。故此一讀法大成問題。其二則以「令尹」為官名。或以為「關令尹」三字合而為官名，「喜」為人名。此因〈藝文志〉注，劉向《別錄》及《呂氏春秋・審己》高注，皆只言「名喜」，而不明書姓氏，故視「關令尹」三字為官名。但無論「令尹」或「關令尹」，皆非周制中之官名；因「令尹」之官，唯楚有之，且乃司國政之臣非守關之人。周制則僅有「關尹」之名。《國語・周語》有：「周之秩官有之曰：敵國賓至，關尹以告……。」云云。則唯有作「關尹」始可通；但《史記》傳文中則明明為「關令尹喜」四字，此見傳文非真。而〈天下〉釋文及《列仙傳》皆亦言「關令尹喜」，大抵同《史記》之訛；然今日終不能斷之。

其次，老子「至關」而遇「關令尹喜」，此「關」為何關？已往有二說。《抱朴子》以為：「老子西游，遇關令尹喜於散關」；又謂：「或以為函谷關」。蓋向有「散關」及「函谷關」二說，故《抱朴子》並及之。考《國策》及《史記》本書之文，凡獨稱「關」者，皆指「函谷關」；如〈秦策〉：「故蘇秦相於趙而關不通」；「甘茂亡秦，且之齊，出關遇蘇子」及〈趙策〉：「……魏塞平道，趙涉河漳博關……」；皆以「關」指「函谷關」。《史記》中則〈項羽本紀〉、〈高祖本紀〉皆屢言「入關」，「關」悉指「函谷關」，更為人所熟知。依此，《史記・老子韓非列傳》文中「至關」一語，所指應為「函谷關」。似無可疑。但「函谷關」最早可考者唯〈過秦論〉中「秦孝公據崤函之固」一語。畢竟此關設於何時，則不可知，汪中以為應在秦獻公之世；然若在獻公之世始有「函谷關」之設，則後於孔子百年，老子何能在此遇「關令尹喜」乎？由此，「出關著書」之說又成問題。

㈣年齡問題

此點為傳文中最荒謬之處，所謂「蓋老子百有六十餘歲，或言二百餘歲」，乃不可能之事；悖於常理，不待論駁。《史記》傳文採此種荒謬之說，遂使老子神化，而上文言著書事後又綴以「莫知其所終」五字，儼若小說中所謂「成仙」者然；考之《莊子》，尚有「老聃死，秦失弔之」之文，則《史記》所載老子年齡之謬妄，實甚明顯。而年齡既無可靠記載，老子其人之時代遂益難考。

㈤老萊子及太史儋問題

此點尤為怪誕可笑。案《史記・仲尼弟子列傳・序》明言：「孔子之所嚴事，於周則老子，於楚老萊子」；司馬遷本人顯知「老萊子」非「老子」；且既云老萊子「著書十五篇」，則與「上下篇」之五千餘言豈能為一事？

然傳文似疑「老子」又即「老萊子」，此不可解。且《漢書・藝文志》中「老萊子」與「老子」之著作尚皆存，則司馬遷時有此疑益為無理。

太史儋亦疑與老子為一人；此或由於「儋」與「聃」互通之故，昔人已言之，而且亦與世系問題有關（見下）。但至少有兩點為不可解：其一，「自孔子死之後百二十九年」一語失真。因太史儋見秦獻公，〈周本紀〉與〈秦本紀〉均載其事，蓋在周烈王二年，秦獻公十一年，即西元前三七四年是；孔子沒於西元前四七九年，下距太史儋見秦獻公實一百零五年；何以《史記》稱「百二十九年」，相差竟二十餘年？其二，太史儋說獻公之語，無道家氣息，與此傳老子聲口迥不相同，司馬遷何以疑其為一人？

除此二疑外，根本《史記》何以一面以老子為孔子之前輩，一面復以百年後之太史儋為老子？乃一必須注意之問題。

㈥世系問題

傳文既疑老萊子及太史儋與老子為一人，前後文又有「莫知其所終」及「世莫知其然否」之語，似司馬遷對老子其人僅有傳說中之知識。但後接一世系記載，又謂：「老子之子名宗……」云云，儼然又熟知老子其人之年代。此點復引起許多問題。畢沅、汪中以及現代人馮友蘭皆由此推斷老子其人；或以為即太史儋，或以為是戰國時代另一李耳，而與莊子所稱之「老聃」別為二人。梁啟超與胡適且在此問題上大生爭執。梁氏以為孔子十三代孫安國之時代為漢景帝及武帝時，乃與老子八代孫同時，相差五代之多；則老子似不能為孔子前輩。胡氏則以為人壽有長短不同，經若干代後，可能有此種變化；曾引胡氏本人世系與梁氏世系為例，說明其可能。此外又有人以為「玄孫」不必即如《爾雅》所釋指第四代孫；爭議極多。然考史實，則問題實較各家所議者尤為嚴重。

傳文謂「假之子解為膠西王卬太傅」，依所載世系，解上溯至老子共九代（中闕三代之名）。而膠西王卬在景帝三年謀叛自殺；景帝三年為西元前一五四年；解為膠西王卬太傅，不得晚於是年。以是年為定點，解當時設年為五十（據其父年推之，見下）再設上溯各代，每代相差三十歲；則推至老子時，老子應生於西元前四五四年左右，距孔子之死尚晚二十五年，距孔子之生則晚九十七年。

且解之父假仕於漢文帝時，文帝元年為西元前一七九年，假之仕不得早於是年；此又可作一定點。假當文帝元年時若年五十，解當時最大不過為三十歲，推至前一五四年，解僅得五十五歲，倘取相差三十歲之例，則解只能有四十五；取其平均數，則解不應在前一五四年超過五十歲。而假仕於漢文，其年在漢文元年時亦難超過五十歲；故以上之計算應不悖情理。但據此則老子少於孔子幾近百歲，且孔子死時，老子尚未生。

其次，就「老子之子名宗，宗為魏將，封於段干」言，魏在孔子沒後六十七年始列於諸侯，梁啟超已言之。汪中以為老子之子應即為「段干崇」；所據為《國策・魏策・世家》。案《史記・魏世家》：「安釐王四年，秦破我及韓趙，……魏將段干子請予秦南陽以和」。《國策・魏策》：「華軍之戰，魏不勝秦；明年將使段干崇割地而講……」。「段干子」即「段干崇」，「崇」即其名；「崇」與「宗」通，故汪中即視「段干崇」為「老子之子」。然考魏安釐王四年為周赧王四十二年，即西元前二七三年；下距漢景帝三年（前一五四年），得一百一十九年。而世系中解與宗相隔七代，且於漢景帝三年前，解已任膠西王卬太傅，不能年齡過小；無論如何，一百一十九年中減去解之假設年齡後，決不足分配於七代（不減解之年亦不足作七代），則「段干崇」不能為世系中之「宗」。但捨此外，魏將中可考者即無一人名「宗」或與「宗」相通之字者。

總之，此一世系是否能作為屬孔子前輩之老子之世系，即成問題。汪中以「段干崇」為「老子之子」之說，則決不可通。

以上分述有關老子其人之六項問題。此各問題以文獻不足，皆難作確斷。今只能試作一在理論上[illegible]能性較大之假說。凡實不可擬斷者即斷其為不可斷。

吾人仍當自姓氏問題著手論之。

〈老子韓非列傳〉為後人所改易，此點固甚顯明。但老子「姓李氏」之說，不論是司馬遷所記，抑為後人所增，必應有其發生之原因。

在上文已指出，傳文前既明言老子姓李氏，則何以與老萊子（或姓老，或姓萊）及太史儋（姓氏未詳）混為一人，乃一問題。今即就此著手論老子之姓名問題。

先就老萊子而論，老姓何以與李姓混？此須就「李」，「老」二字之古音考之。

案夏炘《詩古韻表》中二十二部之分，「李」字屬「之」部第一，「老」字則屬「幽」部第二。「之」與「幽」雖分部，但以老子《道德經》中之用韻觀之，則「之」與「幽」二部則常用以互諧；例如：

> 持而盈之，不如其已。揣而梲之，不可長保。金玉滿堂，莫之能守。富貴而驕，自遺其咎。功遂身退，天之道。❻

此中，「保」、「守」、「咎」、「道」四字皆屬「幽」部，而「已」字則屬「之」部。又如：

> 迎之不見其首，隨之不見其後，執古之道，以御今之有，能知古始，是謂道紀。❼

此中，「首」、「道」二字屬「幽」部；「有」、「紀」二字則屬「之」部。又如：

---

❻《道德經》九章。

❼《道德經》十四章。

不失其所者久，死而不亡者壽。❽

此中「久」屬「之」部，「壽」屬「幽」部。又如：

物壯則老，是謂不道，不道早已。❾

此中，「老」、「道」屬「幽」部，「已」屬「之」部。

就以上數例言，「之」與「幽」二部互諧，已極顯然（此外《道德經》中亦常以「之」、「侯」二部互諧；如「知足不辱；知止不殆，可以長久」之類，因與本題無關，姑不及之）。

凡二部之韻能互諧者，韻中各字讀時，韻母必相同或極相近。「之」與「幽」二部既互諧，則此中各字之韻母即相同或極相近。再觀「老」、「李」二字之紐，則顯然同為來紐。紐同而韻亦同，則二字之音值相同；紐同而韻極相近，二字之音值必極相近。今「李」、「老」二字紐同而韻或同或極相近，則二字之音值相同，至少極相近。

再考先秦諸子中之人名，在後代及當時又每每見以同音值之字互代之例，如「荀卿」稱「孫卿」，漢人之避諱也；「楊子」作「揚子」或「陽子」，則當時所通用也。「老」之與「李」，當亦類「荀」之與「孫」，「楊」之與「揚」或「陽」。蓋二字音值既同（或極相近），遂有互為代用之事。

明乎此，則「老子姓李氏」之說，可見其起源。而司馬遷所以疑「老萊子」即「老子」，當即因二人之姓皆讀為「老」或「李」之故。太史儋之名與「老聃」同；老萊子之姓與「老聃」同；此皆為前人所已言之者。但今考「李」，「老」同音，則可進一步考知太史儋大概全名實為「李儋」，以音同遂與「老聃」混；而太史公訪求

❽《道德經》三十三章。
❾《道德經》三十章。

世系，即誤訪得「太史儋」之世系；於是「老子姓李氏」之說遂出矣。但《史記》中不記太史儋之姓氏，故益啟後世之疑。其實，太史公所以不言其姓氏者，蓋以二人之姓氏相同，故視為不必敘述耳。

此處應說明何以知〈老子韓非列傳〉文中之世系為太史儋之世系。此仍須以年數推之。

案太史儋見秦獻公為西元前三七四年事；下距膠西王卬死之年（前一五四年），適為二百二十年。以八代計之，則平均二十七歲半，為每代歲差較正常之數字。且魏列於諸侯，在西元前四一二年，先於太史儋見獻公之年約三十八年。此時太史儋之子不過始生或且未生，則成人後自可為魏將。皆無不合情理之處。

此處應一究《史記》傳文中所載世系之來源問題。司馬遷既以為老子至關著書而去，莫知所終，則何由知其世系？前人即於此推知世系別有來源。今案傳文前後所載，矛盾誠多。然此世系之資料，史公必得之於當時之人；以其年度之，大半即出於李解之口述。解知其先世有「李儋」其人，為周之史官，以「李儋」與「老聃」音同，故以告史公；史公亦疑此一「李儋」（老聃）與相傳為孔子前輩之人相距年代太遠，故一面依此而有老聃年二百餘歲之說，但另一面標明「自孔子死之後百二十九年」一語（案此數亦誤，見前），以志其疑。但終因姓名音同，故仍錄之。吾人今考其年代，則知此一世系中言之第一代，唯有歸於太史儋為最合情理。

倘世系果為太史儋之世系；又其所以相混之故果由「李儋」與「老聃」同音而來，則老子姓氏可得一假說，則即姓「老」（同「李」）是也，「聃」應為其名；字謚之分，伯陽之號，悉難考定。

先秦典籍中凡稱某子者，以取姓為最多；「老聃」稱「老子」亦見「老」宜為其姓氏。姓「李」之說，由「李」，「老」同音而來。此可解傳文中之疑。

然則太史公既知「老」，「李」同音，究為何不直書「老子名聃」，如「莊子者……名周」之例，而獨書「姓李氏」？此乃涉及姓氏用字之時代問題。考春秋二百餘年間，無記「李」姓之文；而《左傳・成公十五年》書宋有司馬老佐；昭公十四年又書魯有司徒老祁；是春秋以前有「老」姓而無「李」姓矣。《左傳》又有「里」姓者，後出之書即作「李」；如閔公二年晉有「里克」，《呂氏春秋・先己》注即作「李克」；「李」姓最早見於《國策》，如「李悝」，「李克」，「李牧」之屬，而不見「老」姓。吾人倘已審「李」，「老」二字之古音，則可推知，「老」、「里」、「李」三字乃一姓氏之三階段。捨「里」字不論，就「老」與「李」言，則戰國前作「老」，戰國後作「李」；太史公時只書「李」姓，故遂言老聃「姓李氏」。

依此，則老子應本以「老」為姓，後書為「李」。《史記》「姓李氏」之文，未見其謬誤。但如前論此問題時所提及，鄭康成《禮記注》中不舉姓氏，僅以「古壽考者之稱」釋「老聃」，故考者遂以為疑，而視「姓李氏」之文為後人所竄改。然則吾人今倘謂「姓李氏」之文實無可議，則何以釋鄭注之疑？

於此，吾人進至另一問題，由之以論「孔子問禮」之傳說。

考者所以據鄭注而興疑者，實依於一先在假定而為言。此假定即：「鄭注〈曾子問〉時，必視此處所言之『老聃』與《史記》所載之『老聃』為一人。」然此不可「必」。因鄭氏所以視「老聃」為通稱，而不視為姓名，正可能由於鄭氏並不以為〈曾子問〉中之「老聃」即一向與莊子並稱之「老聃」。

《史記》傳文大抵據《莊子》及漢初言黃老者之傳說；所言之「老聃」今姑名之為「道家之老聃」。以此與〈曾子問〉中所記「言禮之老聃」比照而觀之，再審其應為一人或應為二人。

茲舉四證以明其為二人：

第一、〈曾子問〉中「言禮之老聃」乃職業禮生；「道家之老聃」則說為周之史官。其業不同。

第二、「巷黨」只可能為魯之地名，非周之地名；「道家之老聃」傳說中乃與孔子相見於周者。其地不同。

第三、《史記》及《莊子》所載孔子見「道家之老聃」之年，皆悖於史實，前已論之；乃可推翻之偽說。而

〈曾子問〉之記載，至多僅屬真偽難定，無法斷其為偽。故此二種資料之真偽程度不同。

且「道家之老聃」與孔子之故事，既由史實考知其說之妄，則可進一步視之為道家創以尊其所宗之虛構；而《禮記》則為儒家後學所彙編，決無故意造一教訓孔子之「老聃」之理。故「道家之老聃」教孔子之說，其偽可以解釋（證其偽乃在其說之悖於史實。是另一事）；而〈曾子問〉中「言禮之老聃」教孔子之言，則無法解釋其偽作之故。

第四、「言禮之老聃」全無道家色彩；「道家之老聃」亦素未有說為通禮者。此見其思想之不同。

近人爭論此問題，每謂人之思想可以變化，遂謂「言禮之老聃」可能仍與「道家之老聃」為一人。思想變化之可能，固不能否認；但吾人必須在其他方面先有證據以證此二「老聃」為一人，然後方能採此觀點以解釋此一人何以有兩種迥異之思想。今《史記》傳文及《莊子》所載，均已見不合史實，則吾人已不能據傳文而說二「老聃」為一人。思想變化之說本身則斷不能作論據。倘其他方面之資料皆支持二「老聃」為一人之說，獨有「思想」方面之困難，則吾人可依思想變化之觀點解釋之；否則此一觀點全無考證意義，僅表一邏輯意義之可能而已。

而且倘就道家本身所談之「孔子問禮」之傳說觀之（包括《史記》傳文），則此類記載亦皆以為孔子見老聃時，老聃持道家態度與之言；分明不是仍為禮生，亦不應有同主持喪葬之事。此二「老聃」之不能合一，即愈明顯。

以最謹慎之態度處理此問題時，吾人只能說，此二「老聃」無確定理由合為一人；而康成之注與《禮記》之學派立場，皆可作為斷此二「老聃」為兩人之據。此二「老聃」如視為二人，則不唯老子姓名之疑可解，且「孔子問禮」之傳說，亦可得一較近理之解釋。

道家所言之老子，姓「老」（即「李」）而名「聃」；孔子問禮者則是另一老禮生，其姓名不傳，稱曰「老聃」，乃一通稱。而莊子以後道家者流故作抑孔尊老之言，遂取此二「老聃」合而為一，而造出老子教訓孔子之故事。

總之，〈曾子問〉中之「老聃」另有其人，為孔子前輩；並非「道家之老聃」。然則，「道家之老聃」果有其人否？其時代又何如？

此可由以下數方面觀之：

第一、《莊子．天下》稱「關尹老聃」。《莊子》固多寓言，〈外篇〉、〈雜篇〉各篇中所述老聃及他人之事自亦皆不可信。然〈天下〉乃評論當世各學派者，倘根本無某一人存在，則無偽造某人而為評論之理。今〈天下〉既論及「關尹老聃」之學，則至少作〈天下〉者必知有此二人存在，故論其說。依此，則「道家之老聃」應有其人。但如上所論，此人不能與〈曾子問〉中之老聃為同一人耳。

第二、《史記》傳文固令人生疑，但司馬遷作傳時所以有老萊子及太史儋與老聃相混之病，當正由於有一「老聃」而不詳其生平，乃多懸擬之語。故傳文乖謬不能作為「老聃不存在」之論據。

第三、孔子見「道家之老聃」之故事，雖出道家之偽作，但此故事之偽不能證老聃其人之不存在。且《莊子．內篇》最早言老聃，而並無孔子問禮之說。〈內篇〉言老聃者三處：

〈養生主〉：

老聃死，秦失弔之，三號而出。

〈德充符〉：

无趾語老聃曰：孔丘之於至人，其未邪？彼何賓賓以學子為？

〈應帝王〉：

陽子居見老聃曰：有人於此……如是者可比明王乎？

此三項中，唯〈德充符〉項尚似有言孔子慕老聃之意，但亦未言「問禮」；餘二段皆直寫「道家之老聃」，未用儒者作襯托。

至〈外篇〉中，則言孔子問道於老聃者多次，〈天道〉中且有孔子適周見老聃之故事，〈天運〉中又有孔子以「龍」擬老聃之說，皆《史記・老子韓非列傳》文所取材。今比而觀之，即可知莊子本人原未造出孔子問道問禮於老聃之故事，只極力推崇老聃而已。吾人如僅就此種推崇老聃之言觀之，則誠不能斷老聃其人之有無；但以〈天下〉證其人之應有後，則再據《莊子・內篇》以考此「老聃」之時代，而將「問禮」之傳說劃開；吾人即可知，莊子之前應有一名「老聃」之人，其人之說至〈天下〉時代仍甚盛；而「問禮」之故事，則是莊子後輩造出者；吾人雖能考知此故事之偽，但不礙老聃其人之存在。

「道家之老聃」即應為代表《道德經》思想之老聃。如上所論，此人大略先於莊子，但是否與孔子同時則不可考。〈德充符〉之材料只能證老聃先於莊子且為莊子所稱道，不能證其與孔子同時，因上下文所述仍有寓言成分也。

至此，吾人已將「〈曾子問〉中之老聃」與「道家之老聃」劃為二人；且略測「道家之老聃」之時代；於是「孔子問禮」之故事如何形成，亦可見大概。

如上所述，莊子推崇「老聃」，尚未造「孔子問禮」之說，蓋莊子所了解之老聃本非一習「禮」之人也。但〈德充符〉中言孔子「學」老聃，遂為「孔子問禮」之故事播下種子；莊子後輩可能知魯有號「老聃」之習禮者，為孔子前輩，且曾與孔子共主喪葬之事（如〈曾子問〉所載），於是遂造出「孔子問禮」之故事。又莊子約生於西元前三六九年左右，後於太史儋見秦獻公之年約五年，則莊子後輩可能知有此一名「李儋」(與「老聃」同音)之周史官，遂再進而造出孔子「適周」之說，於是有〈天道〉中之故事。案〈天道〉謂：

孔子西藏書於周室，子路謀曰：由聞周之徵藏史有老聃者，免而歸居，夫子欲藏書，則試往因焉。孔子曰：善。往見老聃。

此篇較〈天下〉尤晚，蓋「藏書」之說乃秦火後之人所言，故此篇大抵成於秦末漢初。此時，「孔子適周問禮」之故事即大致形成。而同時道家者流談孔老關係者當甚多，故又有〈天運〉中孔子之沛而見老聃之說。案〈天運〉謂：

孔子行年五十有一，而不聞道；乃南之沛，見老聃。老聃曰：子來乎！吾聞子北方之賢者也。子亦得道乎？

其下遂作老聃教訓孔子之語。同篇另一段又謂：

孔子見老聃，歸，三日不談，弟子問曰：夫子見老聃，亦將何規哉？孔子曰：吾乃今於是乎見龍……

此數篇材料再後即合為司馬遷《史記》中之記載。除「五十有一」之年齡記載，司馬遷因知孔子是年方仕於魯，故未取，其外所述「適周」及孔老問答之故事，悉本於以上數篇。前人亦屢有言及者，玆不贅述。

總而言之，「孔子問禮」之故事，乃由莊子推崇老聃而起。〈曾子問〉中之「老聃」與為周史官之「太史儋」被莊子後輩取而與莊子所稱之「老聃」合為一人，遂造出此一套故事；司馬遷信之，乃作成〈老子韓非列傳〉文及〈孔子世家〉中之記載；然其偽不可掩者，在於年代觸牾。故今日吾人猶能考見之。

「道家之老聃」應即姓「老」名聃；「李」姓乃由「老」而來。此為老子姓名問題之解答。

「孔子問禮」之故事，由莊子後輩造出，其過程略如上論。《禮記・曾子問》中之「老聃」則另為一人。此故事大略在司馬遷之傳文中方全部形成。其前固眾說紛紜也。此為「孔子問禮」故事之解答⑩。

此外，老聃至關見「關令尹喜」而著書之說，除「關令尹喜」四字中之「令」字必為後人誤加外，此一故事本身亦當為偽作。因此故事所述者，須假定為周史官之人與「道家之老聃」為同一人，方能成立。今為周史官之「太史儋」（「李儋」音同「老聃」）與「道家之老聃」無證據可說為同一人；而太史儋說秦獻公之語，近縱橫家而全無道家氣息；則吾人尚無理由以「太史儋」與「道家之老聃」為一人。如非一人，則「出關著書」之說不攻自破矣。

又今本《道德經》可能出莊子後（見下）。若以為所著之書即今本《道德經》，則更不能成立。

而且太史儋入秦乃史籍可考之實事。「道家之老聃」則似未至北方；秦中尤不見有道家思想之流傳。使「出關著書」之說果真，則「老聃」思想應先流行於北方——尤其秦地，何故〈天運〉中偽造故事時仍以「老聃」為南人？觀「老聃」稱孔子為「北方之賢者」，可知「道家之老聃」固一向被視為南方之學之代表人。其學說不流行於北方，亦由此可見。則「出關著書」之說益為難信。

至於「老聃」之年齡問題，則本不可考。《史記》傳文中「百有六十餘歲，或言二百餘歲」之說，則顯由史公惑於「孔子問禮」之說，又據所得之世系推溯者。其為謬妄，不待深論。

關於老萊子，無可多說；關於太史儋及世系問題，上文皆已論之。茲對有關老子其人之各項問題，作結語如下：

㈠老子應姓「老」名「聃」。「名耳」及「字伯陽」等說則難定真偽。「李」姓由「老」姓轉出，因「李」與

⑩《莊子》〈天道〉〈天運〉諸篇中並未直接標出「問禮」字樣，只言孔子問「道」，且述孔子講「仁義」而不作講「禮」。可能取《禮記》材料而造出「問禮」一點者即司馬遷本人。此點未能確定。但全套故事在《史記》中形成，則無問題。

「老」古音同。

㈡孔子可能曾與一號「老聃」（非姓名）之習禮者同主喪葬之事；但此非「道家之老聃」。「道家之老聃」大約在孔子之後。「問禮」之故事，乃莊子後為道家言者據莊子稱道老聃之詞而逐步編造以成者。此一編造之故事，至《史記》乃完全定型。但年代與史實乖違，今猶可考知其偽。

㈢「出關及著書」之傳說亦為偽作。

㈣年齡不可考。《史記》所載必誤。

㈤老萊子可能亦姓「老」，與「老聃」同姓。但與「老聃」無大關係。太史儋之姓名可能為「李儋」；司馬遷所得之世系由「李解」供給，因「李儋」音同「老聃」遂誤以為一人。《史記》未明書太史儋姓「李」，蓋以為不必重說。倘太史儋別有姓氏，則不能被司馬遷疑為「即老子」。

㈥世系應為太史儋之世系。依其年代考之，唯有作太史儋世系不悖情理。

×　×　×　×　×

關於老子其人之問題，聚訟久矣。上所論者亦未敢以為最後斷定。論據則力求其簡，然以牽涉太多之故，所說仍苦繁雜。苟再約而言之，則可說：有「道家之老聃」，莊子所稱者是也；有「習禮之老聃」，《禮記》所載者是也。又有為周史官或名「李儋」之太史儋，《史記・老子韓非列傳》文中之世系屬之；因「李儋」與「老聃」同音也。中國哲學史中所論述者唯「道家之老聃」。因已往人嘗合「習禮之老聃」及為周史官之「太史儋」與「道家之老聃」為一人，故考辨如上。

以下論《老子》其書之問題。

二、《老子》其書

關於《老子》其書之時代問題，前人之說大約皆著眼於以下兩點：

第一、文體問題。

第二、用語問題。

《道德經》中多用韻文。而觀莊子以前之著作如《論語》、《孟子》及孔後孟前之《墨子》等書，則皆係問答體。而人或據此而論《道德經》之時代。此又有兩說；或謂，韻文體先於問答體，故《道德經》之文體較《論》、《孟》等為古，由是而推斷《道德經》之時代先於《論》、《孟》及《墨子》。持此說者近人中以胡適為代表。或謂，老子《道德經》之所以為簡明之韻文，正因此書乃有計畫之著作；問答體則他人記言行之文。有計畫之著作後於問答體之記載，由是而推斷《道德經》為晚出之書。馮友蘭謂，《道德經》為簡明之「經體」，應為戰國時之作品；大致即持此一立場。

其實此問題未可如此輕斷。因自春秋至戰國，中國原有南北文化之分；南人文體多用韻文，北人文體多用散記。今觀《楚辭》，則南方文體之特徵固極顯著。而老子歷來相傳為楚人，則以楚人而作韻文，固可以在《論》、《孟》以前，亦可以在《論》、《孟》以後，僅執文體以斷老子《道德經》之時代，則難立任何可信之判斷。韻文與散記之分，未必即表時代前後之分，極可能表地域南北之分。

第文體問題亦有其重要性；蓋吾人可持以作辨別《道德經》中原文與後人增語之根據。此點在下文論之。

其次，關於《道德經》之用語問題，則所涉較多。此又可分兩點論之：

其一為有關書中晚出之語者。

晁說之即疑《道德經》三十一章非老子之書原文。焦竑則謂：

「兵者不祥之器」以下，似古之義疏。雜入於經者。⓫

梁啟超則指出「偏將軍」、「上將軍」皆戰國官名，而《道德經》三十一章中有「偏將軍居左，上將軍居右」之文，顯見為戰國人之著作；又指出「侯王」、「王侯」、「王公」及「萬乘之主」等語，皆非春秋時代習用者，並謂「仁義」二字連用始於孟子，而《道德經》中常以「仁義」連用；凡此皆視為老子之書晚出之證據。

此中「偏將軍」、「上將軍」等語之為晚出，似無可疑。但此恐未必能證《道德經》全書之時代早晚。蓋「夫佳兵者不祥之器」一章，大抵屬後人所加。「夫佳」二字置於章首，亦與《道德經》全書中之用法不同。蓋「夫佳」即「夫唯」，在《道德經》中「夫唯……」皆承上而為言。如：

功成而弗居，夫唯弗居，是以不去。⓬

水利萬物而不爭……夫唯不爭，故無尤。⓭

保此道者不欲盈，夫唯不盈，故能蔽不新成。⓮

天下皆謂我道大，似不肖，夫唯大，故以不肖。⓯

此外尚有類似者多處，總之「夫唯」二字皆承上文而為言。則三十一章中「夫佳兵者不祥之器」一語中「夫佳」

⓫《焦氏筆乘》。
⓬《道德經》二章。
⓭《道德經》三章。
⓮《道德經》十五章。
⓯《道德經》六十七章。

二字之用法，顯與全書用法不合，此亦可見此章極不可靠。但若此章為後人之作，則吾人僅可言此章之偽或晚出，尚未能據之言全書之晚出。

「萬乘之主」一語，亦應係戰國時語；因春秋時列國皆較小，只以「千乘之國」為大國，孟子始言「萬乘之國」。但此亦只能證書中此段之晚出，尚難證全書之晚出。

對以上諸晚出語之問題，辯者或引《易》〈坎〉、〈離〉象辭以證「王侯」、「王公」之語非晚出，或引《易・說卦傳》中「曰仁與義」之文以證「仁義」連用不始自孟子；其實皆嫌勉強；蓋《易》卦爻辭固應在周初完成，象辭則時代難定，〈說卦傳〉更可能為後人所作；以此為據，殊不可立。

然而總觀此問題，吾人僅能說《老子》書中雜入後人增語甚多，全書時代不能由此考定。

其二為有關特殊助字用法之問題。

自高本漢以虛字用法考《左傳》後，此一方法亦為史學界所接受。而張壽林作〈老子道德經出於儒後考〉一文，遂就「于」、「於」二字之用法以斷《道德經》之時代。蓋古文唯以「于」字作介詞，「於」字則用於「於戲」一類感歎詞中。「於」字獨用以作介詞而代「于」，《孟子》以後日多；至《莊子》書中則「于」字極少；蓋戰國以降，愈後則用「於」為介詞者愈多；今觀《道德經》中用「於」字五十一處，其中四十七處皆確作介詞用，另四處亦可能為介詞。則老子《道德經》之時代不能早於戰國。

案「於」、「于」二字之用法，在高本漢本視為「魯語」與「左語」不同之七證之一。二字先後之考，則為衛聚賢所作。衛氏列表示明，「於」與「于」二字使用之比例，在《左傳》中為「一九與一七」，在《國語》中為「九與二」，在《論語》中為「二一與一」，在《孟子》中為「九六與一」，在《莊子》中則為「八四九與一」（案衛氏所舉「《莊子》中二字之比例」，乃合〈內篇〉、〈外篇〉、〈雜篇〉而言之，故「於」字最多）。今案《道德經》中唯用「於」字而不見「于」字，此固可證其晚出，但亦可證其非用北方語言。蓋古文用「于」之證據，無論就甲骨金文言，或就今文《尚書》及《詩經》言，皆出於北方。

此外，日本武內義雄作《老子原始》，斷定五千言非老子自著，亦以書中助字無一定用法為此書非出自一人之手之據；而謂應在《莊子・胠篋》之後云云。其論證未足自立。所論助字用法問題，亦仍可歸到後人竄改上。故無論就文體言，或就其中晚出之語以及特殊助字之用法言，吾人皆只能據以推定《老子》書中某章某語不能為戰國前之作品，而不能推定全書成於何時。且有更進一步之問題，即戰國時代甚長，《道德經》大約成書何時之問題，若僅以「戰國時代」為答案，亦嫌甚泛。

茲配合上節對「老子其人」所作之斷定，再據有關典籍對《道德經》之時代問題提出一假說。此可分下列數點：

㈠《道德經》文體為顯明韻文體；但以此與問答體比觀，僅見南北之異，未必表先後之分。考《道德經》時，只能就其文體推知此書為南人著作，不能確定其時代。

㈡《道德經》中後人竄改者甚多；凡用後出之語者皆屬後人所增補。但觀《莊子・天下》中，論老學一段所引之語，與今本《道德經》文多合。如〈天下〉謂：

老聃曰：知其雄，守其雌，為天下谿；知其白，守其辱，為天下谷。

此見經文二十八章。唯「辱」作「黑」，「谷」作「式」；其下又另有「知其榮，守其辱，為天下谷」之語。又如「常无有」及「无為也而笑巧」等詞，亦皆見於經文。此種符合，原可有兩種解釋，或〈天下〉作者確見《道德經》而引用此文，或後人見〈天下〉中此種詞句，而據以偽作今本經文。但無論取何解釋，〈天下〉中所引之語必為〈天下〉作者所了解之老聃之言。即令今本《道德經》文確係後人偽作，此中所取於〈天下〉者，亦應為先於〈天下〉而存在之老聃語。此無可疑。

由此，吾人可斷定，《道德經》中部分材料乃先於〈天下〉而存在者，即此書有部分材料應在〈天下〉之前。

㈢然則在〈天下〉以前之材料，是否亦在莊子之前？此雖未可輕言，但亦可據兩種程序作一推斷。

第一、就思想內部觀之。凡〈天下〉中引述之觀念，既為老聃之觀念，則吾人可依理論脈絡之追尋而整理《道德經》文，展示老聃思想之大要；然後以此一系思想與《莊子．內篇》之思想比較，由理論之成熟程度，以推其先後。

第二、就記載考之。《莊子．內篇》中既已有關於老聃之記載，以發揮「養生」之義，則莊子前之老聃（道家之老聃）有如此之思想，應無問題。而〈天下〉中所述老聃之言，與此種思想相符者即應為先於莊子之言。因若不然，則唯一可能是在莊子後幾〈天下〉前一夾縫中之偽作；而倘〈天下〉所引老子之言，確是此夾縫時期之偽作，則〈天下〉作者既為莊子後學，何必故意將此種偽作之語視作老聃之言。莊子既盛稱老聃，則必於老聃之思想主張有所引述，莊子後學所記必取材於此。倘除莊子所述外，另有人偽作老子之言，〈天下〉作者亦無取無據之言而捨師說之理。觀此，則〈天下〉所記，不應為夾縫時期之偽作，故〈天下〉作者所述，大致應視為莊子所傳；而此中所述之各觀念，即應先於莊子。

總之，以〈天下〉中所述之老子觀念為定點，吾人可依理論之脈絡整理《道德經》文，得出一老子學說；此學說即應為〈天下〉作者所了解之老聃學說。而〈天下〉作者所了解之老聃學說，主要應從莊子傳來；故如此整理所得之老子學說，即可視為先於莊子者。而《道德經》之成書雖儘可以較晚，但凡相應於〈天下〉所述各觀念之部分，則應視為先於莊子。

至於理論成熟之程度，則莊子思想較以〈天下〉所述為中心之老子思想成熟，亦甚顯明（下文論之）。

故《道德經》今本確成於何時，固不可知，但其中相應於〈天下〉所述老子觀念之部分，應視為老子思想之原始材料。此一部分材料即視為先於《莊子》。

(四)今本經文中雜亂之處甚多。但觀《韓非子》〈解老〉、〈喻老〉各篇，所據者數十處，皆見今本《道德經》中，則今本在《韓非子》前已成書，似無問題。茲可作一假定，即：《道德經》文一部分材料先於《莊子》，另一部分則可能逐漸為後人所增附而成。至《韓非子》時，今本已大致形成。

至於五十四章有「吾何以知天下然哉，以此」，五十七章有「吾何以知其然哉，以此」，二十一章有「吾何以知眾甫之狀哉，以此」，皆與前後經文語法不合，顯為後人所增，或注文誤入本文者。又重出之文甚夥。如上文所言及之三十一章中之問題，尤見經文次序有顛倒偽作之跡。但依以上所論，吾人下文論老子思想時，既可用〈天下〉材料為中心，據理論脈絡而作取捨，則此類可疑錯亂之文，皆不影響吾人之整理。故本書中即不多涉及此種問題。

以上已略論老子其人其書之時代問題；以下即正式展示老子之思想。

× × × × ×

三、《道德經》思想大要

老子《道德經》中之思想，似晦而實明。〈天下〉所記述，以「無為」及「守柔」二觀念為主。案「無為」一觀念為《道德經》思想之中心，「守柔」則表老子所持之人生態度。二者皆極顯著，故〈天下〉作者特述之。但就理論脈絡看，則此二觀念前有所本，後有所歸；而此種材料皆經文中可見者。茲先列出此種依理論脈絡而相連結之觀念，再分別析論，以展示此一思想之要旨。

老子之主要觀念可分三組：㈠常，道，反。㈡無為，無不為。㈢守柔，不爭，小國寡民——無為觀念之展開。此中，㈠組觀念為其思想之根基，㈡組則為其思想之中心，㈢組表此中心思想在人事上之應用。又貫串此各觀念之精神，則為一「肯定情意我（或生命我）之精神」；此亦是楊朱與道家之一貫精神。下文先論各組觀念，再論此精神；悉以經文為據。

㈠常，道，反

老子思想何自起，蓋起於觀「變」而思「常」。二十三章謂：

飄風不終朝，驟雨不終日；孰為此者？天地。天地尚不能久，而況於人乎。

此言萬象流逝，皆不能「久」——即不能「常」；見觀「變」之意。然此所謂「變」，乃事物之變；老子即舉「天地」以概括經驗世界之萬有，言萬有無不「變」；但不屬於經驗世界之事象群者，則可久可常。此即事象所循之規律，老子命之曰「道」；規律本身非經驗事象之一，老子即以超乎「天地」之語以說之。故二十五章謂：

有物混成，先天地生，寂兮寥兮，獨立而不改，周行而不殆，可以為天下母。吾不知其名，字之曰道，強為之名曰大，大曰逝，逝曰遠，遠曰反。

「道」即指萬有之規律，因規律本身非萬有之一（即非經驗事象），故謂「先天地生」。老子常以「天地」指經驗世界之萬有總體，如：

無名天地之始，有名萬物之母。⑯

「天地」與「萬物」為同語。又如：

玄牝之門，是謂天地根。⑰

⑯《道德經》一章。

此中「天地」亦即指經驗世界之總體。故「先天地生」即不屬經驗世界總體之意。但「道」本身雖非經驗事物，並非超離之存在，而為經驗世界恃之而形成之規律；故謂「周行而不殆」，又謂「可以為天下母」。「周行不殆」，言此規律之運行遍於萬物而無終止。「天下」亦與「天下萬物」同義。寂寥獨立，則狀此規律之獨一性。

萬物萬象皆變逝無常，唯道超萬物而為常。此「道」決不能為萬物之一，故不能為一「對象」；老子欲說此義，故謂：

道可道，非常道。[18]

「常道」不屬對象，而範鑄萬有。此乃老子觀變思常之第一步。

然則，此「道」有何內容？換言之，經驗世界之萬有所循之規律，究是如何之規律？上引二十五章文中以「大、逝、遠、反」四字狀之，而歸於一「反」字；又謂：

反者道之動。[19]

「動」即「運行」，「反」則包含循環交變之義。「反」即「道」之內容。就循環交變之義而言「反」以狀「道」，故老子在《道德經》中再三說明「相反相成」與「每一事物或性質皆可變至其反面」之理，如：

故有無相生，難易相成，長短相形。高下相傾，音聲相和，前後相隨。[20]

曲則全，枉則直[21]，窪則盈，敝則新。[22]

---

[17]《道德經》六章。

[18]《道德經》一章。

[19]《道德經》四十章。

[20]《道德經》二章。

故㉓物或行或隨，或歔或吹，或強或羸，或挫或隳。㉔

將欲歙之，必固張之；將欲弱之，必固強之；將欲廢之，必固興之；將欲奪之，必固與之。㉕

明道若昧，進道若退，夷道若纇。㉖

……故物或損之而益，或益之而損。㉗

大成若缺……大盈若沖……大直若屈，大巧若拙，大辯若訥。㉘

此外，類似之語尚多，其所論雖有層次之不同，但皆以明「反」之理。

《老子》書中，言「反」之材料，最易使人困惑，通常人每喜就一一語中究其具體意義，如研究「大辯」何以「若訥」之類。其實，老子此類話頭，皆只為「反者道之動」一語之譬解或注釋；所重者在揭明此「反」之理，畢竟在一語中之具體意義如何，則未可知。且就老子思想之系統言，亦不必對此一一具體意義作決定，點出「反」即足。

總之，萬物萬有變逝無常，唯「道」為常；而所謂「道」之內容即是「反」；換言之，萬象萬有皆可由A

㉑ 案傳本「直」作「正」，其義無殊。

㉒ 《道德經》二十二章。

㉓ 案「故」字傳本作「凡」，景龍碑及龍興觀碑作「夫」；就原文上下觀之，「故」字似誤。但亦不影響此章主旨。

㉔ 《道德經》二十九章。

㉕ 《道德經》三十六章。

㉖ 《道德經》四十一章。

㉗ 《道德經》四十二章。

㉘ 《道德經》四十五章。

變為非A；此理似甚泛；然老子即由此推出其中心之主張。此即㈢組觀念所示。

㈡無為，無不為

老子既見「道」之為「反」，則萬物芸芸，悉在變逝之中；每一事物皆無實性，故凡於事物有所固執，皆為不知「道」。而老子主張則是「無為」。

「無為」本與「無執」並舉，如：

為者敗之，執者失之，是以聖人無為故無敗，無執故無失。[29]

但因「無為」意廣，可包括「無執」，故又常獨舉「無為」二字，如：

吾是以知無為之有益。[30]

是以聖人處無為之事，行不言之教。[31]

聖人云：「我無為而民自化……」。[32]

所謂「無為」，即指自覺心不陷溺於任一外在事物。事物皆在「反」中，故不可執；「為」者必「執」，亦必成陷溺。故「無為」之第一層意義乃就破「執」而言。心合於「道」，觀萬物在「反」中之變逝，而自覺不陷於萬物，此破執後之境界，即所謂：

天下有始，以為天下母；既得其母，以知其子；既知其子，復守其母，沒身不殆。[33]

---

[29]《道德經》六十四章。

[30]《道德經》四十三章。

[31]《道德經》二章。

[32]《道德經》五十七章。

此中「天下」指「天下萬物」；「母」指範疇萬物之規律——「道」；「子」仍指萬物；「復守其母」即心合於「道」；嚴格言之，即自覺心觀照此以「反」為內容之「道」，及萬物萬象在此規律中之流轉，故老子又偶用「知」及「明」以言觀照。如：

> 致虛極，守靜篤，萬物竝作，吾以觀復；夫物芸芸，各復歸其根；歸根曰靜，是謂復命；復命曰常，知常曰明。[34]

「常」即指「道」，「知常」即對「道」之觀照，即老子所謂之「明」。蓋老子否定認知我（見下），故不以知經驗事物之性質或經驗關係為「明」，獨以「知常」為「明」。

此節乃老子對其所肯定之自我境界之描寫；自覺心駐於無為，遂無所執，無所求，故能「虛」，能「靜」；在虛靜中，自覺心乃朗照萬象，故能「觀復」，「復」本有「回歸」之義。老子此處所說，乃面臨萬象而觀其所依之道之意。「根」指「物」所出；如「是謂天地根」之「根」；老子一向以「先」於天地或「生」萬物狀道之超經驗；「先」、「生」皆易於致誤解，因「先」易使人想到時間序列中之「先」，「生」則涉及具體事物在時間中之「發生」；但老子時哲學詞語自不能如今日之嚴格；吾人觀其一貫說法，即可知所謂「生」表「道」對「物」之範鑄作用，乃指一形式義之決定力，非言經驗關係中之「發生」；所謂「先」指超越義之在前，非時間序列中之「先」如此，則可知，「萬物竝作，吾以觀復」者，言經驗事象流轉變生，而自覺心獨觀此事象所歸依之理序（規律）。事象雖森然萬殊，一一皆依於此理序或規律，故曰：「夫物芸芸，各復歸其根」。「根」即「道」即理序或規律。以虛靜之自覺心，觀照「物依於道」之實相，此實相不在變逝流轉中，故謂「歸根曰靜」。「復命」

[33]《道德經》五十二章。

[34]《道德經》十六章。

者回歸於本然之謂；言實相既朗呈，自覺心定於本然之真，亦照見萬象之真；主體回歸於本然之主體性，客體亦回歸於本然之客體性。此為真常，故謂「復命曰常」。能見此主客回歸於本然之境界，即為真知，故謂「知常曰明」。

蓋此段經文分兩層，前各語均描寫主體實駐之境界，唯「知常曰明」一語則指對此境界之悟見言。悟見此境與能駐此境非一事。

昔人解此章，每以為「夫物芸芸，各復歸其根」乃指「歸其本」而言，而不知「根」即「道」；遂亦不知「歸根」乃「物依於道」之義；其實「物」之「本」在老子心目中亦只是「道」。「復命」之「命」始是「本然」義；而此所謂「本然」乃指主體性客體性之本然，非物別有一「本」。

「虛」與「靜」就主體言，皆為「無為」之注腳。主體駐於無為，觀照道之超萬物，亦觀照萬物之依於道；此就主體境界言，其義已甚明。但駐於如此境界中之主體或自覺心，對世界之態度如何？此乃每一透現主體境界之哲學思想所必須處理之問題。儒言化成之義，佛作捨離之說，老子則由近乎捨離之「虛靜」境界轉出一支配義。蓋主體性本意味「主體自由」，儒學就事以實現理，化成中透露健動不息之自由；佛教教義則發般若以撤消萬有，捨離中透露靜斂無漏之自由；老子則由觀「反」而駐於近乎捨離之境界；其所透出之主體自由雖亦近乎靜斂，但反射經驗界中，欲生出一支配經驗界之力量。

此義就嚴格哲學觀點論之，不能不謂老子之主體境界有一根本性之內在糾結。蓋經驗界對經驗主體而立；經驗界中主客對峙，此主體不能具超經驗主體之自由。故子路謂：孔子知「道之不行」（此就《論語・微子》材料說），唯「行其義」，晨門之譏，徒見晨門之惑，蓋經驗界之成敗無礙化成之主體自由；主體自由亦不能於成事中見之。釋迦參無上義而不廢飲食，徒眾背去，只見徒眾之庸劣；蓋經驗界之形軀不表捨離之主體自由；主體自由亦不能在不食中見之。老子獨不然，既見「道」而證主體自由，便欲使此主體自由反射入經驗主體中，欲由超越義之自由轉化出經驗義之支配力。此乃根本混淆二界；於是由「無為」生出其實用之主張。而其學之末流遂有陰謀之事；甚至漢以後言長生之道教，亦託老子為宗師，蓋亦非無故。

由「無為」生出實用之主張，其關鍵在於一語，此即：「無為而無不為」。《道德經》中有：

> 為學日益，為道日損，損之又損，以至於無為；無為而無不為。㉟
>
> 上德無為而無以為。㊱
>
> 道常無為而無不為。㊲

何以謂「無為而無不為」，蓋言自覺心駐於「無為」，乃成主宰；而如此之主宰將可在經驗界中發揮支配力量，而獲致經驗效果。故「無為」一超越境界，遂屢屢被說為可獲經驗效果之力量。如：

> 道常無為而無不為；侯王若能守之，萬物將自化。㊳
>
> 為無為，則無不治。㊴

於是，「道」亦被說為有經驗效果者，如：

> 道常無名……侯王若能守之，萬物將自賓。㊵

㉟《道德經》四十八章。
㊱《道德經》三十八章。
㊲《道德經》三十七章。
㊳《道德經》三十七章。
㊴《道德經》三章。
㊵《道德經》三十二章。

人就「爭鬥」之假定下看老子此說，自覺其不可解，因在一爭鬥中，柔弱者似當敗，然老子正就不爭鬥以言柔弱之義。

此點在哲學上未見有深遠意義，但就人事而言，則「守柔」而「不敢為天下先」之態度，確表一種高明之慧識。並非不可解者。此與「不爭」之說合觀則其理益顯。

次論「不爭」。老子曰：

上善若水，水善利萬物而不爭……夫唯不爭，故無尤。[48]

江河之所以能為百谷王者，以其善下之，故能為百谷王……是以聖人處上而民不重，處前而民不害；是以天下樂推而不厭；以其不爭，故天下莫能與之爭。[49]

善為士者不武，善戰者不怒，善勝敵者不與，善用人者為之下，是謂不爭之德，是謂用人之力。[50]

天之道，利而不害；聖人之道，為而不爭。[51]

以上論「不爭」之材料，蓋就三方面言之，第一、「不爭」則「無尤」。人有所「爭」則必有所為「敵」者，有「敵」則難言必不敗；唯「不爭」則無所為「敵」，亦可「無尤」。第二、就「容」言「不爭」，即江海為百谷王之意。人以容天下之心臨天下，不與天下爭，則天下之人轉為己所用；此不必是直接用人，但能不與人爭，則天下無為我之敵者，即所行不與我衝突，即為我「用」。第三、「為而不爭」，此又進一步，蓋見道者之自處，非

---

[48]《道德經》八章。

[49]《道德經》六十六章。

[50]《道德經》六十八章。

[51]《道德經》八十一章。

求己之「所得」，而唯盡己力以「為」。此「為」即與「無不為」之「為」相接；蓋屬由「無為」轉至「無不為」後之義，不可視為與「無為」衝突。雖「為」而「不爭」，因不欲佔有也。亦即老子所謂：

> 生而不有，為而不恃。[52]

能如此，則己即將越眾人之爭而上之，於是天下「樂推」，而莫能與之爭。

然則「爭」者豈皆不能勝與？此問題在老子思想中極易解決；蓋老子既見「反」之理。則視一切勉力以為之事皆為無常；唯持「不爭」之態度而以柔弱自守者，乃能常勝。常人以「爭」心而求「強」，於是「為者敗之」；見道者以「不爭」之態度而守柔弱，故「為而不爭」。此「為」以「不爭」為基，即以「無不為」為基；「無不為」又自「無為」轉出。於是最後，老子乃實有由「無為」所生出之「為」。老子深信此種「為」必可收經驗之效果。

由於「無為」及「反」等基本觀念，老子只以「把握萬物所依之道而處萬物」為其人生主張。如此，一面老子深信如此即能支配經驗界，另一面此支配仍視為一自然之事；而視勉力以求為必敗。於是老子不肯定客觀歷史中文化成長之價值。蓋老子視萬有皆為變逝之事象，不肯定任何特殊規範，亦不肯定經驗知識，由此，對政治秩序亦持一斂退之觀點。關於老子對文化之全面見解，乃依其肯定「情意我」（或生命我）之基本哲學立場生出，下文論之。茲先述其對政治秩序之觀點，此即「小國寡民」之說。

「無為」觀念展開後所生出之實用觀念，最後為「小國寡民」觀念。老子謂：

> 小國寡民，使有什伯之器而不用，使民重死而不遠徙；雖有舟輿，無所乘之；雖有甲兵，無所陳之；使民復結繩而用之。甘其食，美其服，安其居，樂其俗。鄰國相望，雞犬之聲相聞，民老死不相往來。[53]

---

[52] 《道德經》二章。

老子眼中皆為守道者所不取。其否定態度已極明顯。

此章欠精嚴處乃以「道」與「德」為兩層，視「德」為「失道」時之繼；此與他處論「德」之語有衝突。此處姑不深論，因此點對本節所說無影響。

老子否定「仁、義、禮」。此三者適表「德性我」之所必須肯定者。故老子雖在另一特殊意義下言「德」，但實否定「德性我」。「去彼取此」，則老子之自我固不駐於「仁、義、禮」之境。

2. 對「認知我」之否定

老子不唯否定「仁、義、禮」，且亦否定「智」，而視一切知識技術為墮落。如：

絕聖棄知，民利百倍。56

眾人昭昭，我獨昏昏；眾人察察，我獨悶悶。57

使我介然有知，行於大道，唯施是畏。58

古之善為道者，非以明民，將以愚之。民之難治，以其智多；故以智治國，國之賊；不以智治國，國之福。59

民多利器，國家滋昏；人多伎巧，奇物滋起。60

---

56 《道德經》十九章。

57 《道德經》二十章。

58 《道德經》五十三章。

59 《道德經》六十五章。

60 《道德經》五十七章。

凡此皆黜智巧之言。無論就自處或為政而言，老子皆否定知識技巧甚至制度之意義。認知活動，在老子眼中既不足取，則老子對「認知我」之持否定態度，亦甚明顯。

3. 對「形軀我」之否定

老子否定「仁、義、禮」，否定「智巧」，亦否定形軀欲求滿足之價值。觀十二章所言：

> 五色令人目盲，五音令人耳聾，五味令人口爽，馳騁畋獵令人心發狂。

則視形軀欲求之滿足為有害無益者。老子於此義尚以「少私寡欲」等語說之。雖所說不多，然其否定「形軀我」，已甚顯然。

物欲之害何在？在於害「生」，故五十章謂：

> 人之生（生）動之死地，亦十有三；夫何故？以其生生之厚。

而有道者則如何？老子以「善攝生者」稱之，而狀其境界謂：

> 蓋聞善攝生者，陸行不遇兕虎，入軍不被甲兵；兕無所投其角，虎無所措其爪，兵無所容其刃。夫何故？以其無死地。[61]

此處皆譬喻之詞，執其字面以論之，則悉不可解。但此實老子對其所肯定之境界之描述。「德性我」、「認知我」、「形軀我」，一一皆被否定；所肯定者只是一「生」。此「生」既與「形軀」非一事，則不能指形軀意義之「生存」，而只能指純粹生命情趣。此正是「情意我」之境界。

至此，老子所肯定之自我境界已可證為「情意我」。自我駐於此境以觀萬象及道之運行，於是乃成純觀賞之自我。此一面生出藝術精神，一面為其文化之否定論之支柱。

---

[61] 《道德經》五十章。

關於情意我之肯定，及對其他自我境界之否定，在《莊子》中論解尤明。蓋道家至莊子而大成，先後之殊正見成熟之程度有異。學者苟明其義，則無論今本《老子》之文如何竄亂，亦不必致疑於老莊思想之先後也。

× × × × ×

總之，老子之學起於觀變思常。萬象無常，常者唯道。於是「道」為老子思想之中心。而「道」為形上之實體；是實有義。以心觀道，心遂離物。心依於道，乃成其德，故「德」為自覺之理境，是實踐義。主客對分，超驗與經驗之界別乍顯，此老子論「道德」之主旨。而萬象各有自性，以其自性為「德」，與所共之「道」對舉，則「道德」之另一義。

顧「道」之為言，泛指規律；事象皆循此規律，故有物依於道之義。然則，此規律為何？老子以「反」解之；「反」有「相反相成」及「正反互轉」二義。五千言中釋此二義者乃近千言。學者察其所指，而不自累於其跡，則庶幾近之。

合而言之，萬象皆依一道；分而言之，道之表現乃隨事物之特殊性而異。故物各歸根，乃顯自性；而此自性即老子所謂「自然」。自性亦即「德」。

萬物如此，形軀之我亦然；蓋形軀之我本萬物之一也。於是心由觀道而離形軀，所謂「無身」，其義在此。離物之心，乃為真我。老子所取者為情意我；五千言中遂力破德性我，認知我及形軀我。蓋以為德性，認知及形軀悉為「執」也。於是而有「無為」之義。

心既觀道破執，遂駐於無為。無為是心靈所顯之自性，亦為實踐之理境，故「無為」乃心之德，駐「無為」中之自覺心，即生命情意之我。故老子有貴生之義，攝生之說。而「生」又為形軀存在之自性。「形軀我」既破，形軀歸為萬象之一；萬象各顯其自性，形軀亦然。故老子之論「生」乃有兩層意義。一以指情意我之純化境界，一以指形軀歸於萬象之一時之安頓。五千言說理欠嚴，此等涵義在原文中皆多牽亂處，賴學者觀理而釋文耳。「無為」觀念展開乃成守柔不爭與小國寡民之說；導出之文化否定論，前已述之。

參　莊子與《南華經》中之莊學

道家思想至莊子而定型；「情意我」之透顯，在《莊子》書中遠較《老子》書中為圓熟明徹。莊子代表先秦時代南中國之文化精神；亦猶孟子之代表北中國之文化精神。以下分論莊子其人其書及其思想。

一、莊子其人與其書

關於莊子其人，最基本之材料仍在《史記》。《史記．老子韓非列傳》謂：

莊子者，蒙人也，名周。周嘗為蒙漆園吏，與梁惠王、齊宣王同時。其學無所不窺；然其要本歸於老子之言。故其著書十餘萬言，大抵率寓言也。

莊子之生卒年代，《史記》不載。然既與梁惠王、齊宣王同時，則即與孟子同時。近人馬敘倫作〈莊子年表〉，考定莊子生卒年代為西元前三六九——二八六年之間；即起於周烈王七年，迄於周赧王廿九年。此說雖未必精確，然大體與《史記》合。茲從之。

莊子生平可考之事跡甚少。然莊子之時代問題亦未引起爭論；與老子年代之多疑難不同。蓋無論《史記》傳文或諸子偽託之語，皆未在莊子年代方面構成顯著之問題。今吾人雖不能確斷莊周之生卒年代，但視之為孟子同時之道家首領，大抵無問題，而如此已可滿足哲學史之要求。

莊子後於老子，本無可致疑。近人有反此說者，以為莊子之思想早於《老子》書中所表現之思想，未見其確據。蓋《老子》之書雖雜有晚出之語甚多，其思想則顯然不及莊子成熟，以下論莊子思想時當再述及。若就道家著作之內部材料言之，則《南華經》中常有述及老子之寓言，而《道德經》中固無一語涉及前人思想；此亦可證老子思想固有開創性，莊子則自視為承老子之後者。如無不可動搖之確證，吾人殊難強信莊先於老之言。

莊子《南華經》一書，成分極雜，欲估定其時代，則當分〈內篇〉、〈外篇〉、〈雜篇〉而觀之。

《南華・內篇》七章，應為最早作品；蓋主要思想皆備於此，且文體亦與〈外篇〉、〈雜篇〉迥殊。論莊子思想，必以此七章材料為據。通常學者皆認為此七章為莊子自作；此點雖未能確證，然〈內篇〉代表莊子本人之思想，則無可疑。

〈外篇〉一部分為發揮老子或《莊子・內篇》理論之作，應出於莊子門人之手。時代當後於〈內篇〉數十年。另一部〈外篇〉材料與〈雜篇〉文體相似，而立論互殊。所引故事亦常互相牴觸；大抵為道家後學之雜著，彙而成集，附於《莊子》之書，時久遂不能辨。但此等材料不能代表莊子本人之思想，則屬無可疑者。

中國舊日文人，對材料真偽問題殊不留意。清儒始稍求精確。《莊子》之書，雖不如《道德經》文之錯亂，內容亦甚雜。茲論莊周之學，即以〈內篇〉為主要材料；〈外篇〉中發揮〈內篇〉理論者可用為輔證；至於發揮老子理論之材料，則可看作老莊思想關係之旁證。為區別莊子本人思想及後繼者之思想，故用「莊學」一詞。凡〈內篇〉中之材料皆視為莊子本人之思想；〈外篇〉、〈雜篇〉之材料，則歸入「莊學」。

今本《莊子》三十三篇中，〈天下〉性質最為特殊，須另作解釋。

〈天下〉列於全書之末，故一向被視為《莊子》三十三篇中最末一篇；又因《莊子》各篇之次序，乃依〈內篇〉、〈外篇〉、〈雜篇〉順次編成，故〈天下〉遂被人列為〈雜篇〉之一。此點實大成問題。觀〈天下〉之內容，實與任何一篇不相類；殆為《莊子》書之附錄或後序；蓋此篇泛論天下之學，且語及莊周；其體裁語氣皆與〈內篇〉、〈外篇〉、〈雜篇〉之文迥異。

大抵《莊子》書成後，門人作〈天下〉附之。其後，道家者流（或為莊周弟子，或更晚）時有雜著，而此種雜著皆附於《莊子》書之後，而又因〈天下〉本為全書附錄或後序，故加入雜著時，仍將〈天下〉作為最後一章；如此日久，〈外〉、〈雜〉諸篇皆附〈內篇〉之後，而轉在〈天下〉之前，〈天下〉乃被人誤解為〈雜篇〉中之一章矣。〈天下〉本身之時代，去莊子不遠。觀其論天下各學派時，未涉及晚於莊周之任何學說，即可推知此篇之作，晚於《莊子・內篇》不久，實在〈外篇〉、〈雜篇〉諸篇之前也。

因〈天下〉情形獨特，本身復甚重要，故特作以上之說明，以免學者論〈天下〉之時代時，誤以為與其他〈雜篇〉同時也。

〈外篇〉、〈雜篇〉諸篇之確切時代，頗難分章考定。然其中有極晚者，則無可疑。本書非考證之作；除涉及思想源流，不得不作考定者外，餘悉不詳論及。

以下論莊周之學，旨在闡明莊子哲學思想之主旨。取材以〈內篇〉為主。

二、莊子之思想

莊子為道家之主要代表人，其理論亦為先秦道家學說中最成熟者。凡老子未及詳論之義，莊子皆推衍而立說。其要旨在於顯現「情意我」之境界，《史記》以為莊子之說大旨宗老子之言，大體無誤。但展示情意我之境，及破除形軀我，認知我之理論，莊子皆遠勝於老子，故莊子實為道家學說之完成者，並非僅述老子之學而已。

(一)形軀我之否定

莊子之自我，駐於「情意」一層；此種「情意我」就發用而言，為觀賞之我，故可說為"Aesthetic Self"；就其體性而言，則為純粹之生命境趣，與形軀我決不相同。但常識中之誤解，最易將「情意我」與「形軀我」相混；甚至在實際生活態度上，情意我與形軀我亦嘗混雜不易分。故在莊子學說中，破除形軀我乃一極重要之工作；而吾人述莊子之學，亦應首及此義。

破除形軀我之理論，在莊子學說中可分兩點。第一為「破生死」之說；第二為「通人我」之說。

1. 破生死

茲先論「破生死」之說。

「形軀我」原為一物理性之存在。嚴格言之，「形軀」實是一對象，而非「主體」；實是一「物」，而非「我」。「形軀」與其他萬物相較，本身實為萬物之一。然人誤以「形軀」為「自我」時，即生出一障執。有此障執，則自我即使自身陷繫於形軀感受之中；故論自我諸境時，「形軀我」即自成為一境。此境實生於一障執，而非主體之顯用也。

莊子欲破除此種障執，故極力宣說形軀與萬物為同級之存在（即形軀為萬物之一）。「破生死」之說，即以證此「同級性」為目的。蓋如能證立形軀與萬物同級之義，則形軀之非「自我」，一如萬物之非「自我」。其理彰著，即不致再生誤解。

欲證此種同級性，又不可不自反面著眼；不可不先明常識中之障執何由而生。

人何以會誤以形軀為自我？根本原因在於人之自覺陷於感受內容中。而一切形軀感受，作為一整體觀之，又為一物理性之生命歷程。此種物理性之生命歷程，本身僅為一套對象性之事實。而此一歷程之始終，即常識中之「生死」問題所在。倘能證「生死」實與「自我」無干，則整個物理性之生命歷程，即皆與自我無干；形軀感受本此種歷程之環節，至此自益不能涉及自我矣。因此，莊子有「破生死」之說。此說旨在說明「生死」僅為形軀與萬物間之同層流轉，藉以揭明「生死」與「自我」之不相涉。

茲取〈內篇〉中有關此點之材料，分數項釋之：

第一、〈大宗師〉。

> 子祀、子輿、子犁、子來四人相與語曰：孰能以無為首，以生為脊，以死為尻；孰知生死存亡之一體者，吾與之友矣。四人相視而笑，莫逆於心，遂相與為友。俄而子輿有病，子祀往問之……曰：嗟乎，夫造物者又將以予為此拘拘也。子祀曰：汝惡之乎？曰：亡，予何惡！浸假而化予之左臂以為雞，予因以求時夜；浸假而化予之右臂以為彈，予因以求鴞炙，浸假而化予之尻以為輪，以神為馬，予因以乘之，豈更駕哉！且夫得者，時也；失者，順也。安時而處順，哀樂不能入也。此古之所謂縣解也。

此段即論形軀與萬物同級且互相流轉之義；可逐次釋之。首先，每一具體對象皆由一組條件會成。萬物如此，形軀亦如此。就合成一對象或一物之條件說，此種條件並非此物；故物自無而有；故謂「以無為首」。

其次，一組條件決定一物之出現；此物出現後，遂有一存在歷程。專就形軀而言，則此種存在歷程即物理性之生命歷程 (Process of physical life)。故謂「以生為脊」。

然萬物永在流轉變易之中，形軀亦不例外。由此知形軀必歸滅壞。物理性之生命歷程必有其終點。此終點即形軀之「死」。故謂「以死為尻」。

明乎此，則形軀由無而有、由生而死，乃一套過程。故「生死存亡」實為「一體」。

再進一步觀之，形軀為一物理性之存在，為一對象。此類對象皆是永在流轉變易之中，故形軀與萬物間互相流轉，乃當然之事。構成形軀之因素，可轉而構成其他對象，是以莊子借子輿之口以說此義。人之左臂可化為雞（或卵），右臂可化為彈，尻可化為輪，神可化為馬，總之，形軀可流轉為萬物。

最後，一切對象之所以能出現，僅由於適有此一組「使此對象生成」之條件。故萬物如此存在，皆由偶然之條件決定，亦可謂被偶然機緣決定。而一切對象既均在流變之中，則由偶然機緣而存在之萬物，既存在後，又必將滅壞。形軀作為萬物之一，其理亦同。故謂「得者，時也；失者，順也」。「得」與「失」即指「生死」而言。「時」指偶然之機緣；「順」則指一歷程之必然方向。

至此，莊子立說之主旨方透出。此即：自我並非「流轉中之萬物」，亦非「流轉中之形軀」。自我在現前意識中，能洞觀形軀之偶然而生，必然而死，則當下自我即脫出形軀執；一經破執，則自我不以形軀為自身，即能安其偶然之生，任其必然之死。所謂「安時而處順」，即此義也。

又若自覺之心靈不以形軀為自我，則當知形軀對自我而言，實為一限制，亦為一負擔；如此，則形軀消滅，轉是自我之限制與負擔之解除。故說：「此古之所謂縣解也」。「縣解」即「懸解」，謂如懸者之解也。

莊子有時即以「生」字表「有形軀」。故〈大宗師〉中又有：

夫大塊載我以形，勞我以生，佚我以老，息我以死……。

此節意尤明豁，「我」（即「自我」）在自然歷程中，偶然得此形軀；此乃自然給予「我」一形軀，故謂「大塊載我以形」；「我」既有形軀，即有一「生」之歷程，承受形軀之負擔及限制；此所謂「勞我以生」。至形軀滅壞，一切負擔及限制皆得解除，自我由勞而息。故謂「息我以死」。如此，「形」自是「形」，「我」自是「我」。形軀執在此即劈頭斫破矣。

〈養生主〉中一段材料可與上文互參：

老聃死，秦失弔之，三號而出。弟子曰：非夫子之友邪？曰：然。然則弔焉若此可乎？曰：然。始也，吾以為其人也，而今非也。……適來，夫子時也；適去，夫子順也。安時而處順，哀樂不能入也。古者謂是帝之縣解。

此段大旨與〈大宗師〉論「安時而處順」一節相同；後數語文字亦大致相似。此借老聃為言，蓋謂明道者能悟透形軀與萬物之同層流轉，故知形軀之生死與自我無干。物理性之生命歷程即顯現為一事象之系列（series of events），亦無關「我」事。秦失既知老聃自己已破形軀我，故即不能再以此對象性之形軀為老聃。「三號而出」，不足哀故也。

以上為〈大宗師〉及〈養生主〉中關於「破生死」之材料。此外，〈德充符〉一篇中又另有材料可補以上所論者。

第二、〈德充符〉。

案〈德充符〉一篇原意在於貴德而賤形（此「德」與儒學之「德」不同）；「德充符」者，德充於內，外必有所符應也。今取有關破形軀執之說，以補上節。

〈德充符〉中假託孔子與常季之問答，謂孔子盛讚兀者王駘；其言曰：

死生亦大矣，而不得與之變；雖天地覆墜，亦將不與之遺。審乎無假，而不與物遷；命物之化，而守其宗也。

此皆描述「自我」之語。自我乃超事象系列之主體，故形軀之死生，不能變化自我。對象界任何事象，甚至「天地覆墜」，亦不能使自我有所失。如此之自我，為主宰、為主體；與萬物及形軀乃不同級之存在。故自其消極而言之，主體不受條件決定，為「無假」，而「不與物遷」；即主體不隨事象而變易。自其積極而言之，則主體為主宰，能「命物之化，而守其宗」。「無假」即無所假借、無所依恃，即不受條件決定，即"unconditioned"[62]；「命」即支配，「宗」指本源；三者皆用以明自我之「主宰義」。

常季再問，孔子之答詞則曰：

自其異者視之，肝膽楚越也。自其同者視之，萬物皆一也。夫若然者，且不知耳目之所宜，而游心乎德之和。物視其所一而不見其所喪，視喪其足猶遺土也。

此則再進一步發揮，說明自我與萬物（包括「形軀」在內）並非同層級之存在。其理論重在指出一切對象自成一領域。一方面放棄對象彼此間之分別而不論，另一方面即由此顯出對象與主體之不同。

所謂「自其同者視之」，即指將一切對象作為對象而觀之。各對象彼此雖有種種殊異，但「同」為對象而非主體，則是各對象之「同」處。以對象為對象而觀之，則一切對象皆為主體之所對；就此點言，彼此並無殊異。故謂「萬物皆一也」。反之，如視對象彼此間之性質差異。則一一對象皆有特性，彼此皆迥不相同，故說：「自其異者視之，肝膽楚越也」。

莊子此處所強調者，是「自其同者視之」之態度，即主張應將對象作為對象而觀之。何以要如此？乃因作如是觀即可使主客之辨易明；主客之辨既明，自我即不陷於對象界之事象系列中；如此，乃可「游心乎德之和」[63]，即作為主宰之自我恢復其主體自由也。

---

[62] 舊注以為「假」為「瑕」之誤。但觀其文義，則「無假」釋為「無所假借」在理論脈絡上既甚暢順、詞義亦無困難；而改為「無瑕」，轉不成義理；蓋「無瑕」與「不與物遷」實無理論關聯。且〈至樂篇〉中有「生者，假借也」一語，亦可以作為旁證。故原文應不予改易。

[63] 道家之「德」即道家所企慕之主體自由；此種主體自由僅為觀照之自由，無化成義，亦無建構義；是"transcendent"，而

自我之主體性與主宰性，與對象界相照而顯出；此即由"Objectivity"反顯"Subjectivity"。如此，主客朗然分立，形軀與萬物皆歸入對象界域中，而自我乃與此對象界域相對而峙。則對象界域中一切事象之變遷，皆無關「自我」；自我唯朗照對象性已足；故謂「物視其所一而不見其所喪。」

「所一」指對象界域之整體言；「所喪」指對象內容之流變言。如此觀照，則人之有足無足，乃對象界中一事象；正如任何事物之一狀態，皆與自我無關。此足本非「我」，猶土石之非「我」，故說：「視喪其足猶遺土也」。

總之，此段極力說明兩點：

第一、主體性透顯之關鍵，在於能觀對象界之對象性。欲觀對象性，即須將對象作為對象而觀之，略去各對象內容間之差別。如此使一切對象只作為對象而呈現於自覺中，即見「萬物皆一」。

第二、形軀亦是萬物之一。形軀之狀態僅為一事象。此乃對象中事，與主體無關，亦即與自我無關。傳統文人常謂老莊「外形骸」；「外形骸」之精義即在此。

除上引材料外，〈德充符〉中假託孔子對魯哀公之言，亦可闡明此義。其言曰：

> 死生存亡、窮達貧富，賢與不肖，毀譽、飢渴、寒暑，是事之變，命之行也。

此謂，種種對象界中之性質及差異，皆僅為外在事象；事象皆在流變之中，故曰：「事之變」；事象皆為受條件決定者，故曰：「命之行」。此處「命」指被決定而言，不指心靈之主宰，與「命物之化」一語中之「命」字不同。蓋「命物之化」中之「命」乃動詞，表心靈去「命」物；此處「命之行」一語中之「命」字，則為名詞，指被決定之狀態；「行」即運行。「命之行」即指「條件決定」之運行。是條件決定之運行，即非主體之主宰中

非"transcendental"。

能力下呈現之圖像。中西哲學理論中從不同角度證此點之說甚多。而以「夢」與「覺」之相對性為據，以否定經驗世界之獨立性及實在性，則為早期觀念論習用之理論。此說大意謂，夢中之一組感覺內容，構成夢中之世界，醒覺時之經驗世界，亦是由一組感覺內容構成。夢中世界之虛幻，不能由夢中之感覺反證之，然其虛幻不改。故醒覺中之感覺，亦不能證醒覺中之世界不是虛幻。由此可說，「覺」與「夢」僅有程度差異，而非一真一幻。夢固為幻，覺中之經驗世界固亦無獨立實在性也。此說本身自大有問題。本節只析述莊子理論，暫不詳評。讀者倘熟知駁柏克萊之各種理論，則自不難解決此一問題。

夢中之「我」可以化蝶，亦可以為鳥為魚；醒覺中之「我」可以為莊周，為某甲，為某乙；蝶與魚鳥，固非「自我」；莊周甲乙，亦非「自我」。此種種經驗內容，皆屬對象性之表象；形軀我為莊周，為甲乙，為蝶，為魚鳥，皆是同一層之流轉。於此，「通人我」之義益明。

由「破生死」而「通人我」，莊子力證形軀我與萬物同為現象，以擊碎常識中對形軀我之執。此即莊子破形軀我之理論；持此與老子之說相較，詳備多多。

㈡認知我之否定

莊子否定認知我之地位，主要理由在於莊子不承認知識之地位。莊子之學，主旨在於透顯一真自我（在莊子自己，即以情意我為此真自我），故認為知識既不能接觸自我，便為無意義。但莊子並非有嚴格系統之理論建構者，故莊子並未提出任何確定理論或論證說明知識何以不能接觸自我，而僅作平鋪之描述，以表明自我不屬於知識對象，及認知活動本身之限制而已。

此種理論亦可分為兩部分。其一為「泯是非」，其二為「薄辯議」。以下依次敘述。

1. 泯是非

先論「泯是非」之說。

莊子欲證知識活動之無意義，乃先破壞知識中之真偽標準。莊子所謂「是非」即兼指真偽與好壞而言。「泯是非」即否認真偽與好壞有確定意義。莊子以認知活動為「自我」之障累，故以「泯是非」為破除「認知之障累」之工作。

「泯是非」之理論，主要見於〈齊物論〉中。〈齊物論〉一篇，要旨有二，一為「齊物」，一為「齊論」。齊物即破除對象之分別（與前文引〈大宗師〉各節之意相類）；「齊論」即將一切言論等視，亦即「泯是非」。

〈齊物論〉曰：

言者有言，其所言者特未定也。果有言邪？其未嘗有言邪？其以為異於鷇音，亦有辯乎？其無辯乎？

此謂一言論重在其「意義」(meaning)，即言之所指，即「所言」。有無意義，乃決定一言論是否成為一言論。如離開「意義」，則文字僅為一串符號，議論亦僅為一串聲音。此一串聲音與鳥鳴之音固無可分辨也。然言論果有「意義」否，則是「未定」。下文謂：

道惡乎隱而有真偽？言惡乎隱而有是非？……道隱於小成，言隱於榮華。

莊子自己之觀點，以為一有「真偽」之分，便是大道蔽隱不顯。此點文中未加說明，而先為預認。故文中直接解釋「道」之所以「隱」，而將「有真偽」看作「道隱」之後果。若依正常理路觀之，則此處缺一步驟，蓋莊子本應先說明「道隱」與「有真偽」之關係，然後方能說到「道惡乎隱」。但莊子將「道隱而有真偽」看作已成立之命題，而直接討論「惡乎隱」，下接「言惡乎隱而有是非」，情況亦同。

莊子對兩個「惡乎隱」之解答，即提出「小成」與「榮華」二觀念。此處涉及一稍深之問題，應先作闡釋。

吾人首須注意，一切理論之建立，皆必受一定之限制。無論思考中之解析，或知覺中之綜合，皆為永不完成者。故任何一項知識，皆為可補充者，可修正者，亦即無絕對性者。故每一理論皆表一有限之知識，亦為一未完成之知識，依此，每一理論既有所肯定，有所否定，而本身又為未完成者，則此種肯定及否定亦依此有限而未完成之知識而安立。此種知識既無絕對性，則依之而立之肯定與否定自亦無絕對性。故任何一理論成立時，所顯示之「是非」（肯定與否定）皆不能與「最後之真」相符。理論建立是一「小成」，而如此之「小成」，正足使心靈局限於此，而不能觀最後之真或全體之真。此即所謂「道隱於小成」。蓋有一理論固是一「成」，但由此生一局限；此局限即使「道」蔽隱不顯矣。

所謂「言隱於榮華」，意謂虛矯之言，因求粉飾而起；此點在理論上，似與「道隱於小成」並非同一層次之事。因「道隱於小成」可看作知識之不可免之問題。「言隱於榮華」則至多只是一部分言論之問題。而是非之事，與巧辯偽飾之關係，似亦只在特殊條件下成立。但莊子否定認知活動之意義時，確對「辯」甚為重視。此當與莊子之時代有關，蓋莊子時，名家墨家之徒，皆喜用詭辯以炫其智。故莊子乃視「辯」為一大智障（即認知我之障），此點在下節談莊子「薄辯議」之理論時，當再詳述。茲因解釋「道隱於小成，言隱於榮華」二句，略及數語。以下續述「泯是非」之說。

莊子認為，一切理論上之肯定與否定，皆無絕對性；故認為「是非」皆屬成見。〈齊物論〉中續言：

> 故有儒墨之是非，以是其所非，而非其所是。欲是其所非，而非其所是，則莫若以明。

此即表示，儒墨等學派之學說，莊子認為皆屬一定限制下之成見。「所非」與「所是」皆就主觀成見而言。但前面「是其所非，非其所是」恐有譌誤。蓋依原文語脈觀之，此處既說儒墨各有成見，則應為「非其所非，是其所是」，以表儒墨各在其成見下有偏執之肯定與否定；而下文所謂「欲是其所非，而非其所是」，則是就破除儒墨之成見而言。就道家立場講，欲破除儒墨之成見，可以「是其所非，而非其所是」，就儒墨本身講，則不能如此。儒墨只能各自堅持其「是非」，而莊子對儒墨之譏評，主旨亦是說儒墨囿於成見，則說「是其所非，而非其所是」便不合原意矣。舊說以為此處所謂「是其所非，而非其所是」，乃指儒墨互相攻擊而言。此在意義上雖可溝通，但與原文語氣則不合，且與下文衝突。

莊子認為儒墨各囿於成見。而欲破除彼等之成見，則唯有以虛靜之心觀照。易言之，道家不執著此類成見，則即不陷入是非之爭執。是非本身原不可定，只在一定限制下方呈現一定之肯定與否定。而此種肯定與否定皆屬成見。以虛靜之心照之，則存有之真相顯出，乃得一超經驗之觀悟。此觀悟不由思辯論議中生，而為自覺之直接發用。此即莊子所謂「明」。由「明」所顯之真相，不能經由認知活動顯出，因認知活動自有限制。而認知活動既不能顯真相，則徒為心靈之累。蓋心靈或自我溺於認知活動中，則永遠只能構造各種限制下之理論，反不能顯現由虛靜所生之「明」也。

以上為「泯是非」理論中第一論證；總說其義，即以知識理論本身之必有限制，以推知識理論不能見最後之真相；再進而推證心靈不應溺於此種認知活動之中。所謂：「道隱於小成」是也。

第二論證則以流變觀念為背景，認為萬物流變無定，一切事象皆可從「已成」及「將成」兩面觀之，言說理論亦然。每一理論成立時，必有所破斥；而同時此理又必有後起者破之。故理論之旋生旋滅，固亦與萬物之流變相似。〈齊物論〉中說此義曰：

物無非彼，物無非是。自彼則不見，自知則知之。故曰：彼出於是，是亦因彼，彼是方生之說也。雖然，方生方死，方死方生；方可方不可，方不可方可。因是因非，因非因是。是以聖人不由，而照之以天，亦因是也。

此處「彼」與「是」二詞，乃莊子設定之相反符號，僅有形式意義，即如邏輯用語中之A與非A；就字面講，則「彼」與「是」即是"that"與"this"，然此處所表之意義僅為一對相反之概念，無一定內容。此段大意謂：如有以「A概念」為基礎之一套理論，則一切存在皆收攝於「A概念」下而釋之；反之，如有以「非A概念」為基礎之理論，亦將一切存在收攝於「非A概念」下而釋之。此即所謂「物無非彼，物無非是」也。自A概念下觀之，不見非A；反之，亦然。所謂「自彼則不見」。然若就「智慧」本身觀之，則此種概念系統之封閉性即可了然。所謂「自知則知之」。此中上二「知」字作「智」解，以「自知」為「知道自己」則為舊注之誤。依舊注則不可解矣。

A概念與非A概念，皆可形成封閉性系統；譬如形上學中之「觀念與實在」、「一元與多元」皆表現此種對立概念下之「小宇宙」。亦皆可見系統之封閉性。此點習解析者常言之，莊子則指出此點以否定「理論」之地位。

莊子進一步又指出相反相成之義。蓋A與非A固互為矛盾，互相窮盡；但彼此又互相映顯。不設一「A概念」，即無由得一「非A概念」。「A與非A」固互相矛盾，然亦互相創生，互相映顯。故謂：「彼出於是，是亦因彼，彼是方生之說也」。此中「方」字表動詞之進行時式。A與非A互相映顯，故永在互相創生中。吾人但知A與非A之相依而立，則此處所說之「彼出於是，是亦因彼」，於理即甚明顯。二者既相依而立，則二者亦不斷互相創生矣。

任何一對相反之概念，及由此生出之一對相反之理論系統，皆可作如是觀，更進一步，則又可觀相反系統間之消長關係。兩相反系統之基礎概念，固有上述之相依關係；但如此一對相反系統既經生出，則彼此互為排斥，因而此消彼長。此與上文所說者相反，故原文以「雖然」一語承接上下；而下則謂「方生方死，方死方生，方可方不可，方不可方可」。此中「方」字視為進行時式之動詞，則其義顯豁；蓋謂：相反之理論有一面在生長中，則另一面即在消亡中；反之亦然；又可說，有一面在被肯定中（方可），則另一方面即在被否定中（方不可），反之亦然。

以下所謂「因是因非，因非因是」，則謂一面之肯定即涵另一面之否定，一面之否定亦涵另一面之肯定。與此前四語同表相反理論之消長。

此種消長情形，若就哲學史之實況釋之，則尤為明顯易解。例如觀念論與實在論此起彼伏，一盛一衰；循環相繼已久。此即見「因是因非，因非因是」之意。莊子否定理論之價值，故即據此而說理論系統之無意義。下接「是以聖人不由，而照之以天」，則是表述道家之立場。「照之以天」與「莫若以明」相類。「明」就自覺之朗照言，排斥成見之封閉性。「天」則就超驗意義之主體言，排斥人為之條件性。「天」指體，「明」指用，強調之點不同，其旨則一也。

一切理論系統相依相映而生，又互為消長，永遠循環；如此，則理論系統之追求，永是「形與影競走」，自溺於概念之遊戲中。倘心靈超越此種執著，而一體平看，則一切理論系統皆為一概念下之封閉系統，彼此實無價值之分別。故續謂：

是亦彼也，彼亦是也。彼亦一是非，此亦一是非。

前二語表一切封閉性理論系統皆無上下之別；後二語補釋之，謂其所以無上下之別者，因A概念下系統有一套系統內之肯定與否定；非A概念之系統亦復如是。

然則A與非A之對立，何由而生與？莊子以為此乃心靈自身分別所生，非客觀之存有，而心靈之覺醒則須超越此種認知中之分別。故又謂：

果且有彼是乎哉？果且無彼是乎哉？彼是莫得其偶，謂之道樞。

前二語乃追問此種分別本身是「有」抑是「無」？雖不作答，其意已明。蓋說有說無均有困難，因「彼是」之分別，本非客觀中有，而乃認知活動中事，不可謂「有」或「無」也。故下接「彼是莫得其偶，謂之道樞」。「彼」與「是」互相為偶。超越此一對立，則二者皆無所依，於此乃見最後之真相。「偶」指對立關係而言。自覺心靈既見最後之真相，則自身不陷入認知之障執中，不隨一封閉系統而逐「是非」，又能順應一切理論概念，一如順應流變之事象。故謂：

樞始得其環中，以應無窮。

「環中」乃喻語，表心靈在一切流轉中，獨居中心不變之地，「以應無窮」則言心靈順應一切流轉之事象觀念。下更補足二語，以說明一切理論永為封閉系統之循環相繼。故曰：

是亦一無窮，非亦一無窮也。

〈齊物論〉此段，最後又云：

故曰：莫若以明。

此則總結上文之語，不必另釋。

總之，此段乃就封閉性理論系統之循環消長，而證理論追求之無意義。為「泯是非」之說之第二論證。

第三論證則由語言功用之有限以否定理論之意義。蓋言說不能離經驗內容，而經驗內容之種種分別，皆與自我之真相無干，故莊子即由齊物之義以否定認知活動。

〈齊物論〉云：

道行之而成，物謂之而然。惡乎然？然於然；惡乎不然？不然於不然。物固有所然，物固有所可。無物不然，無物不可。故為是舉莛與楹，厲與西施，恢恑憰怪，道通為一。

又云：

天下莫大於秋豪之末，而太山為小。莫壽於殤子，而彭祖為夭。天地與我並生，而萬物與我為一。

此皆言「齊物」之本旨。萬相在經驗性質方面，互有殊異，此不待言。莊子所欲強調者，乃一切判斷與一切認知皆依一定之條件而成立。經驗性質之呈現，即依經驗認知活動而成立，倘心靈不作經驗認知活動，則一切經驗認知中所呈現之分別，皆不成立；易言之，一切「有」皆依某一主體活動而成為「有」，故不作分別活動，即不見此種分別。由此，「齊物」乃指主體超越經驗認知之「境界」而言，本身固非一認知中之判斷，故依此境界又可推出一對認知之否定。

明乎此，則上引〈齊物論〉之文不難解釋。「道行之而成，物謂之而然」即揭示一切「有」依於主體活動之義。「道」為「所行」；非先有「道」而後有「行」，實因作「行」之活動，方有所謂「道」。此「道」字非專指最後真實而言，乃「道路」之意。「物」成為「如此如此之物」，並非客觀存在是如此，實是在認知活動中被心靈認知為如此；故說「物謂之而然」。某物是如此，或不是如此，皆依一定條件而成立。故說「惡乎然？然於然」，即是說：萬物何以如此？乃因在如此之條件下故成為如此。「惡乎不然」二句亦同。

既知一切經驗性質皆依認知條件而立，則超越認知活動之心靈，即可捨棄一切經驗性質，而將不同之經驗對象視為同等。莛與楹，小大雖殊，厲與西施，醜美雖異，如超越經驗認知而觀之，則見其「通為一」，皆「對象」而已。

另一段中，「秋豪」、「太山」，「殤子」、「彭祖」之喻，其意亦同。所謂「萬物與我為一」，亦即謂一切經驗對象可以不作分別。與「道通為一」之理相同。

至此，乃可見言說之限制，故云：

既已為一矣，且得有言乎？

蓋如心靈棄經驗認知中之性質而不顧，則言說何所用乎？言說不能離經驗中之種種呈現也。然即就全部經驗界而說，仍是與主體對峙者。主客分裂，在此仍未超越。故又續云：

既已謂之一矣，且得無言乎？

蓋謂「萬物與我為一」時，能知之主體仍與此被知之「一」分裂；仍似有可言說者。故謂「且得無言乎」。如此，可見對「一」之知或言，亦為超越心所不許。蓋一有任何「言」，即陷入主客分立之境。故下文續云：

一與言為二，二與一為三。自此以往，巧歷不能得，而況其凡乎？

「一與言為二」指主客之分離；「二與一為三」則謂「能知」，「所知」與「超認知之真」又為「三」。此可與《老子》書中「一生二，二生三，三生萬物」參看。但莊子之說較《老子》書中之語精詳，非僅描述形而上之形式原則，而實已見主客分裂之本源問題。

依此，萬說紛紜，皆由有「言」而起，「言」又不能接觸真相，在其本身限制下，徒增煩擾。道家之理想，則為息言說以養虛靈之自覺，即所謂「葆光」是也。

總之，就理論之「是非」而言，莊子認為：第一，一切理論皆為一有限系統，一切知識本身皆受一定限制，故心靈不應溺於此種活動中。第二，一切理論皆為一封閉系統，互相反對之理論相依而生，循環消長，永無休止，故理論之追求毫無意義；此「齊論」要義所在也。第三，由齊物之義推衍，可知一切言論生於經驗認知之分別，而此一切分別則對於自我皆屬多餘；且理論（或「言」）使主客分裂，乃心靈之墮落，故認知活動乃自我之障累。一切是非之分別，必須泯除。此即莊子「泯是非」之說也。

2. 薄辯議

否定認知我之理論，以「泯是非」為主，「薄辯議」之說則僅有補助功用。蓋「辯議」專就意見不同之人而言，究非根本問題，但「思」與「辯」皆為認知活動之主要部分，莊子既有「薄辯議」之說，本身自應作一敘述。

此種理論亦見於〈齊物論〉中。茲先引原文，再加疏解。

〈齊物論〉云：

既使我與若辯矣，若勝我，我不若勝。若果是也，我果非也邪？我勝若，若不吾勝，我果是也，而果非也邪？其或是也，其或非也邪？其俱是也，其俱非也邪？我與若不能相知也。則人固受其黮闇，吾誰使正之？使同乎若者正之，既與若同矣，惡能正之？使同乎我者正之，既同乎我矣，惡能正之？使異乎我與若者正之，既異乎我與若矣，惡能正之？使同乎我與若者正之，既同乎我與若矣，惡能正之？然則我與若與人俱不能相知也，而待彼也邪？

此段對「辯」作完全之否定。其意謂，辯議中一時之勝負，未足以定是非；我與若孰勝孰敗，皆未必與真「是」有關，勝者亦未必是；其次，當兩種意見衝突時，不唯彼此不知真是非何在，且其他論者亦無從裁斷。因第三者之意見不外同乎若，同乎我，異乎我與若，同乎我與若四種情況，但在此四者中之任一情況下，皆不能裁斷我與若之衝突。因第三者之意見若與任何一方相同，即表此方多一支持者，並非表示此方意見為是。倘第三者之意見與兩方均不同，則更多一重歧異，亦無由解決兩方之衝突。倘第三者之意見包含兩方之意見，兩方之意見仍不能決定孰是孰非，故辯論永不足以定是非。此則莊子之本意也。

辯議之無用，亦可由語言本身之限制釋之。語言本有功能上之限制；真相或道，一落入語言詮釋中，必因語言之限制而受歪曲；故莊子以為，明道之人，不事辯議。作辯議者，乃玩弄語言而自炫其知，非真有超悟也。故謂：

> 聖人懷之，眾人辯之以相示也。
>
> 辯也者，有不見也。

「辯」與真偽是非常無一定關係，此理甚明。莊子之解說亦甚簡。茲不贅論。

合上所述，「泯是非」而「薄辯議」乃形成莊子反對認知活動之理論。依此，自我溺於認知活動，亦是障執。上說為破障執而立。道家之自我非「形軀我」，亦非「認知我」，至此已明。然如此破執所顯之「我」，與儒學中之「德性我」同異如何，乃必須評辯之問題。下文專論此點。蓋道家雖常用「德」字，然其詞義甚為特殊，非詳為疏解，不能明也。

㈢價值觀念及文化觀

老子之書以《道德經》為名，言「德」之處極多；詞義亦常含混。莊子之書，用語亦甚亂，然莊子之肯定不落於「德性我」，則可斷言。茲逐步析論其說。

1. 德性我與情意我之辨

《莊子・大宗師》中，假孔子與顏回之問答，提出「離形去知」一語；「離形」即「墮形體」、即「形軀我之否定」；「去知」即「黜聰明」，亦即「認知我之否定」，此兩層前已論之。今須進而追問，在此兩面否定後，莊子所肯定者為何境？

首先，觀〈內篇〉材料，可知莊子所重者非「德」。如云：

> 聖人不謀惡用知？不斲惡用膠？無喪惡用德？不貨惡用商？[64]

是則將「德」與「知、膠、商」同列，視為聖人所不需有者。則聖人之為聖人，必另有條件矣。又如：

> 德蕩乎名，知出乎爭。名也者，相軋也；知也者，爭之器也：二者凶器，非所以盡行也。[65]

此亦見莊子固輕德與知者。另一面則謂：

> 至人之用心若鏡，不將不迎，應而不藏，故能勝物而不傷。[66]

此所謂「至人」之境，即莊子所肯定者，而其要旨則在於「勝物而不傷」一語。茲即以此語為線索，以推求莊子所肯定之境界。

「勝物而不傷」一語中，含有「勝物」一義及「不傷」一義。茲先觀「勝物」之義。

所謂「勝物」，根本上自是指不為外物所支配而言，換言之，即就心靈之主宰性而言。此主宰性消極之表現，即是「不為外物所支配」，積極一面之表現，則應為「支配外物」。莊子對此兩面皆有所說。而關於前一義所說則尤多。

不受外物支配，非指形軀不受外物影響，而是指心靈或自我不役於物。〈大宗師〉云：

> 若狐不偕、務光、伯夷、叔齊、箕子、胥餘、紀他、申徒狄，是役人之役，適人之適，而不自適其適者也。

所舉諸人皆古賢人，然莊子認為諸人不表現自我之主宰性，而皆為外物所役。何以是「為外物所役」？莊子之意以為心靈之主宰性，表現於生命中，即應使生命不作任何意義之工具。故必須不作工具，然後方顯現主宰性。

---

[64]《莊子・德充符》。

[65]《莊子・人間世》。

[66]《莊子・應帝王》。

〈人間世〉全篇，大半皆說此義。隨引數節，即可見其說：

> 匠石之齊，至乎曲轅，見櫟社樹，其大蔽數千牛，絜之百圍。其高臨山十仞，而後有枝，其可以為舟者旁十數。觀者如市，匠伯不顧，遂行不輟。弟子厭觀之，走及匠石，曰：自吾執斧斤以隨夫子，未嘗見材如此其美也。先生不肯視，行不輟，何邪。曰：已矣，勿言之矣。散木也。以為舟則沉，以為棺槨則速腐，以為器則速毀，以為門戶則液樠，以為柱則蠹，是不材之木也，無所可用，故能若是之壽。

此說社木之「無用」，即不能作工具，而下又託言「櫟社見夢」，代木而言曰：

> 且予求無所可用久矣，幾死，乃今得之，為予大用。使予也而有用，且得有此大也邪？

此即是以無用為大用；其確定意義則為：「不作工具」即全其主宰性之「大用」也。其下南伯子綦遊乎商之丘，見大木，亦與此大意相同，故借子綦之口曰：

> 此果不材之木也，以至於此其大也。嗟乎神人，以此不材。

蓋由木以喻人，知人必「不作工具」，然後方有真實自我之顯現。故一切「工具價值」，在庸俗愚昧者眼中，固是「價值」，在明道者之自覺中，則見其適為自我之害；蓋既「有用」，必「被用」；既「被用」，則喪失自我矣。

依此，則「有用之用」，使自身被用，而成為工具；無用之用，使自身得全；而此一「全」本身方是真目的。故〈人間世〉謂：

> 人皆知有用之用，而莫知無用之用也。

由「無用之用」可見「勝物」之消極義。專就自我或心靈而論。能不為工具，便已是不為物所役。但「勝物」尚應有積極義，此即心靈如何支配外物。

此處即逼出一文化哲學中之大問題——自覺心對「世界」之態度問題。儒學重德，「德性我」在一一事象上實現價值，故為「化成世界」之態度；希臘傳統精神重智，「認知我」掌握經驗事物之規律而表現力量，故為「征服世界」之態度，佛教則只求一靜斂不昧之主體自由，視存在本身為罪，故為「捨離世界」之態度。今道家說「勝物」之義時，則只強調一「觀賞世界」之態度，此態度在老子說乃「無為」，在莊子則有多種描述。例如，〈應帝王〉云：

> 汝游心於淡，合氣於漠，順物自然，而無容私焉，而天下治矣。

此處所說之「淡漠」，皆與捨離精神相近（此等處是佛道相類處），但「順物自然」則是「無為」之本旨，下文言「天下治」之後果，則固與佛教之一切法空迴異。蓋莊子所代表之道家學說，並不確斷存在本身為一罪，或為主體之「無明」所生；只以為自我不作為一經驗存在而參與經驗事物之活動，則可「自全其生」，安然觀賞世界，而世界萬物運行，自各依其根性，自我不於經驗界中有所貪求，則即不須在經驗界中有所追逐。如此，一切事象如此如此而呈現，皆適供自我之「觀賞」，自我不求「成就」任何外物，亦不必有何「成就」。故〈大宗師〉云：

> 古之真人，其寢不夢，其覺無憂，其食不甘，其息深深。

蓋自我觀賞流變之世界，既無所求，亦無所執；形軀固不為累，知識是非亦不繫於心，不唯覺時「無憂」，寢時亦不夢矣。如此，則莊子之自我，並不求理分之完成，亦不作捨離之超越。不求事事如理，不覺一切法空，只是順物自然，觀賞自得。此所以為「情意我」之自由境界，而非「德性我」所顯現之主體自由。

倘吾人以「主體自由之完成」一概念界定嚴格意義之「德」，則儒學之化成，佛教之捨離皆為肯定「德性我」之精神。而莊子既不以世界為幻妄，為無明所生，又不認為世界中一事一物有「理」可循。其主體之主宰性，只顯於一種欣趣玩賞上，此與不息之化成，靜斂之捨離皆不同類。學者緊扣此一環節，即可知「情意我」與「德性我」之辨矣。

以上由「勝物」之義說，以下再論「不傷」之義。

「不傷」亦是指自我無所拘繫而言，包含不作工具一義，但此外尚有正面意義，此即「養生」與「全生」是也。

《莊子・內篇》有〈養生主〉，〈外篇〉中發揮「養生」、「全生」之義者尤多。茲先述〈養生主〉中之材料：

吾生也有涯，而知也無涯，以有涯隨無涯，殆已。

此即表莊子以認知為有傷於「生」者。所謂「吾生也有涯」，俗解以為指壽命修短而言，實則不然；壽命是形軀之事，且無論是否作認知之追求，總是有限，與下文「全生」之說不相通貫。蓋其意實謂：生命之活力有限，心靈不陷於認知之追求中，則可以保全其活力而作觀賞也。所謂：「知也無涯」指認知活動中之無限追求言，蓋知識永不完整，故追求永無止境；此種無限追求乃以形逐影也。此可與上文釋「道隱於小成」一段參看。

認知之追求傷生無益，然則「養生」之道何在乎？〈養生主〉中乃有「庖丁解牛」之故事以釋之。庖丁之言曰：

……始臣之解牛之時，所見無非牛者，三年之後，未嘗見全牛也。方今之時，臣以神遇，而不以目視。官知止而神欲行，依乎天理，批大郤，導大窾，因其固然。技經肯綮之未嘗，而況大軱乎。

此乃對能「順物自然」之虛靜心所作喻解。虛靜之心，無求無繫，其應於物，皆順物之理路而應之，故既無阻滯，亦無衝突。其下更發揮此義曰：良庖歲更刀，割也；族庖月更刀，折也；今臣之刀十九年矣；所解數千牛矣，而刀刃若新發於硎。彼節者有間，而刀刃者無厚。以無厚入有間，恢恢乎，其於游刃，必有餘地矣。是以十九年而刀刃若新發於硎。

此段雖承上文而來，然透露另一主要論點，即刀刃之「不傷」是。讀此文者須知，莊子此一寓言，主旨即在於刀刃之能不傷。蓋解牛不足重視，可重視者唯在刀刃如何能全而不傷。正如萬物萬事本身不足重視，可重視者乃應事物之心靈如何能使其生命力不耗於此種肆應之中。蓋莊子所貴者乃「全生」，而非完成此解牛之事。苟謂：無牛可解，刃自不傷；則是佛教捨離之言。玆謂若牛有應解之理，刀有必用之理，則如理以解，如理以用，傷不傷固無足計，便是儒學化成之教。今莊子所持則異於此二者。既不以「有牛」為累，亦不以為刀刃之用本身為一理，但求順物自然，解牛而不傷刀；以遂其恢恢游刃之樂，此所以為道家養生之說，情意我之肯定也。

莊子只肯定一情意我；所謂「生」即指此情意我作觀賞之能力；亦如智性為認知我作思辯之能力。故「生」可釋之為「生命力」，然此「生命力」亦只能在此特殊意義下解釋。此點最為不易把握，故後世解道家之說者莫不由此處之誤解而入於歧途。道教之講長生，是一歧途；魏晉名士之縱欲肆情，是另一歧途；要之，皆誤以形軀義釋「生」也。

〈外篇〉中莊子後學發揮此義之說甚多，如〈駢拇〉云：

……故嘗試論之，自三代以下者，天下莫不以物易其性矣。小人則以身殉利，士則以身殉名，大夫則以身殉家，聖人則以身殉天下。故此數子者，事業不同，名聲異號，其於傷性以身為殉，一也。

此文將「養生」之義落於「不作追求」一義上言之。蓋道家既不求任何完成；形軀、認知、德性皆在否定之列，故即可將一切追求視為「傷生」或「傷性」（此「性」字即「生」字）。〈駢拇〉如此發揮，即將老子所說「貪夫殉財」一節與莊子養生之義通為一體。其主旨在說一切追求皆為有害，並不承認有任何值得追求之價值。故其下又另作譬喻以明之云：

> 臧與穀二人，相與牧羊，而俱亡其羊。問臧奚事，則挾筴讀書；問穀奚事，則博塞以遊。二人者，事業不同，其於亡羊均也。伯夷死名於首陽之下，盜跖死利於東陵之上，二人者，所死不同，其於殘生傷性均也。奚必伯夷之是，而盜跖之非乎！

蓋人如取所持之原則，所追求之理想言，則伯夷盜跖一善一惡；然道家既不承認有應作之追求，則一切追求皆是自我之墮落；而伯夷之德、盜跖之惡，亦不可辨矣。

此節有一小病，即揭「死」字而為言。此蓋不合養生原意者。試思：若「死」即為「殘生傷性」，則縱使能明道全生者亦不能不死，是明道全生者亦終不免「殘生傷性」矣，豈可通乎？舊說以為〈養生主〉有「可以盡年」一語，遂謂，凡老死者不視為「殘生傷性」，非自然壽終者為「殘生傷性」；此仍以形軀之生死釋道家「養生」之義，實未深思也。老死者因器官之壞而死，與尋常受外在侵害而死者何異？「盡年」之說，殊不可能有嚴格意義；蓋刀兵水火之死固可謂為不盡其天年；老病而死，又何以知其為盡乎？形軀之事，為一物理問題。經驗知識之改變足以左右之。倘以形軀能延長其存在為「養生」，則「養生」當賴醫術，何事於道家之學乎？此種混亂思想最易誤人，故附數語如上。

復次，莊子「養生」之義，為其中心肯定所在。此所養者即為情意我觀賞之能力；故其所肯定之自我，亦由此豁然朗現。情意我只作觀賞，不求完成；反面不作捨離，正面不作化成。故情意我與德性我迥異也。

情意我與德性我之辨如此。以下再述莊子對此自我境界之描述，及莊子對其他學派之批評。蓋觀此派對他派之批評，亦能反顯其所肯定之境界也。

2. 對各派之批評及情意我之境界

本節所用資料，以〈逍遙遊〉及〈天下〉為主。〈逍遙遊〉表情意我之境界，似無問題。〈天下〉則非莊子自著。今所以取為立論之據者，因此篇乃全書之後序或附錄，且為唯一可用之道家批評各派之材料。其言固非莊子之言，然大旨不離莊子之立場，則無所疑。〈內篇〉既無此等材料可用，亦唯有用此篇耳。

〈天下〉有一基本論點，即道術「無所不在」；是以論各派之學時，皆用「古之道術有在於是者」一語。其意蓋謂各家皆僅得道術之一部。但其批評中則又不強調此點。評各家之缺失時，皆隨其說而提出數語，並無一貫之批評標準。較可注意者，為其中對老子之敘述，對莊子之敘述，與對名家之批評。

茲依次述原文對各家之批評如下：

對墨子之批評曰：

其生也勤，其死也薄，其道大觳，使人憂，使人悲，其行難為也。恐其不可以為聖人之道。反天下之心，天下不堪。墨子雖能獨任，奈天下何？

此顯與道家特殊理論無關。蓋言墨子強人所難，是一常識之見解。若謂「反天下之心，天下不堪」，則道家之「離形去知」，恐亦非天下人所易從。此理甚明。

對宋銒尹文之批評曰：

以禁攻寢兵為外，以情欲寡淺為內。其小大精粗，其行適至是而止。

評彭蒙田駢慎到，則曰：

慎到之道，非生人之行，而至死人之理，適得怪焉。

又曰：

彭蒙、田駢、慎到不知道。

此皆無明確論斷。隨意批評而已。

述關尹老聃之說，則謂：

建之以常無有，主之以太一，以濡弱謙下為表，以空虛不毀萬物為實。

又述老聃曰：

其行身也，徐而不費；無為也而笑巧。人皆求福，己獨曲全，曰：苟免於咎。

然後讚關尹老聃為「博大真人」。此則表示莊學所承之老學，固以「常無有」、「無為」等義為主也。

評莊周之言曰：

獨與天地精神往來，而不敖倪於萬物。不譴是非，以與世俗處。其書雖瓌瑋而連犿無傷也。其辭雖參差而諔詭可觀。彼其充實，不可以已。上與造物者遊，而下與外死生無終始者為友，其於本也，宏大而辟，深閎而肆；其於宗也，可謂稠適而上遂矣。

此處描述，顯出自莊子後學之口；雖極力讚頌，然語無實義；唯以「獨與天地精神往來」一語以描述其自得之境界；「上與造物者遊」二句亦然。但「稠適而上遂」則頗能表現莊子觀賞世界之態度。

最後又評及惠子，除列舉名家之詭辯外，復謂：

惜乎惠施之才，駘蕩而不得，逐萬物而不反；是窮響以聲，形與影競走也。

末二語則為道家否定思辯之主要觀點。由此可知，莊子後學所承於《莊子・內篇》理論者，實以破認知障累之說為主；至於破形軀我之論證，反不甚顯，此所以莊子之說，後遂為道教所利用。而「養生」之精義被誤釋為求形軀之長生，而混之以荒謬之術數也。

但〈天下〉所寫莊子之境界，則與〈內篇〉相符。試取〈逍遙遊〉觀之，即可知其梗概。如〈逍遙遊〉曰：

夫列子御風而行，冷然善也。旬有五日而後反，彼於致福者，未數數然也。此雖免乎行，猶有所待者也。

若夫乘天地之正，而御六氣之辯，以遊無窮者，彼且惡乎待哉？故曰：至人無己，神人無功，聖人無名。

此所謂「以遊無窮」云云，即所謂「獨與天地精神往來」也。以下許由之故事，意在否定「治天下」之追求，肩吾連叔之問答，則否定文化之追求。大瓠之種一段，則表「不為工具」之義，大樹一段大旨亦同。合而觀之，〈逍遙遊〉中所表之境界，即一離形，去智，又不追求價值實現之觀賞心靈，此即莊子之「情意我」也。

知道家之主要精神，在於無所追求，則可知「無己」、「無功」、「無名」之本意矣。莊子所肯定之境界已明。最後尚應略作敘述者，為莊子及其後學對文化所持之態度。

3. 文化之真相

莊子本人不重價值之實現，故常有輕視文化之意。但否定文化之重要理論，則見於〈外篇〉中；茲以〈胠篋〉之材料為主，略述其說。

〈胠篋〉云：

將為胠篋探囊發匱之盜而為守備，則必攝緘縢，固扃鐍，此世俗之所謂知也。然而巨盜至，則負匱揭篋擔囊而趨，唯恐緘縢扃鐍之不固也。然則鄉之所謂知者，不乃為大盜積者也？

此謂，防小賊之設備，當大盜來時，不唯無防守之用，且反為大盜所用；以喻一切文化成績不免為罪惡所用。此處，莊子所持之文化否定論乃露端倪。

依道家之觀賞世界之態度言，一切成毀，皆相因相續，並無意義，亦無價值可說。文化活動自亦不足貴。然然此尚只是一般性之否定。上列〈胠篋〉之說，則有更進一步之說明，認為人類為防止罪惡而運用其智慧，然智慧愈發展，罪惡亦愈發展；故一切智慧成果，縱使能防止低級之簡單罪惡，決不能防止高級之複雜罪惡；且複雜罪惡轉能利用較低之智慧成果。如此，一切文化成績與罪惡並頭發展；每有一新文化成績，即有一新罪惡

第五章　墨子與墨辯

壹　墨子其人其書之時代

孟子稱「楊墨」，且謂：

> 能言距楊墨者，聖人之徒也。❶

又謂：

> 天下之言，不歸於楊，則歸於墨。❷

足見孟子時「楊墨」極盛，且孟子明言三派鼎峙：

> 逃墨必歸於楊，逃楊必歸於儒。歸，斯受之而已矣。❸

---

❶《孟子‧滕文公》下。
❷ 同上。
❸《孟子‧盡心》下。

《莊子・天下篇》評論百家，首舉墨翟；《荀卿》〈非十二子〉及〈解蔽〉亦皆評及墨子；而降至韓非，遂謂「世之顯學，儒墨也。」蓋自孟子至韓非，楊日衰而墨日盛；故由三派鼎立之勢變而為儒墨兩家平分天下矣。然經秦至西漢，墨家迅速衰落。迨司馬遷作《史記》，墨子遂無一傳。司馬遷僅在〈孟子荀卿列傳〉中謂：「蓋墨翟宋之大夫，善守禦，為節用，或曰並孔子時，或曰在其後。」而不詳記墨翟之生卒年代。故今論墨學時，對墨子其人之時代只能作一大致推測。

孫詒讓有〈墨子年表〉，以為墨子之年代在西元前四六八——三七六年之間或以應在西元前四七九——三八一年之間，因西元前三八一為周安王二十一年，吳起死。而《呂氏春秋・上德》記群臣攻吳起，其時墨家鉅子（領袖）為孟勝，則顯然在吳起死以前墨子已死，故以墨子之死必在西元前三八一年之前。

但無論如何，墨子其人之時代必在孔子後孟子前，則無疑，即使墨子出生時孔子尚在，為時當亦不久。墨子成人後孔子必已死。觀〈非儒〉談及孔子時，純是議論前代人口吻，即可推知。

至於《墨子》之書，則大抵門人所記，故常見「子墨子」之稱。〈經〉上下文筆古奧；本應較早。然〈經〉中所論問題，大半為駁名家說者，則又不得早於名家諸子。且以文體而論，既非記言，亦應晚出。故論者皆以為〈墨經〉出於墨子後學，至於〈經說〉，又為對經文之解釋。今本雖多殘缺，大致猶可考見。〈經說〉又晚於〈經〉，亦不成問題者。

總之，墨子其人之時代，必在孔後孟前。墨子之書則由後學纂輯而成。至其思想在孟子之前已流行，在孟子時其勢方盛；此後日見擴張，終與孔子之儒學平分天下，同為顯學。然至漢即大衰；轉不如楊朱思想為道家所取代，反可憑附於老莊之言而以另一面目出現也。

貳　墨子之思想

墨子思想之中心，在於「興天下之利」。「利」指社會利益而言，故其基源問題乃為：「如何改善社會生活？」此「改善」純就實際生活情況著眼，與儒學之重文化德性有別。故墨子學說第一主脈為功利主義。

對於社會秩序之建立，墨子持權威主義觀點，以為必須下同乎上。此為墨子思想之第二主脈。

由功利主義之觀念，乃生出非樂、非攻之說；由權威主義之觀念，乃生出天志、尚同之說；然此兩條主脈皆匯於兼愛說中。故以下論墨子之學，即自兼愛著手，再逐步展示其權威主義與功利主義之理論。

一、兼愛

所謂「兼愛」，即指普遍互愛。此種主張本不足為奇，但墨子之主張兼愛，則是自治亂問題著眼，而非一道德意義之理論。〈兼愛〉上首揭此義云：

> 聖人以治天下為事者也，必知亂之所自起，焉能治之，不知亂之所自起，則不能治。

此處「焉」訓「乃」。墨子蓋以為欲平天下之「亂」，須察「亂」之源，故以為求治如醫者攻人之疾。然則「亂」之源何在？墨子以為在於人不能互愛。故又曰：

> 當（嘗）察亂何自起？起不相愛。臣子之不孝君父，所謂亂也。子自愛，不愛父，故虧父而自利；弟自愛，不愛兄，故虧兄而自利；臣自愛，不愛君，故虧君而自利。此所謂亂也。

下文又謂君之不能愛臣，父之不能愛子，亦成亂。其意大致相同。總之，墨子以為一切亂在於人與人間互相衝突侵害，而衝突侵害又由於不能互愛之故。於是謂一切「亂」起於不相愛。

個人之間如此，家族與國情況亦同。故謂：

雖至大夫之相亂家，諸侯之相攻國者，亦然。大夫各愛其家，不愛異家，故亂異家以利其家。諸侯各愛其國，不愛異國，故攻異國以利其國。天下之亂物，具此而已矣。

然則如何治之？墨子提出「兼相愛」之說：

若使天下兼相愛，愛人若愛其身，猶有不孝者乎？視父兄與君若其身，惡施不孝？猶有不慈者乎？視弟子與臣若其身，惡施不慈，故不孝不慈亡有，猶有盜賊乎？（故）視人之室若其室，誰竊？視人身若其身，誰賊？故盜賊亡有。

以下又言家與家之間，國與國之間，倘能視人如己，則無相亂相攻之事。如此，則天下之「亂」止而得「治」。

墨子於是斷之曰：

故天下兼相愛則治，交相惡則亂。

對此一論點，吾人先當作以下之解析：

第一、就墨子之論據而言，若果以平亂求治為基本目的，又以「不相愛」為「亂」之源，則本應引出較深之問題。即如：就事象一面著眼，應引出「人間衝突之客觀因素何在」一問題；就自覺心一面著眼，應引出「自覺心取何種方向乃能避免虧人自利」一問題。但墨子不向客觀方面推究，亦不向自覺心內層反省，只扣住中間一段，欲直接轉「不相愛」為「兼相愛」。於是此後一切理論均以此點為中心。是故論墨學者無不以「兼愛」為墨學之代表觀念。學者先掌握此一關鍵，方能知墨學之內層脈絡所在。

第二、就「兼愛」本身論，主張「兼愛」本為平亂求治，則此目的乃實用之目的，而「兼愛」之主張亦作為一必有實效之主張而提出。故墨子自己亦強調「兼愛」為必可行之主張，且為不難行之主張。觀〈兼愛〉中之說可知。其言曰：

> 子墨子曰：天下之士君子，特不識其利，辯其故也。今若夫攻城野戰，殺身為名，此天下百姓之所皆難也。苟君說之，則士眾能為之。況於兼相愛、交相利，則與此異。夫愛人者人必從而愛之，利人者人必從而利之……此何難之有？特上弗以為政、士不以為行故也。

又謂人或以為「兼愛」之說雖善而不可用，而墨子答謂：

> 用而不可，雖我亦將非之。❹

此皆謂「兼愛」為必可實行，必可收效之主張。其所以如此，則因墨子本以實效觀點提出此說。故其功利主義之思想亦由此逐漸透出。

第三、論「兼愛」時，墨子雖強調實效，但另一面又不能不解釋「兼愛」之為正當。於是引出墨子之價值規範理論。此說通過〈天志〉至〈尚同〉而完成。此為墨子學說中之權威主義思想。

墨子之權威主義思想引生其國家理論及含宗教色彩之觀念，為墨學中最顯著之部分，以下先論析之。

二、天志與權威精神

墨子為「兼愛」之說尋一價值肯定，遂轉至天志之理論。在〈兼愛〉三篇中，墨子僅說明「兼愛」為平亂之有效方法；此僅是在實效上肯定「兼愛」，尚非在內含價值上肯定「兼愛」。實效之肯定與價值之肯定原為截然兩事。有實效者未必即有價值。因所謂「實效」皆是相關於一定目的而言，本身只有與其目的間之因果關聯，

❹ 案舊本「雖我」二字為「難哉」。此據孫詒讓校改。原文雖亦可通，不如孫校文順暢，故從之。

其價值亦應隨其目的之價值而被決定。

就理論意義看，欲肯定「兼愛」之價值，本可有兩種可能說法；其一是證明兼愛之目的（即平亂）之價值；再由此推進「兼愛」之價值。如此處理即是肯定「平亂」之「內含價值」，而只將「兼愛」看作達成「平亂」之有效手段。換言之，即只肯定「兼愛」之「工具價值」。

另一可能則是，直接肯定「兼愛」之「內含價值」；此則須訴於另一價值根源。如此處理時，可以將「平亂」之價值一併於此予以肯定；亦可以將「平亂」拋開。

墨子所取之途徑乃第二種，即由另一價值根源肯定「兼愛」之價值，亦同時肯定「平亂」之價值。此一價值根源即墨子所說之「天志」。

〈天志〉上，謂：

> 順天意者，兼相愛，交相利，必得賞，反天意者，別相惡，交相賊，必得罰。

此直接言天志（或「天意」）之要求「兼愛」，而天志為墨子所承認之價值根源（見下），故如此即直接肯定「兼愛」之價值。

〈天志〉中，又謂：

> 天之意不欲大國之攻小國也，大家之亂小家也。

則是以「亂」為天所不欲，即肯定「平亂」之合天意。

然僅言「賞罰」或「欲」，尚未足以說明之為價值根源。於是墨子故又有「義」自天出之說。此說純以權威主義觀念為基礎。引述如下：

> 子墨子曰：今天下之君子之欲為仁義者，則不可不察義之所從出。……然則義何從出？子墨子曰：義不

從愚且賤者出，必自貴且知者出……然則，孰為貴？孰為知？曰：天為貴，天知而已矣。然則，義果自天出矣。❺

此明言價值規範出於「天」（義即「合理」，指價值規範言）。而其根據則在於「天為貴，天知」。權威主義之立場固至為明顯。

但墨子又將治亂問題與「義」合而言之，而謂：

天下有義則治，無義則亂。❻

於是功利主義與權威主義之觀點又會合為一。

墨子既以「天志」為最高價值規範，故有如下之說：

子墨子言曰：我有天志，譬若輪人之有規，匠人之有矩。輪匠執其規矩，以度天下之方圜，曰：中者是也，不中者非也。❼

如此，天志為最高之權威尺度，即為價值規範。天意欲人「兼愛」，故「兼愛」有價值。且「義」出自「天」，於是將合乎「義」化為合乎「天志」（或天意）。另一面又謂「有義則治，無義則亂」，則治之所以為「好」，「亂」之所以為「壞」，亦由於天志如此。

此為權威主義之價值觀。再進一步，墨子又將「天」與「天子」連而言之，謂：

今天下之士君子，皆明於天子之正天下也，而不明於天之正天子也。是故古之聖人明以此說人曰：天子

---

❺《墨子‧天志》中。

❻同上。

❼《墨子‧天志》上。

有善，天能賞之，天子有過，天能罰之。❽

此說乃將天志之超越權威與人間之權威連為一體，遂產生一權威系列之觀念。而直通〈尚同〉中之國家理論。

在論及墨子之「尚同」理論之前，有一問題應順便提及，此即墨子立說之立場問題。昔人有以為墨學乃代表平民及賤役之立場；其說大抵以「墨」為刑名為據。又因墨子及其徒眾在生活上力求儉約，遂以其人生態度與貴族不相同，進而推論其立場為反貴族之立場。

持此說者，雖常有所徵證，但若持與墨子之主要理論比觀，則顯然不合。墨子誠不以當時貴族之生活為然，但其理由在於以為此種生活徒為社會之浪費，並非基於反貴族之觀念。蓋墨子真正興趣所在，僅是改善社會一般生活問題。故〈非樂〉上，曾謂：

民有三患，飢者不得食，寒者不得衣，勞者不得息。三者，民之巨患也。

至於精神方面之享受，墨子皆視為奢侈，乃以反對浪費之態度反對之。並非先懷一反對貴族或統治階級之觀念，〈非樂〉、〈節用〉諸篇對此點皆有明白之表述。如〈節用〉上：

故子墨子曰：去無用之費，聖王之道，天下之大利也。

〈節用〉中，則屢言：

諸加費，不加於民利者，聖王弗為。

此皆表示，墨子之基本態度在於強調「實用」而輕視多餘之享受，即荀子所謂「上功用」，「大儉約」之意，而非持某種立場反對統治者。

附會之說，或以為墨子之所以「大儉約」，目的即在反對貴族之奢侈，此當非完全不可通；但若進而推論墨

❽ 《墨子．天志》下。

子為爭平民利益而反對統治階級者，則實大謬。觀墨子天志之說，已可見其權威主義傾向，再觀「尚同」之論，則更可知墨子一心為統治者著想；墨子之說中，擁護統治者之權威之程度，遠較儒家為甚。凡讀〈尚同篇〉而稍加思考者，必能見此中真相所在。

墨子非儒之說，見下節所論；其大旨乃在於反對儒者之不事生產，反對儒者之提倡法古，亦並非反對儒者擁護統治階級。中國近數十年來，以政治目的而曲解古人理論者甚多。學者觀前人理論時，倘為此種流行俗說所中，則不能見其真。下節論「尚同」之說，當再申此意。

三、尚同與國家論

墨子欲建立一上通「天志」下及萬民之權威系列，遂有「尚同」之說。「尚同」指「下同乎上」。墨子說明在下者必須同乎上，故在〈尚同〉中解釋國家之起源，提出一權威主義國家論。

〈尚同〉上：

子墨子曰：古者民始生，未有刑（或作形，通用）政之時，蓋其語人異義；是以一人則一義，二人則二義，十人則十義。其人茲眾，其所謂義者亦茲眾。是以人是其義，以非人之義，故交相非也。是以內者父子兄弟作怨惡，離散不能相和合。天下之百姓皆以水火毒藥相虧害，至有餘力不能以相勞，腐朽餘財不以相分，隱匿良道不以相教。天下之亂，若禽獸然。夫明虖天下之所以亂者，生於無政長；是故選天下之賢可者立以為天子。天子立，以其力為未足，又選擇天下之賢可者，置立之，以為三公。天子三公既以立，以天下為博大，遠國異土之民，是非利害之辯，不可一二而明知；故畫萬國，立諸侯國君。

此謂國家由人之需要管束而產生。墨子推想：政治制度未出現時，人無國家政權之管束。人各執己意，互為爭鬥；久之，人欲息此種爭鬥，故遂擁賢者為天子，建立政治權力，以管束萬民。此說略近於霍布斯（Thomas Hobbes）之國家理論。但霍布斯只就人之利害衝突著眼，以為人必自私，利害不同必衝突，故須通過「契約」建立國家。墨子則舉「一人則一義，十人則十義」以解說無國家時之混亂，其著眼處在是非標準。然墨子所謂之「義」固已包括利害考慮在內，大旨仍與霍布斯之說相近。

墨子既如此解釋國家，遂以為建立政治機構之基本目的，原在於建立一共同標準，故一國家中，在下者必應服從在上者，而在上者亦應以建立統一領導為事。故又曰：

> 察天下之所以治者何也？天子唯能壹同天下之義，是以天下治也。

無國家時，「一人一義」，因之「天下之亂，若禽獸然」，建立國家後，天子能「壹同天下之義」，便可以使「天下治」。二者比觀，墨子之意顯以「壹同天下之義」為政治秩序或國家之基本功能，且以為「壹同天下之義」乃求「治」之要。故〈尚同〉中曰：

> 上之所是，必亦是之。上之所非，必亦非之。己有善，傍薦之。上有過，規諫之。尚同義（乎）其上，而毋有下比之心。

「上同」（即「尚同」）與「下比」對舉。建國家，立天子本意在於「壹同天下之義」；故人必須同乎上。換言之，墨子蓋以「統一思想」為國家之任務，而主張建立絕對權威統治。以為如此則上下一義，能使天下治。

墨子極強調「尚同一義」與為政之關係。〈尚同〉下謂：

> 唯能以尚同一義為政，然後可矣。

又謂：

> 為人上而不能治其下，為人下而不能事其上。則是上下相賊也。何故以然？則義不同也。

總之，欲平亂求治，必須統一思想。統一思想之方法即是使下同乎上。此為尚同思想之主旨。

進而論之，在下位者同乎上，層層上升，至於天子。天子則應如何？墨子以為天子應服從天志。故墨子在〈尚同〉下謂：

天子總天下之義以尚同於天。

於是，人人皆放棄自身之是非標準，而服從在上者之標準，最後則服從天志。此即「天志」與「尚同」之理論之接筍處。合而觀之，墨子之權威主義理論可以見其大要矣。

至於天志果如何，則墨子仍以兼愛釋之。故〈天志〉下謂：

曰：順天之意何若？曰：兼愛天下之人。

至此，兼愛、天志、尚同之說乃通為一體。

另一面，墨子思想中之功利主義成分，則表現於其文化觀中。此即非儒、非樂、非攻之說。

四、非攻、非儒、非樂——墨子之文化觀

論非攻、非儒、非樂，須自非攻著手；因非攻之義直接與兼愛相連，其間之理論脈絡一如兼愛與天志。墨子提出「兼愛」時原以平「亂」為目的；當說明此目的之正當性時，即歸於「天志」。若自施行兼愛之途徑著眼，則引出一實踐問題。墨子即於此提出「非攻」。

所謂「非攻」，即反對戰爭之意，雖每一度戰爭中有獲勝者，然循環往復，最後皆受其禍，故戰爭不唯不義，且亦無利。墨子主張廢止戰爭，即自不義及無利兩面論之。

〈非攻〉上：

> 今有一人，入人園圃，竊其桃李，眾聞則非之，上為政者得則罰之。此何也？以虧人自利也。至攘人犬豕雞豚者，其不義又甚入人園圃竊桃李，是何故也？以虧人愈多，其不仁茲甚，罪益厚。至入人欄廄，取人馬牛者，其不仁義又甚攘人犬豕雞豚，此何故也？以其虧人愈多。苟虧人愈多，其不仁茲甚，罪益厚。至殺不辜人也，扡其衣裘，取戈劍者，其不義又甚入人欄廄，取人馬牛，此何故也？以其虧人愈多。苟虧人愈多，其不仁茲甚矣，罪益厚。當此，天下之君子皆知而非之，謂之不義。今至大為攻國，則弗知非；從而譽之，謂之義。此可謂知義與不義之別乎。殺一人，謂之不義，必有一死罪矣。若以此說往，殺十人，十重不義，必有十死罪矣。殺百人，百重不義，必有百死罪矣。當此，天下之君子皆知而非之，謂之不義。今至大為不義，攻國，則弗知非。從而譽之，謂之義。情不知其不義也。

此段墨子痛論虧人自利之事為「不義」。而攻國乃虧人最大者，宜為十分「不義」。故攻伐戰爭之不合理，實至明顯。人對小「不義」則知其非，對大「不義」反不知其非，乃不可解者。故又謂：

> 今有人於此，少見黑曰黑，多見黑曰白；則以此人不知黑白之辨矣。……今小為非，則知而非之；大為非攻國，則不知非，從而譽之，謂之義。此可謂知義與不義之辨乎？

墨子極力抨擊當時喜言攻伐之風氣。直謂攻伐乃類乎盜賊之行為，乃大「不義」。

然主張攻伐者或以攻伐可獲「利」為辭。墨子於是在斷攻伐為「不義」後，進而言其「無利」。

〈非攻〉中謂：

> ……然而何為為之？曰：我貪伐勝之名及得之利，故為之。子墨子言曰：計其所自勝，無所可用也。計其所得，反不如所喪者之多。

又有人以為攻伐可使自己國家強大，於國家有利。墨子分兩層駁之。先指出可使少數國家得利之事，如非普遍有利，則非正道。再指出攻伐之事常招致滅亡之禍，亦未必真於國家有利。〈非攻〉中謂：

飾攻戰者言曰：南則荊吳之王，北則齊晉之君，始封於天下之時，其土地之方，未至有數百里也；人徒之眾，未至有數十萬人也。以攻戰之故，土地之博，至有數千里也；人徒之眾，至有數百萬人；故當攻戰而不可為（非）也。

此是主張攻戰者之說。墨子駁之曰：

雖四五國則得利焉，猶謂之非行道也。譬若醫之藥人之有病者然。今有醫於此，和合其祝藥之於天下之有病者而藥之；萬人食此，若醫四五人得利焉，猶謂之非行藥也。

此謂行道者必求對天下普遍有利，故縱使征伐可有利於少數國家，既有害於天下，仍非正道。繼謂：

古者封國於天下，尚者以耳之所聞，近者以目之所見，以攻戰亡者，不可勝數。

此謂攻戰亦可以亡國。墨子在此節下舉莒及陳蔡之亡為例以證之，茲不贅引。

攻戰既常為於國「無利」之事，則當國者不可不非之，故〈非攻〉中，墨子之言曰：

古者王公大人情欲得而惡失，欲安而惡危，故當攻戰而不可不非。

墨子又以為凡從事攻戰者早晚必受禍，並非強者常有利。〈非攻〉中，曾舉闔閭及智伯事為說，茲不詳述。

總而言之，墨子以為戰爭攻伐於義不可，於利無得；乃天下之大害。而君子應為天下興利除害，故不可不非攻。於是，非攻成為墨子學說中最重要之具體主張。依理論脈絡推之，「非攻」可自「兼愛」直接推出。蓋人既應兼相愛、交相利，則自不能互為攻伐。此所以「虧人自利」一語為兩說之交會處也。

其次，當述「非儒」之說。

墨學以儒學為大敵；蓋二者雖均有平治天下之目的，但權利主義與功利主義之思想與儒者之言德性不相容。

然《墨子》書中譏儒者之言，有力論證甚少。茲先舉其主要說法：

且夫繁飾禮樂以淫人，久喪偽哀以謾親，立命緩貧而高浩居，倍本棄事而安怠傲，貪於飲食，惰於作務，陷於飢寒，危於凍餒，無以違之……君子笑之，怒曰：散人焉知良儒。❾

此譏儒者禮文為虛偽；又以功利觀點譏儒者不善求利，不治生產；故又曰：

因人之家以為翠，恃人之野以為尊，富人有喪，乃大說喜，曰：此衣食之端也。❿

此則謾詞相嘲，指儒者倚治喪為生，揆其本意，仍在攻擊儒者之「不事生產」。此為墨者之第一點批評。「翠」或解為「臎」，「肥」之意，或解為「賥」，貨財之意，或解為「萃聚」之意。皆指取利而言。

第二點批評則在於「法古」。儒者喜言先王，因承周文之統故也。墨者則以為法古非是。

儒者曰：君子必古言服，然後仁。應之曰：所謂古之言服者，皆嘗新矣。而古人言之服之，則非君子也。然則必服非君子之服，言非君子之言，而後仁乎？⓫

墨子以為儒者以為言論服飾皆應法古人，然古人初為某言、制某服時，則乃新創。今謂法古為是，新創不當；則古人有新創即皆不當矣，又何得從而法之？

又曰：君子循而不作，應之曰：古者羿作弓，伃作甲，奚仲作車，巧垂作舟，然則今之鮑函車匠皆君子也，而羿，伃，奚仲，巧垂皆小人邪？且其所循，人必或作之。然則其所循皆小人道也。⓬

❾《墨子・非儒》下。
❿同上。原誤將「翠」字移於「以為」上，今改。
⓫同上。原將「服」字誤移於「古言」上，今改。
⓬同上。

此節與上節大意相同；而言之較為明切。其論點仍是：一切事物必有創作者；故「法古」不合理。此可視為墨子對於儒學之第二點批評。

除此以外，墨子又非議儒者之作偽，而特譏孔子個人；其言曰：

孔某窮於蔡陳之間，藜羹不糂，十日，子路為享豚，孔某不問肉之所由來而食；號（褫）人衣以酤酒，孔某不問酒之所由來而飲。哀公迎孔子，席不端弗坐，割不正弗食。子路進請曰：何其與陳蔡反也？孔某曰：來，吾語女，曩與女為苟生，今與女為苟義。夫飢約則不辭妄取以活身，羸（舊本誤作「贏」）飽則偽行以自飾。汙邪詐偽，孰大於此。⓭

此處所說故事，屬偽作抑屬實事，蓋不可知，但墨子說此故事之目的，則在於詆孔子為人喜作偽。其次，又謂孔子喜弄陰謀。〈非儒〉下曾述齊景公始欲封孔子以尼谿，為晏子所阻，孔子遂運用陰謀以作報復，其言曰：

公（指齊景公）曰：善，於是厚其禮，留其封，敬見而不問其道。孔某乃恚，怒於景公與晏子，乃樹鴟夷子皮於田常之門，告南郭惠子以所欲為。歸於魯，有頃閒（閒）齊將伐魯，告子貢曰：賜乎，舉大事於今之時矣。乃遣子貢之齊，因南郭惠子以見田常，勸之伐吳……三年之內，齊吳破國之難。⓮

墨子所以如此攻擊孔子，其目的可能在於製造諸侯對儒者之惡劣印象。正如孟子日後以楊墨為大敵，墨子

⓭《墨子・非儒》下。案此處舊本脫去六字，從《文選注》增補如上。

⓮同上。案此謂孔子陰用權術以亂別國，儼然成一縱橫家。考《史記・仲尼弟子列傳》中，亦述及孔子使子貢說田常伐吳之事，則墨子所說故事，亦非完全虛構，但墨子對孔子子貢此舉之用心，則有意作惡劣解釋。蓋孔子之遣子貢遊說各國，基本目的在於救魯。此雖有縱橫氣息，但乃為魯謀，非為己謀。墨子有意曲解，乃捏造晏子與孔子之衝突，而將孔子此舉解釋為私人洩忿行動，此與史實亦頗不符合。

及其徒眾，自亦以儒學為大敵。欲使諸侯憎惡儒者，故先將孔子本人描繪成一陰謀家，然後由此推廣，而否定儒者之地位。故其言曰：

孔某所行，心術所至也，其徒屬弟子皆效孔某。子貢季路，輔孔悝亂乎衛，陽貨亂乎齊，佛肸以中牟叛，桼雕刑殘，□莫大焉。夫為弟子後生，□其師，必脩其言，法其行，力不足，知弗及而後已。今孔某之行如此，儒士則可以疑矣。

觀此，可知墨者之非儒，具體理由唯在不事生產、法古、詐偽數點。而對根本理論則未能駁議。其言甚淺薄，只可視為譏評，不足作為哲學史上之正式論辯。

墨者之所以譏儒者不事生產，乃由於墨子之文化觀只以生活中之實利為價值，故不解禮制文物之價值。觀〈非樂〉，則此點益明：

子墨子言曰：仁之事者，必務求天下之利，除天下之害，將以為法乎天下，利乎人即為，不利乎人即止。……是故子墨子之所以非樂者，非以大鐘鳴鼓琴瑟竽笙之聲，以為不樂也；非以刻鏤（華）文章之色，以為不美也；非以犓豢煎炙之味，以為不甘也；非以高臺厚榭邃野之居，以為不安也。雖身知其安也，口知其甘也，目知其美也，耳知其樂也，然上考之，不中聖王之事，下度之，不中萬民之利。是故子墨子曰：為樂非也。

此處列舉各事，不獨「樂」一種；然下文則獨就歌舞言之，故其論點，仍以反對樂為主旨。反對之理由在於墨子以為天下疾苦，在位者不應作此種無用之事。故曰：

民有三患，飢者不得食，寒者不得衣，勞者不得息。三者，民之巨患也。然即當為之撞巨鐘，擊鳴鼓，彈琴瑟，吹竽笙，而揚干戚，民衣食之財將安可得乎？

天下之禍亂方重，樂為無用，故又曰：

姑嘗厚措斂乎萬民，以為大鐘鳴鼓琴瑟竽笙之聲，以求興天下之利，除天下之害，而無補也。是故子墨子曰：為樂非也。

總之，墨子之非樂，由於深信樂足以廢事，而無利於天下。此蓋純自功利主義觀點立論者。藝術無用，故當禁之。其結論乃謂：

今天下士君子，請欲求興天下之利，除天下之害，當在樂之為物將不可不禁而止也。

舉此足知墨子之文化觀，純屬功利主義及實用主義之立場。與儒學之重德性固相反，與道家之重自我境趣亦不相容。是故日後荀子評之曰：「墨子蔽於用而不知文」；蓋就其文化觀言之，墨子只知求效用，而不解文化生活之內含價值，於是一切文化成績皆置於工具標準下衡量其價值，所「蔽」實即顯現其立場，而其「不知文」則功利主義觀點之必然態度也。

此外，墨子後學所發展之「墨辯」——包括〈經〉、〈經說〉及〈大取〉、〈小取〉諸章材料，對邏輯問題及知識問題頗多見解，為墨家後學主要成績。下節續論之。

參　墨　辯

一、墨辯之時代

所謂「墨辯」指《墨子》書中〈經〉上、〈經〉下、〈經說〉上、〈經說〉下而言。最早用此名者為晉人魯勝。

魯勝以為「墨子著書，作辯經以立名本，惠施公孫龍祖述其學，以正刑名顯於世。」（〈墨辯注敘〉）。又謂，「墨辯有上下〈經〉，〈經〉各有說，凡四篇。」此蓋以〈經〉上下、〈經說〉上下為墨子自著之辯經，而墨辯之名由此起。

其後汪中述學，乃謂：

〈經〉上至〈小取〉六篇，當時謂之〈墨經〉。

其說不知何據。胡適先生著《中國哲學史》，遂以〈經〉上下、〈經說〉上下、〈大取〉、〈小取〉六章合稱為「墨辯」，蓋遙承魯勝之說，近取汪中之言也。

然則〈經〉與〈說〉及〈大取〉、〈小取〉各篇，究出於何人之手？此一問題，以往注釋者所見亦有不同。

案《莊子・天下》謂：

相里勤之弟子，五侯之徒，南方之墨者苦獲、己齒、鄧陵子之屬，俱誦〈墨經〉，而倍譎不同，相謂別墨，以堅白同異之辯相訾，以觭偶不仵之辭相應……。

觀此，則〈墨經〉為相里勤及鄧陵子之屬所講誦之資料，而相里勤及鄧陵子，又皆為墨子身後代表墨學大宗派之人物，《韓非子・顯學》曾謂：

自墨子之死也，有相里氏之墨，有相夫氏之墨，有鄧陵氏之墨。

相里氏當即指相里勤，鄧陵氏指鄧陵子更無問題。墨子死後，既以此三家代表墨學，而三家「俱誦〈墨經〉」，則墨子後學之重視〈墨經〉，可以想見。但〈天下〉所謂「倍譎不同，相謂別墨」畢竟何義，則尚須詳察。

「倍」即違背之意，「譎」即「異」，「倍譎不同」言「互相違異」也。「相謂別墨」意即「互指為異派」。如此，可知當相里氏鄧陵氏之時，解〈墨經〉者已有紛歧不同之意見，故「倍譎不同」，且因而互相攻擊，謂對方非正宗墨學而為「別墨」。則〈墨經〉並非在此時方出現之著作。若〈墨經〉為三派中人所作，則不發生各持異解之問題，亦無所謂「倍譎不同」。且觀「俱誦〈墨經〉」一語，尤可推知〈墨經〉本身必先於此諸派；然後諸派「俱誦」同一之〈墨經〉，而有「倍譎不同」之異解，乃至於「相謂別墨」，於理方為可通。否則，〈墨經〉如成於此時，則「俱誦」二字亦不可解矣。

吾人既知，〈墨經〉不能作於此時——即「相謂別墨」之時，則胡適之先生以作墨辯者為別墨之說，亦不能成立；蓋「別墨」之稱乃互相攻擊之詞，而其所以互相攻擊者又因「俱誦〈墨經〉而倍譎不同」，則〈墨經〉先有，後有「別墨」之爭，乃無問題之事。

然則〈經〉、〈經說〉、〈大取〉、〈小取〉諸篇之文，完成於何時？此當依內在之證據考之。

第一、就內容而論，〈天下篇〉言及誦〈墨經〉者「以堅白同異之辯相訾，以觭偶不仵之辭相應」，則實以「堅白同異」，「觭偶不仵」等等理論為〈墨經〉之主要內容。

觀今本〈經〉及〈經說〉各篇，其內容除涉及製顯微鏡等等技術問題外，大部內容涉及詞語意義及知識問題之辯論。而其中最顯著之特色，則為所辯問題處處與名家之說有關。例如：論堅白、同異各節，及所用「狂舉」等詞語，在今本《公孫龍子》書中皆可見其根源。則〈墨經〉（包括〈經說〉）必在公孫龍立說之後方成書；而公孫龍與惠施莊子同時，則〈墨經〉時代又必在莊子之後。

〈天下〉既有「俱誦〈墨經〉」之語，則可知在莊子後學著〈天下〉時，〈墨經〉不唯已成書，且所論各種詭辯問題已引起墨家內部之爭論。如此，可斷〈墨經〉上下及〈經說〉上下均成於莊子之後、〈天下篇〉之前。

第二、就文體而論，〈大取〉、〈小取〉之文較為淺易；然大體亦與〈經〉及〈說〉相類。〈經〉及〈說〉則多難解之處，故注者咸以為高古，甚至據此而推論經文出於墨子本人之手。然如上所論，吾人既可據〈墨經〉

之內容而推定〈墨經〉之時代不得早於莊子，墨子自著〈墨經〉之說自不能成立。然何以今本《墨子》中諸篇皆文義淺近，而獨〈墨經〉及〈經說〉古奧難曉，亦不能不有一假定之解釋。

吾人首應注意者，為〈墨經〉與其他各篇成書情況之差異。今本《墨子》各篇論及天志、兼愛之義者，顯為講學之筆記。此種筆記成書之時代，可以極晚。而〈墨經〉乃一定理論之敘述或提要；此在後人不能增刪。故其他各篇以記者之文字表之，乃成為淺近易解；〈墨經〉各篇乃作者之原文，故即古奧難曉。蓋〈墨經〉作者雖非墨子本人，但早於其他各篇之記述者，故文有難易之別。

且所謂「難解」，亦可分兩面觀之。一方面〈墨經〉之難解由於作者之時代及文字之脫落錯亂（脫落錯亂亦與時代有關）；另一方面則由於所論之問題離常識較遠。如孫星衍注〈墨經〉，以為論「牛馬」一節，古奧難通；其實所涉之問題乃極簡單之邏輯問題，並無難解之處。孫星衍以為難解者，實因不通邏輯之故。由此可知，〈墨經〉被視為難解，亦與其內容有關，並非純由於時代久遠。至於墨子自著之說，則決不能成立。

總之，〈經〉上下、〈經說〉上下、〈大取〉、〈小取〉六篇之時代，既定為莊子之後、〈天下篇〉之前，則其作者必為墨家之後學。〈墨經〉及〈大取〉、〈小取〉中之理論及觀點，亦與墨子本人無關，而為後出之研究成績。至於〈經〉上下、〈經說〉上下之文字，確較《墨子》書中其他各篇為難解，然其原因則在於〈墨經〉乃墨子後輩之原著，其他各篇則為屢經整理之筆記。故述墨子思想之筆記，轉較代表後學思想之原著易解。此理亦不難明。學者固不可執「經文難解」一點，遂以為經文為墨子自著也。

本書中論「墨辯」，即以〈經〉上下、〈經說〉上下之文為主要材料；〈大取〉、〈小取〉則只略為涉及，因重要理論皆在〈經〉及〈經說〉中，後二篇僅有補證作用而已。

二、〈墨經〉中所涉之邏輯問題與名家理論

〈墨經〉內容甚雜，有解釋墨子思想，補充墨子理論者，如對「利害」之解釋，及對道德之解釋即是；有涉及初步科學技術者，如論鑒及景等節是；有涉及邏輯問題，知識論問題及其他哲學問題者，則為中國哲學史範圍中應加研究之主要材料。茲先析述有關邏輯問題之理論。

墨家後學之所以致力於邏輯問題之探討，主要原因在於與名家辯爭。其中部分問題亦與道家之理論有關。就其最重要者言之，則有三部分：第一部分為對同異問題之討論。第二部分為對堅白問題之討論。第三部分為對流行之詭辯之駁斥。此三部分皆與名家之說有關，同異問題則亦涉及道家之觀點；蓋就此問題言，道家所持觀點實與名家觀點甚為接近。

以下將析論〈墨經〉中對此類問題之看法。在析論之前，必須先略述名家原有之理論。所謂「名家」之理論，主要指惠施與公孫龍而言。二人時代相近，所論亦皆以詭異著名；然推究其說，固亦有一定論旨。茲分數項論之。

(一)合同異

「合同異」即否認「同」與「異」二概念之確定性。此種說法一部分見於莊子理論，但主要代表則為與莊子同時之惠施。

惠施自身無著作傳世，今日可據以觀惠施之說者，惟有《莊子》書中之材料，即〈天下〉中所述之十項是。十項論點雖似不同，但要旨不外三點；其一為「至大」與「至小」之意義，即所謂：「至大無外，謂之大一；至小無內，謂之小一」。其二為萬物流變無常，即所謂：「日方中方睨，物方生方死」。其三則為同異無定，

即所謂：「大同而與小同異，此之謂小同異；萬物畢同畢異，此之謂大同異」。

此三點約而言之，實皆透露同一問題，即：一切物性及標準，皆僅屬相對關係，並無絕對性。此一相對性問題，通過同異問題而表現，又最為顯著；因此，吾人亦可以同異問題為惠施學說之代表。

萬物畢同畢異之說，雖似詭異，其實甚為淺顯。萬物彼此間皆有某一層次之相同點，亦有許多異點。取其異點，則萬物中無兩物相同；甚至同一物在兩瞬間中，亦成為互不相同之兩狀態——此點即為流變觀念與同異問題之關聯所在。反之，萬物皆佔有時空之對象，此即見萬物有基本相同處。《莊子・內篇》亦常透露此種觀點，如：

> 自其異者視之，肝膽楚越也，自其同者視之，萬物皆一也。⑮

此語就其理論脈絡講，雖是專指「對象性」與「主體性」而言，但亦可見其論同異之觀點。惠施所謂「南方無窮而有窮」、「我知天下之中央……」等等，大體皆此一觀點之不同表述而已。就理論言，此處並未涉及難解之問題。

但惠施由此種理論引出一態度，即所謂：「氾愛萬物，天地一體也」。此一態度與《莊子・內篇・齊物論》之態度甚相近，而其據則在於「合同異」；「合同異」之說實即為惠施一派之名家之重要理論，亦為名家與道家相同或相近之點。

此一問題日後乃成墨家後學所注意之問題。〈墨經〉中即有駁名家理論之說。

(二)離堅白

公孫龍「堅白之辯」為世所習知者；然其真實意義或確定意義，則尚有不同解釋。茲分論如下：

---

⑮《莊子・德充符》。

第一、白馬之論。

今本《公孫龍子・跡府》有云：

龍之所以為名者，乃以白馬之論爾。

足見「白馬之論」為公孫龍理論之中心所在。此理論即世俗流傳之「白馬非馬」之辯也。然則此一理論確定意義何在？此當從〈白馬論〉原文觀之。原文首謂：

白馬非馬……馬者所以命形也；白者所以命色也；命色者，非命形也；故曰：白馬非馬。

此處所揭示之「形」與「色」之分別，即涉及知覺能力之分別，與下文所引「堅白論」之說相通。此處先析解「白馬非馬」之義。

欲釋「白馬非馬」之說，首先須注意此處「非」字之意義。公孫龍之論證中所證明之「非」，實為「不相等」之義，而並非不相屬之義。試觀其原文，此點甚明朗。〈白馬論〉謂：

求馬，黃黑馬皆可致；求白馬，黃黑馬不可致。……故黃黑馬一也，而可以應有馬，而不可以應有白馬，是白馬之非馬審矣。

此即謂：如有黃黑馬在，問有馬否，則應之以「有」，問有白馬否，則應之以無；故黃黑馬不變，而所應不同，此見「馬」與「白馬」之不同。然此所謂不同，實即不相等。就不相等而言，「馬」與「白馬」為兩個問題。而「馬」為大類，「白馬」被包於此類中，範圍較小；自不能相等。

但公孫龍用一含混不明之「非」字，遂使人誤以為「白馬非馬」乃指白馬不屬馬類；此則於理難通。公孫龍本身是否利用此種含混以眩其智，則不可知。然就問題本身言，則只消清理「非」字之意義，即可知公孫龍之論證所具之效力範圍，而由此所引起之驚疑亦可消釋。

三、〈墨經〉中之邏輯理論

〈經〉上下及〈經說〉上下內容涉及邏輯理論者，有以下四點：㈠同異問題。㈡堅白問題。㈢「名」與「謂」。㈣一般知識之解析。

㈠同異問題

〈經〉上論同異之確定意義，分為四種；其文曰：

同：重，體，合，類。……異：二，(不)體，不合，不類。

〈經說〉上，釋之曰：

同：二名一實，重同也；不外於兼，體同也；俱處於室，合同也；有以同，類同也。

依此，所謂「同」，有四種意義；第一為兩類完全重合，兩類雖各有一名，但分子完全相同；此為「二名一實」，即「重同」。第二為互相連屬，屬於同一整體者，如手足「同」為某一人之手足，此乃所屬之同，稱為「體同」，蓋謂同屬於某一體也。第三為位於同一範圍中，如二人在同一室中，此為「合同」；第四為某一條件相同，即所謂「有以同」；倘二者有某一條件相同，則二者同屬於此類，稱為「類同」。例如：白玉與白粉有「白色」一條件相同，二者皆屬於「白類」，即有「類同」之關係。

〈經〉所列四種「同」，惟第一種涉及類與類之關係，其餘皆就個體言。

至於對「異」之解釋，則純就「同」之條件之缺乏言之，故曰：

異：二必異，二也，不連屬，不體也；不同所，不合也；不有同，不類也。

觀此處對「不體」之解釋，直用「不連屬」字樣，可知上文所說「不外於兼」即「連屬」之意。其餘不必重作解釋，總之，皆就四種「同」之條件之缺乏，而說四「異」之意義。

如此，「同」與「異」皆有確定意義；則「萬物畢同畢異」之說可以破矣。莊子所謂「自其同者視之」，「自其異者視之」皆應解釋為「有以同」，「有以異」，而不能由此證「體同」或「重同」，亦不能推出「萬物一體」。蓋萬物有同處，不礙其有異；同自同，異自異；道家與名家之詭辯實無嚴格意義也。

同異之詞義既定；進一步墨家乃評公孫龍之說。

〈經〉下：

狂舉不可以知異，說在有不可。

又有：

牛馬之非牛，與可之同，說在兼。

〈經說〉下，此段則曰：

牛（狂）與馬惟異，以牛有齒，馬有尾，說牛之非馬也，不可；是俱有，不偏有偏無有。曰：牛（原脫）之與馬不類，因牛有角，馬無角，是類之不同也。若舉牛有角，馬無角，以是為類之，不同也，是狂舉也。猶牛有齒，馬有尾，或不非牛而非牛也。則或非牛而牛也可。故曰，牛馬非牛也，未可；牛馬牛也，未可；則或可或不可，而曰，牛馬牛也未可，亦不可。且牛不二，馬不二，而牛馬二；則牛不非牛，馬不非馬；而牛馬非牛非馬，無難。

此段開首之「狂」字，俞樾以為乃「性」字之誤，亦可通。但與《公孫龍子》之文相比，則〈堅白論〉中有「羊與牛惟異」之語，與此處「牛與馬惟異」為同一語法，多一「性」字，並無必要。但有一「性」字亦不害文義，故不作決定。

此段之主旨在謂，二類之同異，先須視其定義條件或類差；如所取條件並非兩類之類差，則由此而論同異，皆有錯誤。

其次則以牛與馬合為一類，論「非」字之意義；「牛與馬」之類有一部分與「牛」類及「馬」類重合，若就「相等」論之，則「牛與馬」之類非「牛」亦非「馬」；此並無難解處。「牛」與「馬」各成一類，「牛馬類」則為二者合成；只要「牛不非牛，馬不非馬」，則即無難。

倘誤以「牛有齒，馬有尾」作為「牛」與「馬」之差異條件，則有能滿足「有齒」之條件而並非「牛」者，即見其誤矣；此所謂「或不非牛而非牛也」。

總之，兩類不重合，而仍相交，小類可包於大類中（如牛類包於牛馬之合類中），如此，則不能就「不相等」而言「非」，此為墨家駁公孫龍之理論；亦可用以評論「白馬非馬」之說；蓋如就類之包括關係言，則「白馬」與「馬」雖不相等，而「白馬」類被包括於「馬」類中，則亦無難矣。

類之重合與包括，若能嚴分，則一切關於同異之詭辯皆可迎刃而解，此〈墨經〉之貢獻。馮友蘭氏以為〈墨經〉擁護常識，實則名家所說常為由詞意含混而生出之詭辯，〈墨經〉反能接觸邏輯問題，未可視為「常識」。就「白馬非馬」而論，若謂「白馬」與「馬」二類不相等，則真是常識；若不確解「非」為「不相等」之義，而以含混說法推出「白馬」與「馬」二類相離，則是「錯誤」，並非超出常識也。名家之說在形上學方面有意義。在邏輯方面，則實不如〈墨經〉之明確也。

(二)堅白問題

對堅白問題，〈墨經〉亦持反公孫龍之立場，認為「堅」與「白」並非相離，且公孫龍之論證未能證其相離。關於此題，〈經〉上下皆論及之。〈經〉上謂：

堅白，不相外也。

攖，相得也。

此二點相連而皆涉及堅白問題；〈經說〉上釋之曰：

堅白異處不相盈，相非是相外也。

其下釋「攖」一條，續謂：

尺與尺俱不盡，端與端俱盡，尺與（端）（原脫）或盡或不盡；堅白之攖相盡，體攖不相盡。

蓋謂，堅白倘相離，則不能相盈，必須相非，即互相排斥；然堅白之相合（攖）則為全部相合，二者不相外，與「尺」不同。故上一節論「盈」，又謂「於石無所往而不得」；蓋〈經〉上論「盈」及「攖」諸節，皆為評堅白說而立也。然其文似有闕軼，故義不甚明。〈經〉下所說則較完整。〈經〉下有：

不可偏去而二，說在見與俱，一與二，廣與脩。

於一有知焉，有不知焉，說在存。

前條在〈經說〉下釋曰：

見不見，離，一二不相盈，廣脩堅白。

此謂兩性質一見一不見，視之為「離」，則不相盈；如「廣度」與「長度」亦可如此說；然物有廣與脩，廣脩並不相離，堅白亦當如是觀。

於後條，〈經說〉下則曰：

於石一也。堅白二也，而在石。故有智焉，有不智焉可。

此謂公孫龍以視之不得其堅，拊之不得其白為論證以言相離。一石而有堅白之性，則知其一不知另一之時，並未否定二者之「在石」也。此蓋指公孫龍之論證僅有證知覺能力分離之效力，並無證堅白分離之效力。

就堅白問題言，名家原意在說明「性質」之獨立性；墨家則只論存在問題。二者所涉之問題不同，故不能有勝敗可說。

㈢「名」與「謂」

〈經〉上論「名」與「謂」，最為精嚴。〈經〉上有：

名，達，類，私。

謂，移，舉，加。

〈經說〉上釋「名」曰：

名，物，達也；有實必待之名也（「之名」舊誤為「文多」）？命之馬，類也；若實也者，必以是名也。命之臧，私也，是名也，止於是實也。

〈墨經〉所論「三名」，即「全類」、「類」與「個體」；「物」指全類，一切皆以為名；「馬」為普通類，有此條件之物即必以是名；「臧」為個體，故是名止於是實。

〈經說〉上釋「謂」，則曰：

命狗犬，移也（原誤為：「灑謂狗犬命也」六字，「灑」字乃「移」字之誤），狗犬，舉也；叱狗，加也。

此處三「謂」，「移」指類與類之包括，謂「狗」是屬「犬」類者，即「移」（因「狗」原指「未成豪之犬」，見《爾雅》）；「舉」則指定義關係。如以「狗」為具有某條件之犬，則為「舉」。「加」指將個體歸類，如說：「這是狗」——即「叱狗」之意，則為「加」。

觀此可知，〈墨經〉中對繫詞之功用已有所見，能區分三種「謂」，即能解「是」字之三種意義；尤可注意者，乃此處已能區分「個體與類之關係」及「類與類之關係」，以同時代之西方邏輯比觀，則〈墨經〉所接觸之問題，當時西方人尚未了解也。

三名三謂之說，皆有貢獻，惜後無繼者；甚至清人注解此段，亦不得其義，至可笑也。

(四) 一般知識之解析

除以上涉及「合同異，離堅白」二點之理論外，〈墨經〉中牽涉邏輯或解析問題者，尚有數點；此可視為一般知識之解析。

首先當舉〈墨經〉中論「無限分割」之說。

《莊子・天下》，舉辯者之言，有：

一尺之捶，日取其半，萬世不竭。

蓋謂有限線段可作無限分割；此本無可駁之處。但〈墨經〉與辯者爭，亦欲駁此說，遂以「單位」觀念駁無限分割。〈經〉下有：

非半弗斱，則不動，說在端。

〈經說〉下釋之曰：

非斱半，進前取也；前則中無為半，猶端也。前後取則端中也。斱必半，毋與非半，不可斱也。

此一論證以「端」為中心；「端」即點，即不可分割之最小單位也。斱必求其為半，則必有可計算之單位；此單位本身無法再分；而不論如何斱法，最後必餘一單位點，此單位點若再斱，則須改變單位本身，故曰不可斱。

其次，〈墨經〉否認莊子「此亦一是非，彼亦一是非」之說，而以為「辯」有一定意義，故〈經〉下謂：

謂辯無勝，必不當，說在辯。

〈經說〉下釋之曰：

辯也者，或謂之是，或謂之非，當者勝也。

此言「辯」乃對一定命題之肯定與否定之爭，故必有勝者。

〈經〉上又解釋論證中之條件，而謂：

故，所得而後成也。

〈經說〉上則釋之曰：

故，小故，有之不必然，無之必不然。體也，若有端。大故，有之必然，無之必不然，若見之成見也。

「小故」即「必要條件」，「大故」即充足必要條件；此二者皆表命題之真值關係。〈墨經〉中已見及此。

此外，〈小取〉論及辯論之技術或方法，則有辟，侔，援，推之說。其言曰：

辟也者，舉也（即他）物而以明之也。侔也者，比辭而俱行也。援也者，曰：子然，我奚獨不可以然也。推也者，以其所不取之同於其所取者予之也。

此中，「辟」即「譬」之意，以物喻物是。侔則以言喻言。「援」則是取對方所據之理由而駁對方之結論。「推」則是指出對方所否定者與其所肯定者之相同處，而駁對方之肯定及否定。例如：有人謂「董卓為姦臣，霍光為忠臣」，則以「推」字訣駁之，可曰：「董卓廢帝立帝，霍光亦廢帝立帝，何故一忠一姦？」此顯屬辯論技巧問題，與求真或求嚴格無關也。

〈小取〉尚有一可注意之理論，即對於個體之謂詞與類之謂詞之區別。蓋描述類之謂詞，常不能用以描述此類之個體；描述一小類之謂詞亦未必可同時對所屬之大類成立。此在今日，自為常識，但在古代，則罕有詳論之者。〈小取〉獨說此義云：

車，木也；乘車，非乘木也。船，木也；入船，非入木也。盜（人），人也；多盜，非多人也。奚以明之？惡多盜，非惡多人也。欲無盜，非欲無人也。

此即所謂「是而不然」，意即：一類包括於某大類中，一個體屬於某類時，雖有相屬或包括之關係，但用於此之謂詞未必可用於彼。此點在邏輯上甚為重要。〈小取〉雖未詳論，已接觸此問題矣。

以下再觀〈墨經〉中涉及知識問題之部分。

四、〈墨經〉中所涉之知識問題

中國哲學素缺知識論，〈墨經〉中對知識問題則稍有論列。茲分述如下：

〈經〉上有：

知，材也。

〈經說〉上解之曰：

知材，知也者，所以知也，而不知，若明。

此就認知能力而言，知識依認知能力而成立，但有認知能力並非即有知識，蓋尚有能力運行之問題也。

〈經〉上又分論感覺與理解二能力，而曰：

知，接也；恕，明也。

〈經說〉上則釋之曰：

知，知也者以其知過物而能貌之，若見。

此指感覺能力而言。此處「過」字孫詒讓以為宜作「遇」字，實則「過物」亦可通，故不改。〈經說〉上又釋「恕」

一條曰：

恕，恕也者以其知論物而其知之也著，若明。

此指理解能力而言。感覺接受感性印象，故說「過物而能貌之」。理解則整理感性資料，故說「論物」。且理解知識較為明晰確定，故說「其知之也著」。

〈墨經〉又有時空觀念，認為時空非感覺對象。〈經〉下曰：

知而不以五路，說在久。

「久」即指時間，此言對時間自身之知識，不由於感覺。時空二者，在〈墨經〉中稱之為「久」與「宇」，〈經〉上曰：

久，彌異時也；宇，彌異所也。

彌即「包含」或「統指」之意。〈經說〉上釋之曰：

久，合古今旦莫；宇，蒙東西南北。⑰

此乃時空之定義。而時空非感官對象，〈墨經〉已言及之，則不可謂不高明；蓋此時中國尚無別家能解此問題也。其次，〈墨經〉論及人獲得知識之方法，則提出三種途徑。略與印度古代流行之說相似。〈經〉上曰：

知，聞，說，親。名實合為。

此中，「聞，說，親」三項為獲得知識之三途徑；「名實合為」則為補充之解釋，故〈經說〉上釋之曰：

知，傳受之，聞也。方不㢓，說也。身觀焉，親也。所以謂，名也。所謂，實也。名實耦，合也。志行，為也。

⑰ 案：原為「東西家南北」，茲依胡適之先生校改。

由傳受而得知，謂之「聞」，即印度所謂「聖言量」；「方不瘴」即推喻無礙之意，如此由推喻而得之知，乃由於「說」，即印度所謂「比量」。「身觀焉」則是直接經驗，如此得知識，謂之「親」，即印度所謂「現量」是也。

「聞，說，親」照三種途徑，人由此獲得知識。其下又論「名實合為」，謂用以陳述者為「名」，被陳述者為「實」；二者相符，為「合」；由知識而有目的及活動，謂之「為」。後四者皆非獲得知識之途徑，但繫於此而言之。馮友蘭以此七項並列而釋之，蓋未深察其意義也。

× × × × ×

〈墨經〉大要如此。吾人以哲學史眼光觀其得失，可說：此一部分墨學，代表中國古代研究邏輯及知識問題之主要成績。其說有甚精者。雖今本多殘闕脫漏，然猶可案而見之。此種思想成績之產生，亦自有其外來之因素。蓋名家道家多施詭辯，墨者不得不與之爭；由相爭而有研究之成果，亦屬自然。吾人固不可據此而謂墨家後學獨優於思辯，然亦不能抹煞其貢獻也。

墨辯理論，較之荀子正名之說，尚有過之。即與同時之西方思想水準比較，亦不落後。此亦可見中國後世思辯之不發達，乃由人為之決定，非關民族之才能也。

第六章　荀子與儒學之歧途

壹　前言

先秦儒學，創於孔子，而成於孟子。就理論體系言，孟子雖有性善，四端，養氣之說，以建立重德之價值哲學之間架；但遺留問題尚多。譬如，由性善之說雖足以點明價值之根源；但孟子對於形軀，情意中諸種阻擾，論之不詳，未免令學者有太簡之感。又如，仁政之說，悉由當國者之發心動念以釋政治軌道；於文制之特性全未論及。由仁義至禮法之展開歷程中，禮法之特性不顯，亦令人有缺漏之憾。故就內在一面論之，孟子之後，儒學理論亟待補成。無論心性論方面或政治理論方面，莫不如此。

其次，就當時思想界之環境言之，孟子時雖面對敵論作保衛儒學之努力，然其時敵論僅為楊氏重生貴己之說，及初期墨家兼愛與儉約之主張。孟子所闢，亦限於此。至孟子身後，一方面由莊學之大行，道家之說取楊朱之地位而代之，其勢甚張；另一面則墨家後學與名家者流會合激盪，新論滋多，辯議滋繁，亦頗有孟子所未及駁論者。在如此之思想界環境下，儒家亦不能不另有人出，重理舊說，益以新解，以抗諸子之言。故就外在一面論之，孟子後之儒學理論亦需要一發展。

然歷史脈絡之實況每與理論脈絡之要求不能盡合。依理論脈絡之要求論之，孟子後之言儒學者應能內補孔孟之說，外應諸子之攻。而實際出現之學說，則未循此道路以進展；反之，此一新學說乃違離孟子之心性論，而又雜取道家墨家之言，以別立系統者。此系統即荀子之哲學。

就荀子之學未能順孟子之路以擴大重德哲學而言，是為儒學之歧途。而尤應注意者是此一學說之歸宿。荀子倡性惡而言師法，盤旋衝突，終墮入權威主義，遂生法家，大悖儒學之義。學者觀見此處之大脈絡，則益可知荀學之為歧途，固無可置疑者。

以下先述荀子之生平，再觀其理論內容。

貳　荀子之生平

在司馬遷《史記》中，孟荀合傳。傳文謂：

> 荀卿，趙人，年五十，始來游學於齊。……齊襄王時，而荀卿最為老師。……齊人或讒荀卿，荀卿乃適楚，而春申君以為蘭陵令。春申君死而荀卿廢，因家蘭陵。李斯嘗為弟子，已而相秦。荀卿嫉濁世之政，亡國亂君相屬，不遂大道，而營於巫祝，信禨祥。鄙儒小拘。如莊周等，又滑稽亂俗。於是推儒墨道德之行事興壞，序列著數萬言而卒。因葬蘭陵。

案傳文中不言及荀卿之生卒年月，但依春申君及齊襄王之年代旁考之，大致可推見荀子之年代。汪中作〈荀卿子年表〉，起於趙惠文王元年（齊王二十六年），訖於趙悼襄王七年（齊王建二十七年，即秦始皇十一年），前後共六十年，以為荀卿生平大事重在此六十年中。以西元計之，則此年表為西元前二八九——二三八年。案孟子卒於西元前六九年，則孟荀之年代固相接矣。

若考《史記》傳文「年五十，始來游學於齊」之言，又知荀子在齊王時最為老師，則可能荀子來齊時在襄王時，汪中以為在湣王時，則至春申君之死，荀卿已逾百歲，恐不近理。然確定年月，已不可考。就哲學史之需要言，吾人斷其在孟子後，法家李韓之前即足。

荀卿之學，傳自何人，亦不可考。觀其書中除稱道孔子外，屢言「子弓」，或謂「子弓」即《論語》中之「仲弓」，若是，則荀子遙承仲弓，但仲弓之學不可知，去荀子又遠。今論其學，仍視為儒學在先秦後期之新說。汪中《荀卿子通論》以為出於「子夏仲弓」，則顯屬有誤，蓋〈非十二子〉中，荀卿深詆「子夏氏之賤儒」，可知荀不承子夏之學也（傳《詩》之說，不關重要）。

荀子之著作即今本《荀子》。舊稱《孫卿子》或《荀卿子》。其中部分為荀子自撰，部分為門人所記。如〈大略〉至〈堯問〉，皆顯為雜記，必出後學之手。顧與荀子之學說無大關係，亦不必論考。

參　荀子之學說

荀子學說之基源問題可說為：「如何建立一成就禮義之客觀軌道」，蓋荀子之價值哲學，於主體殊無所見，故其精神落在客觀秩序上。然以主體之義不顯，所言之「客觀化」亦無根。茲自性惡論著手，逐步展示其理論。

一、性惡與師法。

二、心與天。

三、君與禮。

四、「學」觀念與「正名」。

以上，性惡及師法之說，為荀子之心性論之基本理論，論心與天則為荀子心性論尋求出路之迴旋過程，論君與禮則為荀子心性論之歸宿，至此，其價值理論之入歧途，即成定局。最後論學及正名之說，則為荀子在方法論方面之見解，涉及邏輯問題。

荀子言「性」，與孟子相反；此人所熟知者。然通常人所了解之「反」不過指「性惡」與「性善」之對立。此僅屬皮相之見。若欲親切把握孟荀言性之異，必須從「性」一詞在二子學說中之意義著手觀察。

孟子言「性」，實指人之"Essence"而言（注意，此處所說之"Essence"乃依亞里斯多德之用法）。孟子以為，人與其他存在有一不同之條件；此條件稱之為人之「性」。而此條件非他，即「有價值自覺」是。人之「性」為「有價值自覺」，因「有價值自覺」乃人之心靈所獨具之條件，換言之，價值自覺為人之"Essence"。故孟子在與告子辯論時，駁「生之謂性」之說中；表明自己所講之「性」乃指"Essence"，而非實然意義之始點。另一方面，孟子舉四端以闡明價值自覺確為人之"Essence"所在。於是，性善說中所言之「性」，與通常所謂生而具有之「性」，截然不同。蓋孟子之「性」取本質義，通常以人初生時所具之本能為「性」，是事實義。稍有哲學訓練者，必能辨之。以下據此分別以論「性惡」之說。

一、性惡與師法

荀子之論「性」，即純取事實義。荀子不解孟子所言之「性」何所指，只就實然歷程觀察，遂力攻孟子之說。〈性惡〉云：

人之性惡，其善者偽也。今人之性，生而有好利焉，順是，故爭奪生而辭讓亡焉。生而有疾惡焉，順是，故殘賊生而忠信亡焉。生而有耳目之欲，有好聲色焉，順是，故淫亂生而禮義文理亡焉。然則從人之性，順人之情，必出於爭奪，合於犯分，亂理而歸於暴，故必將有師法之化，禮義之道，然後出於辭讓，合於文理，而歸於治。用此觀之，然則，人之性惡，明矣。其善者偽也。

荀子連用「生而有」以釋「性」，顯見其所謂「性」，乃指人生而具有之本能。但此種本能原是人與其他動物所同具之性質，決非人之“Essence”；故在開端之處，荀子立論即與孟子之說根本分離。荀子所言之「性」，並非孟子所言之「性」也。

荀子以為，順動物性而發展，則必「亂理而歸於暴」，其理誠然。荀子以此而主張由禮義師法以化人之動物性，亦無可議；但荀子徒以「偽」（「人為」之意）釋「善」，而不能說明「性惡」之人何以能有「人為之善」，亦不能說明師法何由立，禮義何由生，遂伏下荀子理論之致命因子。

荀子本意，不過謂人必受文化之陶冶，方能循理；但文化（包括師法及禮義）又如何而成為可能？荀子未能解答。

荀子強調教化或改造歷程，故謂：

今人之性惡，必將待師法然後正，得禮義然後治。

此指對動物性之克服而言。孟子亦並非不言克服動物性之義，觀四端說中所言「擴而充之」，及其論大體小體之說，可知教化之事與性善論毫無衝突。且欲言教化，則必須先肯定人除有動物性之外，尚有創造文化，實現價值之某種能力（即價值自覺），否則教化亦將無根。而荀子不察，攻孟子之說而謂：

孟子曰：人之學者，其性善。曰：是不然，是不及知人之性，而不察乎人之性偽之分者也。

然則，何謂「性偽之分」？荀子以自然與文化之別言之：

凡性者，天之就也；不可學，不可事。禮義者，聖人之所生也，人之所學而能，所事而成者也。不可學，不可事，而在人者，謂之性。可學而能，可事而成之在人者謂之偽。是性偽之分也。

荀子所謂「不可學，不可事」，乃指不待學，不待努力而言。蓋荀子以為，人之自然成分，即動物性，乃不待努力而實具有者；人之文化成分，則待自覺努力以成就之。此說仍不謬。但問題在於此種自覺努力如何而可能？倘根本上人只具動物性，並無價值自覺，則何能有此努力乎？此處須注意荀子所說：「禮義者，聖人之所生也」一語，蓋此乃荀子思想之真糾結所在，或十分糊塗之處。荀子既以為人之性只是動物性，但又假定有「聖人」。故設問答之詞曰：

問者曰：人之性惡，則禮義惡生？應之曰：凡禮義者，是生於聖人之偽，非故生於人之性也。故陶人埏埴而為器，然則器生於工（陶）人之偽，非故生於人之性也。故工人斲木而成器，然則器生於工人之偽，非故生於人之性也。

此仍不過以為人在自覺努力中創建禮義，故以工人為器喻之。土木待人之努力而成器，即依外來之改造力量而成器。荀子以此喻人，則人須待外來之改造力量以成禮義矣。然而此外來力量源自何處，荀子又以為仍來自「人」，不過此種「人」係「聖人」而已。故謂：

聖人積思慮，習偽故，以生禮義而起法度，然則禮義法度者，是生於聖人之偽，非故生於人之性也。

依此，則師法禮義皆生於聖人。而聖人乃能自作努力（積思慮），又能承受文化成績（習偽故）者。但人之性既惡，則人只有動物性，又何以能成為聖人？何能自作努力，何來文化成績？

荀子亦知有此問題，故試作解答而謂：

> 故聖人者，人之所積而致矣。

此謂人逐漸努力，可成聖人。但人既性惡，如何能作此努力？荀子於此被迫而承認人有「知」某種「理」之能力，故有「塗之人，可以為禹」之說。其言曰：

> 塗之人，可以為禹。曷謂也？曰：凡禹之所以為禹者，以其為仁義法正也。然則仁義法正，有可知可能之理。然而塗之人也，皆有可以知仁義法正之質，皆有可以能仁義法正之具，然則其可以為禹明矣。

荀子承認常人（塗之人）皆有一種「質」與「具」，能知仁義法正，能行仁義法正。則此種質具屬性乎？不屬性乎？惡乎？善乎？何自而生乎？若此種質具非心靈所本有之能力，則將不能說明其何自來；若此種質具是心靈本有，則此固人之「性」矣，又何以維持「性惡」之教？

此處尚須注意者是荀子並非以為聖人與常人生性有殊，反之，荀子實認定所有人皆具同樣之性者，曾謂：

> 凡人之性者，堯舜之與桀跖，其性一也。君子之與小人，其性一也。

故聖人與常人之性無分別。唯聖人能「化性起偽」，故曰：

> 凡所貴堯禹君子者，能化性，能起偽，偽起而生禮義。

性由何而得化？偽由何而能起？則又不得不歸人有此「質具」。然則，何以能駁孟子之說？

荀子之錯誤十分明顯；倘荀子能以「人」與「非人」作一比較，以觀此種「質具」是否為人所獨有？則可知孟子之原意。然荀子不悟此，仍苦持「性惡」之說；又明知所言之禮義師法，不能不有根源，質具之解未精，故其思想轉入另一方向，欲在「性」以外求價值根源，說明禮義師法之由來，並解釋所謂「質具」之義，於是乃提出「心」觀念。

二、心與天

依理論脈絡觀之，荀子之「心」觀念為其「質具」之說之闡釋或補充；蓋荀子既承認「塗之人，可以為禹」（即「人人可成聖人」），則不得不說明人憑何種能力乃能由常人而至聖人。〈性惡〉中所提出之「質」與「具」，僅是泛說。欲作較確定之說明，故提出「心」觀念。

「性」既為「惡」，則為罪惡之源；「化性」之工夫依於「起偽」，故在〈正名〉中乃說：

> 心慮而能為之動，謂之偽。

又謂：

> 情然而心為之擇，謂之慮。

如此，則「偽」生於心，而「心」乃能「擇」者。換言之，此「心」即視為文化之根源，同時亦表道德意志（因能作選擇）。只觀此種說法，荀子之「心」似有「主體性」之義。而〈解蔽〉中又極主「心」為主宰能力：

> 心者，形之君也，而神明之主也。出令而無所受令。自禁也，自使也，自奪也，自取也，自行也，自止也。故口可劫而使墨云，形可劫而使詘申，心不可劫而使易意；是之則受，非之則辭。

如此，則「心」確表主體，且為「應然自覺」所在。〈天論〉亦說此義謂：

> 心居中虛，以治五官，夫是之謂天君。

皆足見荀子以「心」為「主體性」。

就此而論，荀子之「心」似與孟子之「性」極相近；倘順是而展開，則孟荀之說將僅有用語之異。然荀子進一步論「心」時，乃見其所謂「心」並非同於孟子所說之「性」。

此即是「心」與「理」之關係問題。孟子說「性」，重在四端；蓋孟子點明價值意識內在於自覺心，換言之，萬德萬理，悉由此自覺心出，亦即所謂「性善」之本義。荀子所說之「心」雖亦指自覺心，但此「心」只能觀照，而非內含萬理者。

又謂：

〈解蔽〉云：

何以知道？曰：心。心何以知？曰：虛壹而靜。

人生而有知，知而有志。志也者，臧也。然而有所謂虛；不以所已臧害所將受，謂之虛。

案此段本就破除成見而言，然就此亦可測知荀子所言之「心」乃一觀「理」之心，而非生「理」之心。心之功用重在能受，而不重在能生。如此，則理在心之外，與四端說大異。

再觀槃水之喻，其義益顯。〈解蔽〉云：

故人心譬如槃水，正錯而勿動，則湛濁在下，而清明在上，則足以見鬚眉而察理矣。微風過之，湛濁動乎下，清明亂於上，則不可以得大形之正也。心亦如是矣。故導之以理，養之以清，物莫之傾，則足以定是非，決嫌疑矣。

此喻最能代表荀子對「心」之看法。依荀子所見，心之見理正如水之照物。水清明則能照物，心清明則能見理。物不在水中，理亦不在心中。心之德唯有清明，即所謂「虛壹而靜」者。如此，荀子之「心」雖一度說為「主體性」，但此心為一不含理之空心，並非道德主體。其功用僅是在虛靜中照見萬理；與道家所說之「心」相近；而與儒學所言之「心」（道德心）相去甚遠，更非孟子所言之「性」。

倘「理」在心外，則價值根源在外。順是以展開，將走上以價值根源歸於「天」（非人格化之「天」）一路，而與道家無異。但荀子不以為人應順天，反之，有「制天」之說。〈天論〉謂：

大天而思之，孰與物畜而制之？從天而頌之，孰與制天命而用之？

且荀子不主張以人事歸諸天命，而謂：

天行有常，不為堯存，不為桀亡。

且謂：

彊本而節用，則天不能貧；養備而動時，則天不能病。脩道而不貳，則天不能禍。

是明言天並非人之主宰矣。如此，則人不應順天，「天」亦非價值根源。

學者當察，荀子此種理論中所說之「天」，本是「自然義」。依價值哲學之設準觀之，價值根源之歸宿不外以下數種：

第一、歸於「心」——即歸於主體性。如儒學及德國觀念論。

第二、歸於「天」，可分兩類：

1. 非人格化之「天」。如道家所言之「自然」。

2. 人格化之「天」。如墨家所言之「天志」，或其他權威主義之外在主宰。

第三、歸於形軀——即歸於「利」。如墨家之部分思想，及其他功利論者所持。

今荀子所論之價值根源，既不歸於「心」，又不歸於非人格化之「天」；則所餘出路，在理論上僅有二可能。一是歸於形軀，以「利」為價值之本義；另一則是歸於一權威。

荀子說性惡時，已極言好利之為惡；且在〈榮辱〉中又明貶利而崇義，曾謂：

先義而後利者榮，先利而後義者辱。

又〈不苟〉中論「小人」，則謂：

> 言無常信，行無常貞，唯利所在，無所不傾，若是則可謂小人矣。

則荀子顯然不以求形軀之利為價值。如此，荀子價值論之唯一出路，乃只有將價值根源歸於某一權威主宰。實言之，即走入權威主義。

此一傾向見於荀子對「君」及「禮」之理論。

三、君與禮

荀子之權威主義思想，本以「君」觀念為歸宿，但其論「君」之說須與論「禮」之言合看。蓋當荀子歸向權威主義時，其根本要求仍是尋覓價值之源；而對價值之源所提出之權威主義之解釋，則分別就「禮」與「君」兩面立說。

「禮」一詞，在荀子思想中，兼指政治制度及日常儀文，大致與儒學言「禮」之通義相同；但有一點須注意者，即荀子專論「禮」時，較重制度義。

〈禮論〉謂：

> 禮起於何也？曰：人生而有欲，欲而不得，則不能無求；求而無度量分界，則不能不爭；爭則亂，亂則窮。先王惡其亂也，故制禮義以分之，以養人之欲，給人之求；使欲必不窮乎物，物必不屈於欲，兩者相持而長；是禮之所起也。

依此，則禮義之源在於「平亂」之要求。此與《墨子・尚同》中論國家起源時之立場相類。墨子論國家之產生，以為由於人懷私欲以相爭相害，不得不建立政治權力以作統御。由此而生出墨子之權威主義理論。今荀子則據欲求立說以釋禮義之產生，亦以為人懷私欲，有求遂有爭，故必須制禮義（立制度）以節之，使人服從一定秩序。於是禮義之源流乃歸於平亂息爭之要求，由此而生出荀子之權威主義理論。

此處最可注意者是：依儒學觀念發展歷程看，孔子為釋「禮」之「本」，故由義溯仁，立「仁、義、禮」之統。其意義即在於以價值自覺為制度之基礎。孟子之說，詳論價值自覺為一切價值之源，故為補成孔子之說者。今荀子只識自然之「性」，觀照之「心」，故不能在心性上立價值之源，又不欲取「法自然」之義，於是退而以「平亂」之要求為禮義之源；如是，禮義之產生被視為「應付環境需要」者，又為生自一「在上之權威」者。就其為「應付環境需要」而論，禮義只能有「工具價值」；換言之，荀子如此解釋價值時，所謂價值只成為一種「功用」。另就禮義生自一「在上之權威」而論，則禮義皆成為外在（荀子論性與心時，本已視禮義為外在）；所謂價值亦只能是權威規範下之價值矣。

墨子學說原有功利主義與權威主義兩面。如上所論，荀子在心性論中不能得出路，遂亦歸至以功用及權威規範解釋價值之理論。依此，則未嘗不可說，荀子思想至此已背儒而近墨。

但荀子本人立說，確並無歸向功利主義之自覺意向；上論所推繹之理論後果（即：視禮義為應付環境需要時，即將「價值」化為「功用」），為荀子所不及察。唯權威主義一面，則荀子因其理論別無出路，故不得不漸漸轉往此一方向。雖荀子處處仍欲保留儒學之觀點，但既不能見大本之義，亦遂無以自拔。

荀子思想既歸於言禮之方向，故屢次強調「禮」之重要。

〈禮論〉：

故繩者，直之至；衡者，平之至；規矩者，方圓之至；禮者，人道之極也。然而不法禮，不足禮謂之無方之民；法禮足禮，謂之有方之士。

又謂：

……聖人者，道之極也。故學者，固學為聖人也，非特學為無方之民也。

此明謂，禮為人道之最高理念，且以能否法禮足禮劃定聖凡界限。配以禮生於「平亂之要求」之說，則一切價值規範均化為外在義及工具義矣。

但禮為制度義；而一切制度性之秩序，均必須依一權力運行。故荀子論禮之說遂又轉而與「君」之說相通。〈禮論〉：

禮有三本：天地者，生之本也；先祖者，類之本也；君師者，治之本也。

此三本中唯「君師」為純粹文化義；餘二者均為事實義。於是，由此荀子思想遂由尊禮過渡至尊君。〈君道〉：

道者何也？曰：君道也。

又謂：

君者，民之原也。原清則流清；原濁則流濁。

且荀子再進一步，斷定為國家之道繫於君一身，而謂：

請問為國，曰：聞修身，未嘗聞為國也。君者，儀也；儀正而景正。君者，槃也；槃圓而水圓。君者，盂也；盂方而水方。……故曰：聞修身，未嘗聞為國也。

此遂直說，「君」為最高規範；民與國皆只能以君為規範。

此處學者宜注意「敘述事實」與「敘述道理」之分別。若荀子僅敘述事實，謂事實上有君支配國民之情形，則不一定為權威主義立場，因敘述此種事實後，仍可以主張改變此種事實。但荀子並非如此。荀子實是以「敘述道理」之口吻說「君」為「民」之規範；以「君」之「修身」作「為國」之本。荀子並非只說有此種「事實」，而是確認「道理」應是如此，則荀子之已走入權威主義，固甚明顯。

由於荀子重「君」，故乃漸有討論「君」之權如何建立之語。〈君道〉謂：

故天子不視而見，不聽而聰，不慮而知，不動而功，塊然獨坐，而天下從之如一體，如四肢之從心。夫是之謂大形。

此說意向在於討論君權建立之術；其內容則頗似道家所言之無為，但另一處則荀子透露另一態度。〈君道〉：

故人主無便嬖左右足信者，謂之闇。無卿相輔佐足任者，謂之獨。所使於四鄰諸侯者非其人，謂之孤。孤獨而晻，謂之危。國雖若存，古之人曰，亡矣。

此在表面上，乃說人才之重要；但其態度已接近日後法家論人主之術之語。此所以韓非出於荀門也。但荀子之轉向權威主義，乃理論糾結迫使如此；並非本意；故荀子並非正式言「法」者。每言及「法」時，仍以為「人」重於「法」。〈君道〉謂：

有亂君，無亂國。有治人，無治法。

下文發揮此義，則謂：

羿之法非亡也，而羿不世中。禹之法猶存，而夏不世王。故法不能獨立，類不能自行。得其人則存，失其人則亡。

又謂：

法者，治之端也。君子者，法之原也。

此皆重人輕法，仍是「德治」重於「法治」。可知荀子思想畢竟與法家尚隔一層。若就深處看，則法家為價值否定論者；而荀子則為失敗之儒者。儒者皆欲肯定價值，荀子不能見心性之真，故立說終失敗，而被迫歸於權威主義。然雖屬失敗者，卻仍是儒學中之失敗者。儒學本性與法家不同，故荀子雖啟韓非思想，畢竟其人所取之路向非法家之路向。此處宜細辨分寸。

× × × × ×

總之，荀卿生孟子後，不辨心性之本義。又深譏孔門弟子各支學說。〈非十二子〉中對子張，子夏，子游三支之譏嘲，固可按而觀之；甚至子思孟子傳曾子之學，荀卿亦視之為不知統；雖以為承仲尼子弓，實以儒學改革者自處。然言性時只知自然之性，乃苦持「性惡」之論；言心時只立觀照之心，遂有槃水之喻。性中既無價值自覺，心德又為虛靜清明；徒言禮義師法，不得其根。益之以制天用天之義，遂又不能取道家立場。價值根源渺無所著，終乃轉入崇君尊禮，有類乎墨子之尚同。於是，「德性我」蔽而不彰，遂有以「外在權威秩序」代「內在道德秩序」之趨向。雖荀卿本人不欲歸道家，亦不欲為墨家，尤不欲言法與術，然本根虛浮，流弊遂起。及韓非出，則廢「分」而言勢，賤「仁政」而貴「明察」；否定一切規範，唯以建人主之權為事。於是駁雜之荀學再變而為純否定之法家。而秦火禍來，周文遂息。不唯儒學從此走入歧途，中國文化精神亦成弱敝。其後陰陽家之言滲入漢儒學說中；佛教心性論漸入中土，據文化之主壇，迄兩宋而始變。其間外在機緣固多，然內在樞紐，皆由荀學之病。此又觀先秦哲學時所必應深察者也。

最後，荀子尚有涉及方法論及初步邏輯問題及知識論之說，以〈正名〉為中心。以下略作析論。

四、「學」觀念與「正名」

《荀子・正名》中之說，近世論之者甚多。中國先秦諸子多不重視純粹思辯工作。〈墨經〉之說，目的在於駁名家及道家之詭辯，而道家之持詭辯者亦非表現其思辯興趣，主旨仍在於示人以高而已。儒學則尤不重邏輯解析及知識論，荀子在〈正名〉之種種理論，亦皆用以助人進學，而所謂「學」則非思辯之學。故學者觀荀子論及邏輯問題及知識論問題之見解時，宜先明此類工作在荀子學說中之附從地位。

由於〈正名〉之種種理論，乃附從於「為學」者，故本節先述荀子論「學」之言，再述正名之說。

〈勸學〉謂：

學惡乎始？惡乎終？曰：其數則始乎誦經，終乎讀禮。其義則始乎為士，終乎為聖人。

此見荀子所講之「學」，仍是成聖之學；即儒家傳統所講之成德之學。雖荀子不能掌握價值自覺，故終自陷於權威主義中（見上節），但以成德成聖為「學」之目的，則固荀子之本意所在也。

荀子強調文化之累積，及人之改造，故其論學之具體主張，則為對自然之性之改造。故又謂：

木受繩則直，金就礪則利，君子博學而日參省乎己，則知明而行無過矣。

又謂：

君子生非異也，善假於物也。

凡此皆表對改造之強調。但如上節所論，荀子對心性真相既不能明切把握，故不能說明此種改造歷程如何可能，而僅能列舉為學之方法，其言曰：

君子知夫不全不粹之不足以為美也，故誦數以貫之，思索以通之，為其人以處之，除其害者以持養之。

此皆指進學之方法。其中「誦數以貫之」即指「學禮」而言，「為其人以處之」即「居必擇鄉，游必就士」（〈勸學〉）之意，而「思索以通之」則指以思辯之功助進學也（注意，以上所言之「思辯」，係比照西方哲學而言；與「慎思明辨」一語中所言之「思辨」有異，二者不可混）。

由此，吾人乃可進而述荀子涉及思辯之理論。但在下文講〈正名〉思想之前，關於荀子對「學」之理論仍有應作補充者。此即荀子對「禮」及《詩》、《書》之揚抑。

儒家向重《詩》、《書》，荀子則特別注重「禮」，故〈勸學〉曰：

> 故學至乎禮而止矣。

又曰：

> 不道禮憲，以《詩》《書》為之，譬之猶以指測河也，以戈舂黍也，以錐飡壺也，不可以得之矣。

荀子自非反對《詩》、《書》者，但輕視《詩》、《書》，以為「禮」方是學者最後之探究對象，此又與荀子價值理論之歸宿有關。此處不贅論。

總之，就「學」之本性言，荀子以為所謂為學即以文化成績改造自身；就「學」之目的言，荀子以為在於成聖；就所致力之對象言，荀子言「禮」；就進學之方法言，則荀子以為應有誦數，擇友及用思數者。而〈正名〉所論即關涉用思之事。

〈正名〉之思想，可注意者在其涉及邏輯及知識論之部分，茲分述如下：

(一)涉及邏輯論者

荀子為最早以虛名論立場解釋「名」之儒者，且有約定論色彩。此點應首先論及。

〈正名〉曰：

名無固宜，約之以命。約定俗成謂之宜；異於約者謂之不宜。名無固實，約之以名實。約定俗成，謂之實名。

此言一切符號之意義由約定而來；約定後，符號之意義即定。符號之立僅為「命」名。命名本身無所謂正誤，無所謂「宜」或「不宜」。唯命名既定，則由此約定而使符號有一定意義，乃不可亂，不可違約定。命名既定，沿用成俗，於是此名常有如此意義，故可說正誤。

又一符號（名）與其所指（實）亦無一定關係，符號與所指之關係由約定而來，故「名實」亦依「約定俗成」而立。

此種說法在近世自已成常識，但在古代則頗為難得。如與西方比較，則亞里斯多德猶執著於「本質定義」，而不解「約定」之理；荀子能切說此理，實此勝於彼矣。

其次，荀子既持虛名論觀點，以「名」為約定之符號，於是乃就名之大小（概念之外延廣狹）而講「共」與「別」。

〈正名〉曰：

故萬物雖眾，有時而欲徧舉之，故謂之物。物也者大共名也。推而共之，共則有共，至於無共，然後止。有時而欲偏（原作「徧」，誤）舉之，故謂之鳥獸。鳥獸也者，大別名也。推而別之，別則有別，至於無別，然後止。

此中，「共」近乎「普遍」(Universal)，「別」近乎「特殊」(Particular)。「大共名」即指最普遍之概念。但「大別名」以「鳥獸」為例，則並非指最特殊之名，而係指別名中範圍較大者。由此知《荀子・正名》所謂「大」皆指外延之廣而言。

荀子如此論「名」之後，即對當時流行之各種詭辯提出駁論。荀子以為各種詭辯所犯之錯誤大致可分為三種：1.用名以亂名。2.用實以亂名。3.用名以亂實。而此三種錯誤皆有一定對治之道。茲述其言如下：

> 見侮不辱，聖人不愛己，殺盜非殺人也。此惑於用名以亂名者也。驗之所以為有名，而觀其孰行，則能禁之矣。

此處所舉之例，皆就概念之範圍差異而立詭辯者。「聖人不愛己」之說，謂「己」亦是「人」之一，故當聖人「愛己」之時，實是「愛人」。「殺盜非殺人」意謂：「盜」雖屬於「人」，但「殺盜」與「殺人」有異。此類問題實甚簡單。蓋「人己」之別，「盜」與「人」之別，皆在於定義條件之差異。如「殺盜」時，乃就其所以為「盜」之條件（即有劫奪之行為）而著眼，此條件非「人」概念之定義條件。故荀子謂：「驗之所以為有名，而觀其孰行，則能禁之矣。」此即指觀察定義條件（內包），以指出所關語脈中之條件為何，則能避免此種錯誤。又曰：

> 山淵平，情欲寡，芻豢不加甘，大鍾不加樂。此惑於用實以亂名者也。驗之所緣（無）以同異，而觀其孰調，則能禁之矣。

「山淵平」之類之詭辯，蓋就事物差異之相對性而言。山與淵通常被看作不「平」者，但若從另一角度看（如二者與「無限」之距離皆為無限），則可謂「平」。餘例亦同。荀子指出，所謂差異或關係，皆就一定之認知能力而言。說山與淵不平，乃指在視覺中之呈現如是。如謂在思考中呈現為「平」，則是另一事，與原題無干。故說，「驗之所緣以同異，而觀其孰調，則能禁之矣」。此即指，就其所關之認知條件觀察，則能避免此種錯誤。

第三種錯誤為「用名以亂實」。

> 非而謁，楹有牛。馬非馬也。此惑於用名以亂實者也。驗之名約，以其所受，悖其所辭，則能禁之矣。

此中前二例大致指〈墨經〉之說，惟原文斷缺，確義雖知。但「馬非馬也」則指「白馬非馬」之辯。「白馬非馬」

之辯，實是將二概念之「不相合」解為「相離」，而不知有「相交」及「相包括」等關係；故荀子謂就所約定之意義觀察概念之外延即可避免此種錯誤。「受」本指肯定。此處即指「在此概念範圍中」而言，「辭」本指否定。此處即指「不在概念範圍中」。二概念之種種關係，本可由外延之圖示見之，故荀子即就「所受」及「所辭」以駁此種詭辯之方法。

以上三種詭辯，唯有第二種涉及認知能力問題。「所緣」一詞乃荀子論知識問題之用語。以下即述荀子在正名論中涉及知識論之意見。

㈡涉及知識論者

荀子在知識論方面，持一接近經驗主義之觀點。認為一切知識所關者唯是某種「性質」。事物之同異即由其呈現於知覺中之性質不同以定之。故曰：

> 然則，何緣以同異？曰：緣天官。

「天官」即指人本有之認知能力而言。故其下乃分述曰：

> 形體色理，以目異。聲音清濁，調竽奇聲，以耳異。甘苦鹹淡，辛酸奇味，以口異。香臭芬鬱，腥臊洒酸奇臭，以鼻異。疾養滄熱，滑鈹（當作「鈒」）輕重，以形體異。說故喜怒哀樂愛惡欲，以心異。

以上分說各種知覺，最後所說之心似指情緒或心理反應能力而言。但荀子素以為「心」有「觀照」之能力，故又謂：

> 心有徵知，徵知則緣耳而知聲可也，緣目而知形可也。

此處「徵知」當指「自覺」而言；一切「知覺」乃由「自覺」通過「知覺官能」而生出，故以「緣耳」、「緣目」為喻。

總之，對應於對象之各類「性質」，有各種認知能力；而最基本之認知能力，則為「徵知」——即「自覺」之能力。此荀子對知識問題之見解。說雖未嚴，其立場固明顯。觀其始終對純思考不作詳細探究，而獨重知覺；則基本立場固是經驗主義及實證論（Positivism）一路矣。即就徵知而論，亦言「然而徵知必將待天官之當簿其類，然後可也」。意即自覺能力仍不能不待感性資料而發用，則荀子論知識，終未強調任何感性之活動也。

第七章　法家與秦之統一

壹　法家之人物及著作

昔人言法家，輒喜舉管子、商君及申韓，《漢書・藝文志》則於商君及申韓外，又錄《李子》、《愼子》等；而置《筦子》於道家之列。今考諸人之書，可以信為法家學說之代表者，仍唯有《韓非子》。今所見之《管子》書，實為後人偽託。唐宋以來，論之者多，已成定案。即以《漢書・藝文志》而論，在法家著作中既不列《管子》，反於道家著作中錄：「《筦子》八十六篇」。而舊注謂「名夷吾，相齊桓公」，則此「筦子」即指管仲，亦無可疑。然此八十六篇之《筦子》既錄於道家著作中，則其思想必與今本大異；今本《管子》二十四卷，皆言智術之事，殊與道家思想無關，可知非《漢書・藝文志》所錄者。故縱使漢時所見之《筦子》確為管仲之書，今亦不可考矣。況孔子之前，除官家記載外，僅有記言之文及歌謠韻語；今本《管子》之文體亦不應於管仲時即有之。則《管子》今本之不可信，蓋不待深辯矣。

至於商君之書，則《漢書・藝文志》列「《商君》二十九篇」於法家著作中；《史記・商君列傳・贊語》中謂：「余嘗讀商君〈開塞〉、〈耕戰〉書，與其人行事相類」。似商君實有著作。但今本《商子》五卷，二十六篇，其內容乖舛極多；顯為後人偽託。

至於申不害之著作，則《史記》謂：「著書二篇，號曰《申子》」。《漢書・藝文志》亦錄「《申子》六篇」。但今已不傳。

至於韓非之書，則部分可能亦為偽作；然據《史記》傳文及今本《韓非子》書之內容觀之，至少大部均無問題。

《史記・老子韓非列傳》云：

韓非者，韓之諸公子也；喜刑名法術之學，而其歸本於黃老。非為人口吃，不能道說，而善著書，與李斯俱事荀卿。斯自以為不如非。非見韓之削弱，數以書諫韓王，韓王不能用。於是，韓非疾治國不務脩明其法制，執勢以御其臣下，富國強兵；而以求人任賢，反舉浮淫之蠹，而加之於功實之上，以為儒者用文亂法，而俠者以武犯禁。寬則寵名譽之人，急則用介冑之士。今者，所養非所用；所用非所養。悲廉直不容於邪枉之臣，觀往者得失之變，故作〈孤憤〉、〈五蠹〉、〈內外儲〉、〈說林〉、〈說難〉十餘萬言。然韓非知說之難，為說難書甚具，終死於秦，不能自脫。……人或傳其書至秦，秦王見〈孤憤〉、〈五蠹〉之書，曰：嗟乎，寡人得見此人，與之游，死不恨矣。李斯曰：此韓非之所著書也。秦因急攻韓。韓王始不用非，及急，迺遣非使秦。秦王悅之，未信用。李斯姚賈害之，毀之曰：韓非，韓之諸公子也。今王欲并諸侯。非終為韓，不為秦；此人之情也。今王不用，久留而歸之，此自遺患也。不如以過法誅之。秦王以為然，下吏治非。李斯使人遺非藥，使自殺。韓非欲自陳，不得見。秦王後悔之，使人赦之，非已死矣。

觀此，可知韓非生平之遭遇固極悲慘；而其書則至少有〈孤憤〉以下各篇之十餘萬言確為非所親著。

韓非身雖受禍，其思想則影響秦之君相甚大。且李斯雖敵視其人，其思想則固與韓非同方向。李斯雖無著作，然就其行事考之，李斯之思想實皆與韓非合。秦之政治先受商君之影響，終乃受韓非李斯思想之影響。吾人可謂，法家思想實為秦政權之指導原則也。此一思想不唯助成秦之統一，且亦決定秦統一中國後之施政原則。故吾人觀法家思想，可將秦政權之實際與此思想合而觀之，則其特性益顯。

先秦諸家之政治思想，皆僅為一學說；無實現者。甚至儒學雖宗周文，孔孟又喜道先王之事；終竟周文以及上古之傳說，均非由儒學之影響而生出。反之，儒學實乃解釋此等文制之理論。而法家思想則確為先秦思想中唯一曾實化者。秦政權即此實化之結果。

下文述韓非之思想。

貳　韓非思想之特色及其傳承

本章論法家思想，既以韓非為法家之代表，則對韓非思想之特色及其傳承，不能不先有所論述。

韓子之言，甚雜而淺；蓋韓非思想中之基源問題僅是：「如何致富強？」或「如何建立一有力統治？」至於心性論及宇宙論等方面，則韓非子實空無所有。就先秦思想全盤觀之，則發展至韓非時，文化精神已步入一大幻滅，一大沉溺；蓋依韓非之方向，自我即墮入形軀利害感一層面，而全無超越自覺矣。故就此義言之，韓非子所代表之法家理論之出現，不代表一新哲學系統之產生，而實表示先秦哲學之死亡。由此，有人遂以為韓子之說既非真哲學理論，僅為權術之言，則中國哲學史中儘可不涉及其人其書。此語似是而實非。蓋韓子之價值觀念，乃一純否定之觀念。純否定之出現，對文化精神而言，其重要性實不下於任何肯定。且純否定本身即涉及哲學之根本問題。例如，強調某種價值，固可形成一肯定性之價值論，足列為哲學成績之一部；但若根本否定一切價值，則是對哲學上價值論之取消。此一「取消」本身即涉及一極重要之哲學問題。蓋認為如何如何條件下方有「價值」成立，固是一哲學論斷；而認為價值根本不能成立，則更涉及一根本哲學問題。故韓非子之純否定本身仍屬涉及哲學大問題者，且就歷史影響而論，此種法家思想導生秦之統一，在中國文化精神之進程中，實有劃時代之作用；則中國哲學史既以研究中國哲學之歷史進程為課題，對此一劃時代之歷史巨變，豈能不析論之？

韓非思想以對價值之純否定觀念為其特色。不唯在先秦諸家中，更無類此之思想；且就世界哲學史觀之，除西方近代之功利主義與現代之新唯物論思想外，亦更無與此思想類似之說。此乃學者首須詳辨之事。

但韓非思想之結果雖有此特色，其說之發展形成，脈絡仍有可尋。玆略論如下：

先論韓非思想與儒學之關係。韓非為荀卿之弟子，其思想受荀卿之影響者有三：

第一、荀卿強調師法之改造作用，以為人成為何種人，悉恃由外所加之改造而定；故〈勸學〉中謂：

木受繩則直，金就礪則利。

此荀卿強調「改造」重要之語中最為彰著易見者。此外〈性惡〉及他處亦屢屢言此義。韓非子受荀卿此種思想之影響，而更作推進，遂以為「改造」及「管制」為重於德性者。是故在〈顯學〉中即謂：

夫必恃自直之箭，百世無矢；恃自圜（案同「圓」）之木，千世無輪矣。自直之箭，自圜之木，百世無有一；然而世皆乘車射禽者何也？隱栝之道用也。雖有不恃隱栝而有自直之箭，自圜之木，良工弗貴也。……不恃賞罰而恃自善之民，明主弗貴也。……故有術之君，不隨適然之善，而行必然之道。

韓非子此說，以箭與輪喻民；以為人主必須以一手段改造人民，管制人民，使人民依人主所立之規矩而形成其新個性；然後始能指揮如意。而若寄望於人民之自求善道，則如寄望於天生之直箭圓木，而作箭作輪。此則千百世不可得矣。

韓子此說，就常識觀之，似甚為有理。然其本旨在否定儒家孟子一系之重德性之主張；以為但有「法」及「術」，即可驅天下之人為「善」，不必待其自覺。其實，箭輪之喻，涵意模糊；若就培成之意說，則儒者亦未嘗不重教化，即孟子亦盛道「擴充」之義；修木以為輪，儒者豈有以為不可者乎？修木以為輪猶教民以為善也。孔孟一系儒學，強調德性之內在；乃就自覺心之本性（Essence）言之。如取輪為喻，則待圓木為輪固不可；修木為輪又豈可行之？木雖待修而為輪，畢竟木之本性有可作輪者，修之始有功。人固待教而入德，然人若無此自覺能力，教豈有益乎？

故人物之成材，皆非天生，此固諸家之通義。然韓非據此而言「改造」之重要，置教化於不顧，謂人主應「不務德而務法」。韓子蓋以為人之好壞，不足重視。問題唯在於是否有一定之改造方法與管制方法而已。此種方法即韓子所謂「術」者是。人主有術，則可使人民受人主之改造及管制，而隨人主之心意而行動；正如工人有造箭造輪之方法，則不必待天生之圓木直箭。一切竹與木皆可依一定方法改造之，使成為矢與輪。韓子此種觀念實由荀卿重師法之說生出。

第二、荀卿又言「性惡」。此蓋因荀卿只識自然之性，不解德性自覺而然；其說在論荀學時已詳言之。韓子則承荀卿性惡之說而更作推進；認為人之本性皆只知計較利害，無善惡之意識。故〈六反〉云：

且父母之於子也，產男則相賀，產女則殺之。此俱出父母之懷衽，然男子受賀，女子殺之者，慮其後便，計之長利也。故父母之於子女，猶用計算之心以相待也，而況無父子之澤乎？

此段表面雖是只涉及人與人間之利害觀點，實即韓子對人性之看法。韓子以為，人只知爭利害；既不能有德性，亦不能相愛；兼駁墨子及孟子之學說，可謂性惡論之極端形態矣。

第三、荀子思想中，價值論最為失敗；價值根源內不歸於心，外不歸於天，故終以權威主義為歸宿。韓子一面將性惡論推至極致，另一面則承權威主義之思想，否定一切價值，而只肯定一君權。「二柄」供人主之用；法術亦僅為人主所需。故韓非子學說中之唯一肯定即為君權或人主之利；而此中之權威主義色彩又濃於荀卿多多。

韓子思想與儒學之關係大致如此。此外，則與道家思想又有一定關係。法家與道家之關係，自漢以來，皆視為當然。《史記》不唯以老莊申韓合傳，且傳文中時時明言法家思想出於道家；例如：

〈老子韓非列傳〉云：

申子之學本於黃老，而主刑名。

〈老子韓非列傳〉云：

喜刑名法術之學，而其歸本於黃老。

〈孟子荀卿列傳〉云：

慎到，趙人；田駢接子，齊人；環淵，楚人；皆學黃老道德之術。

而《漢書・藝文志》列「《慎子》四十二篇」於法家；舊注謂：「名到，先申韓，申韓稱之」。今考《韓非子》書，亦確引慎子之語。依此，則申子與韓非，皆以「黃老之術」為本；而申韓所稱之慎到，又為學黃老道德之術者。似法家人物，無不學黃老之術。足見，至少在漢代人眼中，法家實出於道家。

然今日吾人細察韓非之思想，則知法家之基本立場，與道家相去殊遠。道家「重生」，輕得失；法家之韓非則一味為建立有力統治著想；道家言「無為」之義，法家之韓非則全心信賴法術賞罰之運用。其基源問題既殊，價值觀亦異。老莊均重視循環變化之理，以「靜觀之智慧」為價值；韓非子則只以有利於統治為唯一價值。此亦不待辯者。

然法家與道家，亦非無關係。此關係即在於法家者流盜取道家之「靜觀之智慧」，以為統治技術之助。申子慎到之書，固不可考矣。韓非子有〈解老〉、〈喻老〉之文，而其說則唯取其技術意義之智，不取其價值肯定，此則顯然可見。

因此，道家之「無為」，在法家學說中轉為御下之術；道家之智慧，在韓非子思想中轉為陰謀。總之，法家一切皆為統治；而道家之說雖被其利用，基本精神則不相容。苟吾人取《老子》書中涉及智術之言為據，而謂老子學說之流弊表現於法家，亦屬可通。然法家之於道家，亦如法家之於儒家，雖受影響，所趨實不同。總之，韓非子之思想，生於性惡之論，又雜取道家之言，而與荀卿之關係尤深。至道家之本義，則亦為韓子所不能接受者。蓋韓子僅利用道家之「智」以補成其術；非果循道家之價值觀念而立說者。

除儒道之學說外，對韓非思想有影響者，尚有墨家。墨子言「兼愛」，以改善社會為基本目的；均與韓子觀念迥異。蓋韓子承荀卿性惡之說而擴展之，根本不承認人與人間之善意之可能，自不能取「兼愛」之說，而韓子雖言「利」求「功」；其所謂「利」僅為人主之「利」，其所謂「治」亦僅指統治者之穩固及如意，皆與人民福利無干，非墨子之所謂「利天下」之義也。然墨學對韓非之思想亦有一確定影響，此即墨子所標揭之權威主義是也。

墨子之權威主義，具見於〈尚同〉及〈天志〉中，而尤以〈尚同〉為要。「尚同」之義乃「下同乎上」，即下層對上層之完全服從。墨子以為，天下能行「尚同」，則辯息而利生，故主張人民層層服從，上同乎天子；而

此說，就理論意義觀之，可視為對「法古」者之批評。然韓非本意僅在於借此以否定儒墨之地位。意即：儒墨之說，不可取信，故不能從也。觀此，知韓非自視為一獨立學派；而在後世，韓說亦成為法家之代表。

以下分四點述韓子之主要理論。

一、論治亂

韓子之說，原以致富強為目的，故其理論始自對治亂之解釋。今先述其論治亂之言。

〈有度〉云：

國無常強，無常弱。奉法者強則國強，奉法者弱則國弱。

又謂：

故當今之時，能去私曲就公法者，民安而國治。能去私行行公法者，則兵強而敵弱。故審得失，有法度之制者，加以群臣之上，則主不可欺以詐偽。審得失，有權衡之稱者，以聽遠事，則主不可欺以天下之輕重。

此即謂國之強弱治亂，悉視能否奉法，尊法而定。蓋法家反「尊賢」之說，而獨強調「法」。

〈用人〉云：

釋法術而心治，堯不能正一國。去規矩而妄意度，奚仲不能成一輪。

人才不足恃，唯法為治之本。再進一步，韓非即明言「仁義」及「智能」不足以圖治。

〈說疑〉云：

今世皆曰：尊主安國者必以仁義智能，而不知卑主危國者必以仁義智能也。故有道之主，遠仁義，去智能，服之以法，是以譽廣而名威，民治而國安。

如此，求治之道，不在於能行「仁義」或用「智能」，而在於能運用「名」、「利」等等，以控制臣下。〈詭使〉云：

聖人之所以為治道者三：一曰：利，二曰：威，三曰：名。夫利者，所以得民也。威者，所以行令也。名者，上下之所同道也。

統治者以「利」收人心，以「威」遂行其意志；至是「名」，則為制定之共同標準。韓非僅以權術眼光論政，故極言統治者須使民貪利，畏威，好名，然後其統治始易為之。故又曰：

三者非不存也。而世一治一亂者，何也？夫上之所貴與其所以為治者相反也。

韓非以為，統治者所以失敗，主要原因在於容許人民另立價值標準，而不能使人民服從政治權威之標準。故其下列舉之曰：

夫立名號所以為尊也；今有賤名輕實者，世謂之高。設爵位所以為賤貴基也；而簡上不求見者，世謂之賢。威利所以行令也；而無利輕威者，世謂之重。法令所以為治也；而不從法令為私善者，世謂之忠。官爵所以勸民也；而好名義不進仕者，世謂之烈士。刑罰所以擅威也；而輕法不避刑戮死亡之罪者，世謂之勇夫。

總之，統治者不能使社會完全接受統治者所需要之標準，故遂不能致治。於是韓非乃謂：

故世之所以不治者，非下之罪，上失其道也。常貴其所以亂而賤其所以治，是故下之所欲常與上之所以為治相詭也。

韓非此說，蓋只以其所謂「治亂」為價值標準，而將一切德性否定，此所以法家為否定論者。

二、論主權

由以上之說，再作推進，韓非提出人主之「權」，作為正面論題。蓋韓非心目中之大事，唯是建立有力統治以致富強而已，而人主之「權」之強弱，則為求治之樞紐問題。一切社會價值標準所以能生「亂」，即由於能分減人主之權。人主如能防止權柄之下移，則即可建立絕對權力。故〈亡徵〉云：

凡人主之國小而家大，權輕而臣重者，可亡也。

人主不唯不容社會分有其權，且不容臣下分有其權。故韓非又論人主御臣下之術。〈外儲說〉右上云：

君之所以治臣者有三：一、勢不足以化，則除之。……二、人主者，利害之軺轂也。射者眾，故人主共矣。是以好惡見則下有因，而人主惑矣。辭言通則臣難言，而主不神矣。……三、術之不行有故，不殺其狗則酒酸。

此處韓子所舉三點，在原文中皆曾舉故事以明之。第一，君有不能化之臣時，即應除之。韓非舉師曠及晏子之故事為例；以為二人勸齊景公爭民，以防公子尾，公子夏（皆景公弟）及田成氏，皆屬不知除患。而引子夏之言：「善持勢者，蚤絕姦之萌」，強調「除患」之重要。第二，君應使人臣不能測見己意，韓非引申子之言以明之，所謂「唯無為可以規之」。第三，所謂「不殺其狗則酒酸」，舉宋人故事以明之。意謂人主當革除左右之壅蔽。其主旨仍在於建立絕對君權。

〈南面〉云：

人主之過，在已任（在）臣矣，又必與其所不任者備之，此其說必與其所任者為讎，而主反制於其所不任者。今所與備人者，且曩之所備也。人主不能明法而以制大臣之威，無道得小人之信矣。

此蓋謂人主雖須制御臣下，但不能以臣制臣，以致反為臣所制，而必須「明法而以制大臣之威」，乃可免於朋黨之蔽。〈主道〉之資料亦表類似立場。

最後，可引〈人主〉之言，以過渡至另一觀念。

〈人主〉云：

人主之所以身危國亡者，大臣太貴，左右太威也。所謂貴者，無法而擅行，操國柄而便私者也。所謂威者，擅權勢而輕重者也。此二者不可不察也。夫馬之所以能任重引車致遠道者，以筋力也。萬乘之主，千乘之君，所以制天下而征諸侯者，以其威勢也。威勢者人主之筋力也。

前論君之所以治臣之道時，即以為晏子師曠不能除患，復譏齊景公「不知用勢」。此處則正式轉出「勢」觀念。法家持「勢」而輕「賢」，與儒家適相反。此為法家之主要觀念所在。

三、「勢」與「明」

韓非論「勢」，主旨在駁儒家尊賢之說；而結果乃將「勢」看作價值標準，而成為一有機遇論色彩之價值觀，與儒家言「分」之說完全相反。

〈功名〉云：

夫有材而無勢，雖賢不能制不肖。故立尺材於高山之上，則臨千仞之谿。材非長也，位高也。桀為天子，能制天下，非賢也，勢重也。堯為匹夫，不能正三家，非不肖也，位卑也。

此謂「勢」重於「材」，即外在機遇或一般外在條件，重於內含之品質。由此推繹，可將一切價值化歸外在條件，此又法家否定論中隱藏之價值觀念也。然如此言「勢」，其意不明。韓子亦知之，故乃於〈難勢〉中設為辯駁之詞，以說明言「勢」之主旨。

〈難勢〉中，韓非先舉慎子之說，而後反覆辯駁。

慎子曰：飛龍乘雲，騰蛇遊霧，雲罷霧霽，而龍蛇與螾螘同矣，則失其所乘也。賢人而詘於不肖者，則權卑位輕也。不肖而能服於賢者，則權重位尊也。堯為匹夫，不能治三人，而桀為天子，能亂天下，吾以此知勢位之足恃，而賢智之不足慕也……。

此借慎子之言，以標揭「重勢輕賢」之說，意謂賢不賢不足以決定治亂。其下韓子復設辯難之詞謂：

應慎子曰：飛龍乘雲，騰蛇遊霧，吾不以龍蛇為不託於雲霧之勢也。雖然，夫（案應作「失」）擇賢而專任勢，足以為治乎？則吾未得見也。夫有雲霧之勢而能乘遊之者，龍蛇之材美之（案後「之」字疑誤置）也。今雲盛而螾弗能乘也，霧醲而螘不能遊也。夫有盛雲醲霧之勢，而不能乘遊者，螾螘之材薄也。

此則強調必有其材然後方能乘勢，否則，雖有「勢」亦不能「乘」也。如此，則「賢」仍屬重要。

以下更進一步，指出勢為中立性之存在，用勢以求治或用勢以求亂，則在乎人。故曰：

夫勢者非能必使賢者用之，而不肖者不用之也。賢者用之，則天下治；不肖者用之，則天下亂。

且人之賢者少，而不肖者多，則若不重賢而只任勢，則結果必是不肖者用勢之機會多於賢者用勢之機會，故曰：

人之情性，賢者寡而不肖者眾。而以威勢之利，濟亂世之不肖人，則是以勢亂天下者多矣，以勢治天下者寡矣。

如此，則賢重於勢，換言之，人才能決定治亂。但韓子本意並非如此，以上云云，乃故設辯難，故其下又為「勢」作辯護曰：

復應之曰：其人以勢為足恃以治官，客曰：必待賢乃治，則不然矣。夫勢者，名一而變無數者矣。勢必於自然，則無為言於勢矣。吾所為言勢者，言人之所設也。

至此，韓子提出人所創造之勢，以別於非人造之勢，其下文為之解曰：

夫堯舜生而在上位，雖有十桀紂不能亂者，則勢治也。桀紂亦生而在上位，雖有十堯舜而不能治者，則勢亂也。故曰：勢治者則不可亂，而勢亂者則不可治也。此自然之勢也，非人之所得設也。若吾所言，謂人之所得勢也而已矣，賢何事焉？

韓子以為「生在上位」為「自然之勢」，此蓋為當時制度所蔽。本來由此可引出一制度問題，即「能否設一制度，使得勢者皆必以『賢』為條件？」但韓子不能深思，亦無意於改革根本制度，故竟以生而在上位為「自然之勢」。

於是其下舉「矛楯」之例以說「賢」與「勢」互相矛盾。其言曰：

人有鬻矛與楯者，譽其楯之堅，物莫能陷也；俄而又譽其矛曰：吾矛之利，(於)物無不陷也。人應之曰：以子之矛，陷子之楯，何如？其人弗能應也。以為不可陷之楯，與無不陷之矛，為名不可兩立也。夫賢之為勢不可禁，而勢之為道也無不禁，以不可禁之勢，此矛楯之說也。

韓子意謂：說「賢」時，每以「賢」為不受任何形勢限制者，而言「勢」時，則以「勢」為可限制一切者，此二觀念不能兩立，互為矛盾。故賢勢不相容。然則二者之間，究應如何取捨乎？韓子最後提出一主張，謂人以中才為常態，就常態言之，則中才得勢則治，去勢則亂。故就常態言，求治仍須重勢。其言曰：

且夫堯舜桀紂千世而一出……吾所以為言勢者，中也。中者，上不及堯舜，而下亦不為桀紂，抱法處勢則治，背法去勢則亂。今廢勢背法而待堯舜，堯舜至乃治，是千世亂而一治也。抱法處勢而待桀紂，桀紂至乃亂，是千世治而一亂也。且夫治千而亂一，與治一而亂千也，是猶乘驥駬而分馳也，相去亦遠矣。

於是，韓子下結論謂，不能待賢以求治，必須使無賢時亦能治，故謂：

夫百日不食，以待粱肉，餓者不活。今待堯舜之賢乃治當世之民，是猶待粱肉而救餓之說也。夫曰，良馬固車，臧獲御之，則為人笑；王良御之，則日取乎千里。吾不以為然。……夫良馬固車，五十里而一置，使中手御之，追速致遠，可以及也，而千里可日致也，何必待古之王良乎？

揆韓子之意，蓋謂，只須造成一合乎治之勢，則中才可以治天下；正如有「良馬固車」，即中手御之，可日致千里。「良馬固車」以喻「良好之勢」，而所指「良好之勢」，則無解說。蓋即以人主有全權為「良好之勢」，亦即「君執柄以處勢，則令行禁止」之意而已。觀所謂「抱法處勢」可知矣。

重勢之說，目的在反儒家之「尊賢」，其後再提出一「明主」觀念，以反儒家之「仁主」。

〈難三〉曰：

葉公子高問政於仲尼，仲尼曰：政在悅近而來遠。……或曰：仲尼之對，亡國之言也。恐民有倍心，而誠說之。悅近而來遠，則是教民懷惠，惠之為政，無功者受賞，而有罪者免，此法之所以敗也。

於是謂人主倘能「明」，則不畏民有倍心，而不必施惠。故曰：

且民有倍心者，君上之明有所不及也。

然則如何而為「明主」？韓子於此提出統一言論之主張，此為必須能統一言論方為明主。

〈問辯〉曰：

或問曰：辯安生乎？對曰：生於上之不明也。問者曰：上之不明，因生辯也，何哉？對曰：明主之國，令者，言最貴者也。法者，事最適者也。言無二貴，法不兩適。故言行而不軌於法令者，必禁。若其無法令而可以接詐應變，生利揣事者，上必采其言而責其實，言當則大利，不當則有重罪，是以愚者畏罪而不敢言，智者無以訟，此所以無辯之故也。

一切「言」統之於「令」，一切「事」統之於「法」。人民之言行，悉由上位者規定，並加支配管制。韓子以為如此則辯議不生，人主之權勢大立。而能如此者即為「明主」，否則，即為「不明」。此顯為極權主義之立場。

四、二柄與虛靜

最後，人主欲維持權勢，統一言論，所憑之手段為何？韓非之說，可分兩方面述之。具體技術方面，提出「二柄」；原則方面，則盜用道家之「虛靜」觀念；二者合而得人主處事及自處之道。

〈二柄〉曰：

> 明主之所導制其臣者，二柄而已矣。二柄者，刑德也。何謂刑德？曰：殺戮之謂刑，慶賞之謂德。
>
> 為人臣者，畏誅罰而利慶賞，故人主自用其刑德，則群臣畏其威而歸其利矣。

所謂刑德，即罰與賞。人主之權既視為國之靈魂，主權之實以「二柄」說之。蓋人主之權運行於賞罰中；其他所謂法令權術等等，皆不能不通過賞罰而落實。人主能運用賞罰，則持柄而得保其權。故又曰：

賞罰二柄，為權力之實質所在。人主不能持賞罰之柄，則實質上即失去人主之權，故韓子痛切言之，謂：

> 夫虎之能服狗者，爪牙也。使虎釋其爪牙，而使狗用之，則虎反服狗矣。人主者，以刑德制臣者也。今君人者釋其刑德，而使臣用之，則君反制於臣矣。

人主如不能確掌二柄，則人主之權即喪失，而失其勢；如此自非明主矣。但如何而能使人主常操二柄而不失，此涉及人主之內在存養問題。於是韓非乃盜用道家觀念，而有「虛靜無為」之說。

此類材料，在韓非書中迭見不一。茲引〈揚權〉及〈大體〉二篇之說，略觀其意。

〈揚權〉曰：

夫物者有所宜，材者有所施。各處其宜，故上下無為。使雞司夜，令狸執鼠，皆用其能，上乃無事。上有所長，事乃不方。矜而好能，下之所欺。辯惠好生，下因其材。上下易用，國故不治。用一道以名為首，名正物定，名倚物徙。故聖人執一以靜，使名自命，令事自定……。

此言人主用虛靜之明以役眾人，無強為之事，無與下爭競之意，則天下萬物皆可就範。

〈大體〉曰：

古之全大體者，望天地，觀江海，因山谷，日月所照，四時所行，雲布風動，不以智累心，不以私累己，寄治亂於法術，託是非於賞罰，屬輕重於權衡。……不吹毛而求小疵，不洗垢而察難知。不引繩之外，不推繩之內。不急法之外，不緩法之內。守成理，因自然。禍福生乎道法，而不出乎愛惡。禁辱之責，在乎己而不在乎人。故至安之世，法如朝露，純樸不散……。

此所謂「大體」，即韓子心目中之「道」也。上引之文，似以「任自然」為主，論者據此輒以為與老莊之言合，實則不然。韓子並不以順自然為價值，而以功效之達成為價值。此種「道」本身非一目的，而為一技術條件。人主用此「道」，乃能確保人主之權，以建立有力統治。有力統治之建立乃韓非思想中之真實目的。所謂「道」不過作為一切權術之總根，雖較權術之運用較多普遍性，然本身亦只是一技術條件而已。韓非與其他法家人物，皆喜作道家語者，即因道家言「無為」之效用時，啟發此種「以虛靜為權術根基」之觀念；而此一觀念實能補成法家之說。

然道家言「無為」之目的在於肯定「觀照之智慧」本身；「無為」之意義主要不在應世間事；法家則以建立統治為根本目的，於是道之所重，法之所輕；而道之所輕，轉為法之所重。此則二者截然不同處，論者不可不深察之。

總之，人主欲建立有力統治，則必須善保人主之權，又能善用之；人主之權以賞罰為實質，故凡人主必善操「二柄」，方能保其權。而人主欲善操二柄，不為臣下所動，又必須以虛靜自守，透現一靜觀萬變之智慧。如此，虛靜之心靈定於內，二柄之運用行於外，人主乃可安保其權，且指揮如意矣。

以上四項，已可將韓非子之思想內容表其大要。以下作一簡評，並說明其影響。

肆　韓非之影響及其歷史意義

韓非立說，主旨在於建立絕對性之統治權力；其所謂「治亂」問題，亦與民眾之福利無關，不過以統治者之穩固及遂意為「治」而已。且韓非所追求之政治權力，僅為白上壓下之人主之權，故論勢，論明，論二柄與虛靜，皆係為人主著想。人主用權以成勢，乘勢而用明，因明以保權；外持二柄，內守虛靜，遂可駕御天下。韓子不唯將「仁政」之說，「尊賢」之義完全否定，甚至對道家之自我境界，亦割棄而置之不顧。韓子言虛靜無為時，已割斷道家所肯定之「情意我」，而將虛靜無為轉接於權威主義之下，此雖非明顯之否定，實亦在根本上作一歪曲也。故韓子之說雖與儒道二家之言皆有淵源，然其方向則是否定二家之價值觀念，截取其言，以為權術之用；此所以法家思想為中國古代思想中一大陰暗，一大陷溺也。

至於墨學中功利主義及權威主義兩大原則，則半為韓子所取，因而形成擁護人主之權，以君權取代神權之主張；此亦助成韓非之極權主義者。而墨學本來面目及主要精神則又為韓子所極力否定者。

韓非思想雖受儒、道、墨之影響，然本身有一否定論之價值觀念為其骨幹，故所取於諸家者，皆為技術末節，用以補成其學說；其基本精神乃一大否定，而諸家之說適為此否定論所利用，此則中國古代哲學史中之一強力秩序。秦滅六國，強力秩序終乃籠罩天下。於是不唯周文全息，一切理想亦皆在此大陰暗中沉淪不見。中國文化精神亦轉入沉睡期矣。

知秦之暴政者多矣，然秦之暴政乃法家思想之當然結果，則為此段歷史之重要真相。秦之興不過為法家思想興起之產物；秦政權之性質亦皆由法家思想決定。故論周亡秦興之事，不扣緊法家思想一節，即不得其真相。

倘謂中國文化精神在孔孟手中定型，在荀子手中被歪曲，則在法家手中被處死刑。雖精神有復活之日，然升降死生之間，數百年匆匆已逝矣。

秦祚雖短，秦政權所代表之大否定，則影響中國文化史達數百年。兩漢文物，為史所稱。然就文化精神言，則甚為萎縮。儒學自荀卿引入歧途，遂一往而不能反。漢代儒者雖盛道六經，動言孔子之義，然其本領皆屬陰陽家之末流。董仲舒以災異釋《春秋》，乃有「天人相應」之說，即一明證。他如講《易》者之受陰陽家影響，亦至為明顯。於是，稍後遂見讖緯盛行，而儒者津津樂道，不知其醜，豈孔孟始料所及乎？

由於漢代儒學步入邪僻荒謬之途，已衰之中國文化精神自無由重振。於是，印度佛教侵入中國，進而佔據中國文化之主壇。至於隋唐，則中國幾無佛教以外之哲學力量。直至宋代二程出現，儒學始得復振。而此已為中國哲學中期之事矣。

依此論之，法家之思想雖無純哲學之價值，然其影響中國文化精神則至巨。但法家雖能破壞，自己實不能提供一文化路向；故中國文化精神雖因法家之得勢而衰，法家本身之得勢實亦不久。秦雖統一天下，二世而亡，法家思想雖宰制天下，使中國文化精神衰落數百年，自身亦轉瞬為世人所棄。此「否定」之所以為「否定」也。

司馬遷於《史記・秦本紀》末，評秦政權之失敗曰：

夫並兼者高詐力，安定者貴順權；此言取與守不同術也。

意謂，秦之亡由於不能在「王天下」後，改易其政；其實，秦政權僅代表一否定精神，則能破壞不能建立，能取而不能守，亦何足異。凡否定精神皆如此。秦政權如此，法家思想亦如此。在中國哲學史中，論法家之思想者，知此思想代表否定精神即無大失矣。

第八章　名家與名學

前論「墨辯」時，曾對名家理論略有陳述，茲再對公孫龍子之說，作一評述，並對所謂「名學」一詞，略作闡釋。

名家一派，以惠施及公孫龍為代表。就著作而論，《公孫龍子》之書尚存；雖多疑文，大體仍可作為名家學說之主要資料。故公孫龍之地位，尤較惠施為重要。惠施及公孫龍之時代，均遠在荀卿韓非之前，本書所以在最後始討論此派理論，乃因名家之說，在中國文化思想方面影響甚少；對日後傳統之形成，尤無大作用；故就哲學史觀點論之，此派之重要性不足與儒、道、墨、法諸家相比。但如專就理論觀點論之，則名家之說，別有旨趣；代表古代中國人在邏輯問題及思辯形上學問題方面之思想成績，亦有特加析論之理由。本章先論名家之立場及特性，再述《公孫龍子》一書之大旨，最後，對「名學」一詞，予以闡釋；以澄清有關名家及其影響之各項問題。

壹　名家之立場及特性

「名家」之稱，起自西漢。《史記．太史公自序》，載司馬談論六家之言，其中論「名家」曰：

名家苛察繳繞，使人不得反其意，專決於名，而失人情；故曰：使人儉而善失真。若夫控名責實，參伍不失，此不可不察也。

至班固作《漢書．藝文志》中列「名家」為九流之一，而謂：

名家者流，蓋出於禮官。古者名位不同，禮亦異數。孔子曰：「必也正名乎！名不正則言不順，言不順則事不成」；此其所長也。及警者為之，則苛鉤鈲析亂而已。

案班書〈藝文志〉，據劉歆《七略》，《七略》又據劉向《別錄》；故此種評述，亦當是西漢人之意見也。班書在志中所列「名家」之作，有「《公孫龍子》十四卷」；與今本卷數不同，然《漢書》所謂「名家」，即指與公孫龍同一學派之思想家，已無待辯。此派在先秦文獻中則稱為「辯者」。如《莊子．天下》謂：

惠施以此為大觀於天下，而曉辯者；天下之辯者，相與樂之。

其下又謂：

桓團，公孫龍，辯者之徒，飾人之心，易人之意；能勝人之口，不能服人之心。

則莊子後學，固視惠施，桓團，公孫龍等同為辯者矣。

《荀子．非十二子》，則謂：

不法先王，不是禮義，而好治怪說、玩琦辭；甚察而不惠，辯而無用，多事而寡功，不可以為治綱紀。

然而其持之有故，其言之成理，足以欺惑愚眾；是惠施鄧析也。

觀此，可知先秦人心目中視惠施，鄧析，桓團，公孫龍等皆屬一學派，此派稱為「辯者」。然與漢人之說相較，則頗有歧異。如鄧析，公孫龍在〈藝文志〉中列為「名家」，惠施則列為「道家」；足知漢人所謂「名家」，雖指先秦之辯者，然先秦辯者中亦有被漢人視為不屬「名家」者，故兩詞所指不完全等同，亦可見先秦與漢人在此問題上所見固有殊異。

此種殊異生於對有關「名」之問題之了解不同。吾人倘能對此殊異作一闡釋，則本節所論之「名家之立場及其特性」，亦可由此而顯出。

漢人對有關「名」之問題，何以與先秦思想家之了解不同？其理實非難知。蓋有關「名」之理論，在先秦本有兩支；一支屬於辯者（包括〈墨經〉所載之墨家後學理論），另一支屬於儒學；漢人所了解者僅為屬儒家之一支；因此觀先秦辯者之說，即只取較接近此一支者，列為「名家」。而對此種學說，悉以儒家論點評釋之。結果所謂「名家」之學說真象反而不明。此處尚須說明者，是此處所謂「接近」，乃指漢代人之了解而言；漢人以為惠施純作詭論，又喜論「同異」等等問題，與儒家所言之「名」無關，故不以惠施為重，而公孫龍有「名實」之說，即視為「接近」，故視為「名家」之代表。其實，公孫龍所代表之學派，在基本理論上即與儒學不同；司馬談及劉班諸人，以儒學標準評之，根本為一謬誤。然此種謬誤，固漢人所不自知者，蓋公孫龍等人所代表之一支理論，其基本問題在漢時已不為人所注意矣。

然則先秦論「名」之兩支學說，其特色何在？簡言之，辯者之說，基本旨趣在於形上學及邏輯方面；而儒者之說，則基本旨趣在道德及政治方面。此乃其根本殊異所在。

儒者論「名」，始於孔子；所謂「正名」之主張乃此一支思想之最早根據。孔子所謂「名」，對「分」而言；

其基本旨趣，乃在於確定道德秩序及政治秩序之標準，固與形上學及邏輯無關。此說荀子承之。故《荀子・正名》，雖辯及有關邏輯及知識之問題，然根本旨趣在於免除「貴賤不明，同異不別」之危險，又以為「制名」為「王者」之事。其為偏重道德及政治秩序，顯而易見。此種思想，皆以一秩序中所定之「名分」為研討對象，並非以形上問題或邏輯問題為對象。韓非子所強調之名實問題，亦屬於此一立場，蓋其思想原由荀子之說轉出，固無足異。

辯者論「名」，應早於公孫龍；然以現存資料言之，唯有《公孫龍子》之書可用。吾人據此種資料以觀其說，可知此派思想之基本旨趣在邏輯問題及形上學問題。就政治及道德旨趣說，則此類純粹思辯活動，似皆「無用」；此所以荀子即以「辯而無用」責惠施鄧析。至司馬談則以「控名責實」許「名家」，實則所了解者僅為法家一系所傳之思想；〈藝文志〉以為「名家」實「出於禮官」，更足表明彼等所了解之「名」，皆屬「名分」之「名」，故直引孔子論「正名」之語以評之，其實則張冠李戴，其謬滋甚。此種演變留在第三節討論「名學」一詞時，再作說明。此處即由以上所言，轉至先秦名家之立場及特性問題。

先秦名家之論「名」，既與儒法之論「名」不同；則基本特性即可由此顯出。所謂「名」，原有兩面意義，其一是就權分或職分說，對每一「分」有一「名」可立，此即儒法一系所說之「名」；其二是就知識說，對每一意義可有一「名」，對每一對象亦可有一「名」。「名家」所取者是此意義。故「名家」之基本立場，是探索某種認知之問題（或屬邏輯思考，或屬形上學）。此在哲學史中亦是當然應有之學派。但因中國古代思想，素不重純思辯一面，故「名家」此種立場，即可稱為第一特性。

其次，就方法而論，「名家」既注重認知問題，遂尋求某種確定知識；而此種「確定性」，自非感覺經驗所能提供；於是有歸於純粹思考，而否定感覺經驗之趨勢。先秦各家關心政治及道德問題者，大抵皆著眼於文化傳統及歷史過程以立說。儒學以周文為基礎，固不待言，即墨學反儒者之法古，亦喜道「先王」；道家較多純粹思考傾向，但其基本旨趣仍在價值問題方面，故老莊之說，仍常落在歷史文化之評判上。名家則不然。觀現存之惠施議論，及《公孫龍子》書，其內容皆是就知識問題本身進行思辯。此在先秦各派眼中，乃「名家」學說「無用」之罪證，但以客觀眼光衡斷此種學說，則吾人應說此種思辯精神正是「名家」之第二特性。

除以上關於課題與方法兩面之二特殊外，「名家」尚有另一特性。此即所謂「辯」之態度。

凡通哲學史者，皆知早期思想中，談邏輯問題者每將形上學問題與邏輯問題相混；如亞里斯多德以為「定義」乃陳述事物之「本質」者，即最顯著之實例也。「名家」立說，亦復類此。如《公孫龍子》書中論「指物」、論「堅白」、論「通變」等，皆雜取邏輯問題與形上學問題，合而論之。讀其書者若不明此中分寸，則每得此失彼，不能通其意矣。早期形上學思考，所以易與邏輯思考相混，為理亦不難明；蓋此二種思考皆須離感覺經驗以立言。有此一共用要求，故在早期思想家心目中，每每不能互別。而此種共同要求，又照例引生另一傾向，即以「詭辯」思路支持其論點是也。

「詭辯」之所以為「詭」，在於其說在嚴格意義上不能成立，但此一問題縱在哲學思考高度發達後，亦只有少數哲學家能確切了解；若在早期歷史中，則一般人自不能辨之。故每當早期形上學之詭辯出現時，同時之人大抵皆僅覺其說遠離常識，遂視為「詭奇」。而遠離常識，又是形上學思考所不能免者；於是，此種思想，一方面自身固常陷於詭辯思路中，另一面亦常為時人所詬病，以為有意立異說以駭世，但許其善「辯」而已。此所以「名家」一派，在先秦時被視為「辯者」，蓋當時之人但知此派思想家善「辯」，而未能詳究其所「辯」之問題也。《莊子．天下》所謂：「能勝人之口，不能服人之心」；《荀子．非十二子》所謂：「好治怪說、玩琦辭」；皆可代表當時人對「名家」之「辯」之感想。後世司馬談所謂「苛察繳繞」，〈藝文志〉所謂「鉤鈲析亂」，則皆承此種感想而為說也。此類批評，雖皆未能深入了解「名家」，然「名家」從事早期形上學思考，確是事實；其思考歷程中常出現「詭辯」，亦是事實；則吾人可說，「多用詭辯」乃「名家」之第三特性。

總之，「名家」之立場為純作認知探究之立場；其特性可分三方面言之。其一，在課題方面，「名家」只探索邏輯問題及形上學問題，而非政治及道德問題。其二，在立說之依據及歸宿方面，「名家」只依據純粹思考，歸於邏輯理論或思辯形上學理論之建構；既不依於傳統，亦不落在歷史文化之方向問題上。其三，就名家已有之理論觀之，其思想成熟程度實在早期形上學之階段，故多用詭辯。此點亦是最為當時及後世評論者所注意之特性。

以上論「名家」之立場及特性既明，下節即專據《公孫龍子》書略論「名家」之學說。

貳　《公孫龍子》之理論

今本《公孫龍子》，存六篇；其中〈跡府〉一篇，乃後人所作，介紹公孫龍其人者；若就其理論說，則僅有五篇可作為研究資料。

公孫龍，趙人；其生卒年代不可考，但《莊子・天下》已稱公孫龍為「辯者之徒」，則公孫龍應在〈天下〉完成以前即已立說；又〈天下〉謂此種「辯者」皆與惠施有關，則其年應少於惠施。又他書多言公孫龍在平原君所與人辯議之事，則公孫龍似與平原君同時。其詳則不可知矣。

公孫龍之書中，最為世所熟知者為〈白馬論〉、〈堅白論〉二篇；本書論「墨辯」時，曾述其大旨。但最足代表公孫龍之說者，實為〈指物論〉一篇。他篇之議論大抵皆為此篇論旨之發揮或應用。雖五篇各有特殊論點，其總根據或中心實在〈指物論〉一篇。茲先略述「指物」之旨，再觀察此說與其他各篇之關係。

一、「指物」

所謂「指」，即表「意義」。蓋「指」在先秦文獻中，常假借以代「恉」字，而「恉」即「意義」，或書為「旨」。所謂「物」，則指具體對象，即表「個別事物」。故〈指物論〉一篇中所論者實即「概念」與「個別事物」之性質及關係；倘用邏輯詞語稱之，亦可說「指」表「類」，「物」表「分子」。

譬如「白」是一意義，「某白物」則是一個別事物。視「白」為一「類」，則「某白物」即是一「分子」。此是「指物」二字之詞義。詞義說明，全文即不難解。

〈指物論〉原文謂：

物莫非指，而指非指。天下無指，物無可以謂物；非指者，天下而物可謂指乎？

指也者，天下之所無也；物也者，天下之所有也；以天下之所有為天下之所無，未可。

天下無指而物（不可謂指也）不可謂指者，非指也；非指者，物莫非指也。天下無指而物不可謂指者，非有非指也。非有非指者，物莫非指也。物莫非指者，而指非指也。

天下無指者，生於物之各有名，不為指也。不為指而謂之指，是兼不為指；以有不為指之無不為指，未可。

且指者，天下之所兼，天下無指者，物不可謂無指也。不可謂無指者，非有非指也。非有非指者，物莫非指。

指，非非指也。指與物，非指也。

使天下無物指，誰徑謂非指？天下無物，誰徑謂指？天下有指無物指，誰徑謂非指，徑謂無物非指？

且夫指固自為非指，奚待於物乃與為指？

此篇有衍文（如第三段中「不可謂指也」五字），又有省文闕文，及一二形誤之字，故素稱難讀；詳細疏證，見拙著〈公孫龍子指物篇疏證〉（〈先秦名學「闡要」之二〉），載香港《崇基學報》六卷一期）。

本節僅論析其大旨如下：

第一、〈指物論〉主旨在立「物莫非指」與「指非指」二論點。所謂「物莫非指」，即謂：每一個體必屬於某類；蓋一個體成為此個體，必由於具某些性質；而每一性質皆表一類，故個體至少必屬於一個類，否則即不能成為此個體；故說「天下無指，物無可以謂物」。其次，「指非指」者，即謂，類本身不能再屬於某類；換言之，「類」不是一「分子」。此理在近代邏輯發展後，即已成為常識；蓋「人類」不是「一個人」，「貓類」不是「一個貓」。「類」不能「繫屬」於另一類而為其分子（至於以類屬性為定義條件之「類」，又涉及類之語型問題，在此不能論及）。但在古代思想中，此種對「分子」與「類」之區分，則常不明顯。《公孫龍子》書特別注重此種論點，正代表其邏輯思考及形上學思考。

第二、「指」非時空中之存在，與「物」不同。敵論即據此以駁「物莫非指」；實則此一命題之繫詞表「繫屬關係」，並非表「包括」，或「等同」；敵論未解原意。然公孫龍答語則用一「二難推論」，此處有詭辯成分。但可注意者是引出「非有非指」一論點。所謂「非有非指」，即表一切「否定類」（如「非白」，「非紅」等），並無實在性。此亦早期形上學常有之看法。蓋一性質可視為有實在性；一性質之「缺乏」則不應有實在性也。柏拉圖理念說中即有此論點。而此論點出現於〈指物論〉中，則足代表公孫龍思想中之形上學成分。

第三、公孫龍分別「非」字之各意義；「非」字加於一概念前，即形成「否定類」，在此篇稱為「非指」；此種「否定類」與原類窮盡排斥，故說：「指，非非指也」。此語與「指非指」合看，表面似成矛盾；其實此語中前一「非」字，表「等同」之否定，其下「非指」則表「否定類」。倘以「人」為例，則其意是說：「人類不等於非人類」。而「指非指」一語中之「非」字則表「繫屬」之否定，其意是說：「人類不是一個人」。此兩種繫詞意義之劃分，亦表示公孫龍邏輯思考之成績。

總之，〈指物論〉中顯示公孫龍有兩個重要論點，其一是「類」與「分子」不同；其二是「類」有實在性，「否定類」無實在性。前者屬邏輯範圍，後者屬形上學範圍。此即《公孫龍子》基本旨趣所在。以下再觀他篇之要旨。

二、「白馬」與「堅白」

「白馬非馬」之論，最為世人所熟知。漢代以前，言及公孫龍者，大抵皆以「白馬之論」代表其學說；實則「白馬」之辯，乃以「指物」之理論為基礎，顧以所說之題材較為人所熟悉，故亦易為人所注意耳。

「白馬」之論，要點有二：

第一、「白」與「馬」各表一屬性，因之即各表一「類」；此二「類」皆有實在性，故視為同級之實在。故〈白馬論〉首謂：

> 馬者，所以命形也；白者，所以命色也。命色者非命形也。故曰：白馬非馬。

案此是答他人問「白馬非馬，可乎？」之語，應視作其基本論點。此一論點既就「白」與「馬」之為同級之實在而言，故與常識不同。常識中以為「馬」是實在，而「白」則較少實在性，因「馬」是一「實物」，「白」只是「性質」。但依公孫龍之觀點，則「白」與「馬」同為「實在」，故視「白馬」為「白」與「馬」二類之並列組合(Co-ordinate Combination)；換言之，「白馬」與「馬白」並無軒輊。此一觀點在他人所傳之有關公孫龍之故事中，亦有徵證。

如《呂覽・淫辭》，記孔穿與公孫龍之辯論。高誘有注謂：

> 若乘白馬，禁不得度關，因言馬白非白馬；此之類也。

《韓非子・外儲說》左上記此事，則謂是兒說；蓋傳聞異辭。然此類故事實可代表公孫龍對「白」與「馬」二類之態度。蓋視「白馬」與「馬白」無異，即是以「白」與「馬」為同級之實在也。

此種觀點自即由「指」之實在性而來，應視為屬形上學範圍之論點。由此論點推之，「白馬」作為二類之並列組合，又成為另一實在。此「白馬非馬」一命題，在形上學方面之意義。

第二、「白馬非馬」在邏輯上之意義，則表「包括關係」與「等同關係」之殊異。此一「非」字乃對「等同關係」之否定。蓋「白馬」一類，乃「白類」與「馬類」之交疊部分，此在稍通邏輯者皆知之，不待解說。但公孫龍時對「類」之討論尚在萌芽時代，故特別指出「包括」與「等同」之異。「白馬」雖「包括」於「馬」類中，但「白馬」不與「馬」等同；「馬類」中尚有「不白而是馬」之分子也。原文謂：

> 求馬，黃黑馬皆可致；求白馬，黃黑馬不可致。使白馬乃馬也，是所求一也。所求一者，白者（案應作「馬」）不異馬也。所求不異，如黃黑馬有可有不可何也？可與不可，其相非，明。故黃黑馬，一也，而可以應有馬，而不可以應有白馬；是白馬之非馬，審矣。

此意即謂，「白馬」與「馬」為不相等之二類；其所謂「白馬非馬」，即指「不等同」而言，甚為明顯。

此種討論，就邏輯要求言，實未足為嚴格；且所涉問題亦至淺。且《公孫龍子》原文並未指出「包括關係」，故以上所論雖涉及「等同」與「包括」之殊異，畢竟公孫龍自身對「包括關係」如何了解，仍屬未可決定者。依此，論者亦可說，公孫龍在邏輯思考方面之貢獻不大。然若就歷史過程著眼，則公孫龍之說乃首先討論「類」之性質者，則亦不可謂無意義也。

〈白馬論〉一篇，雖尚有其他內容；然其主要意義，實不外以上二點。此二點中，以「白」與「馬」為同級之實在一形上觀點，尤可注意；蓋此處將引出另一屬於形上學之問題。此即「實體」與「屬性」之問題。

以「白」與「馬」二概念言，通常以「白」乃「馬」之屬性；故說「白馬」而不說「馬白」。偽書《孔叢子》載孔穿與平原君之對話，謂：

> 《詩》有素絲，不曰絲素；《禮》有緇布，不曰布緇。驪牛玄武，此類甚眾。先舉其色，後名其質，萬物之所同，聖賢之所常也。

案此當是後人駁公孫龍之語，偽託於孔穿者。然其立場正是對「白」與「馬」同級之否認。而其根據是語法習慣中「主詞」與「謂詞」之分別。此一分別反映於形上學問題上，即「實體」與「屬性」之分別。所謂「色」與「質」，指「白」與「馬」而言；而此「質」字乃「實」之意，非後世所謂「性質」之「質」，正表「實體」。蓋取表「屬性」與表「實體」之概念比觀之，此二者在認知活動中之呈現，顯有先後之殊；例如，吾人認知「白」時，必通過一知覺；而在此知覺中，「白」必呈現為「某物之白」，否則即不能被知覺。而此時之「某物」，本身乃成為「某物之白」被知覺時之預設條件，本身又不被知覺。此即亞里斯多德所謂“Substratum”之本義。既知一切「性」皆附於某一「體」上，方能被知覺，則「體」與「性」似不能視為同級矣。此一問題亦是早期形上學中常見之問題。公孫龍未嘗不注意及之。然公孫龍之立場，仍是堅持「一切類有同級實在性」；不過不能不謂「實體」與「屬性」亦有不同，於是遂有「堅白」之論。

「堅白」之論，所涉問題稍繁，其中最為人所熟知者則為「離堅白」一點；墨辯駁公孫龍說時，對此問題亦甚重視。本書前章論「墨辯」時，對所謂「離堅白」即就與墨辯有關之範圍予以解說。此處則須進一步說明全篇要點所在。

「堅白」之論開始即提出一否定與一肯定，蓋代表其基本立場。〈堅白論〉謂：

堅、白、石，三；可乎？曰：不可。曰：二，可乎？曰：可。曰：何哉？曰：無堅得白，其舉也二；無白得堅，其舉也二。

此段首應注意者，為「可」與「不可」二語。玆先作一解釋。

所謂「堅、白、石」本為三個類，何以謂為「三」則不可？蓋「堅」與「白」表「屬性」，「石」表「實體」；〈指物論〉中，已立「指」之實在性；〈白馬論〉中，又以「白」，「馬」等表同級之實在；且認為二者所組成之「白馬」一類，另為一實在。如此，則似一切「類」皆各自獨立；此即涉及「實體」及「屬性」之分別問題。本篇中開宗明義，即先點明此種分別。

三者雖同為「類」，又有分別可說。以為「二」，何曰「可」？蓋「屬性」必依於「實體」，但二「屬性」彼此間則無依從關係；故「石」與「堅」及「白」，雖不可並列為「三」，但「石與堅」及「石與白」則又可視為二組「體性關係」，具同級實在性。所謂「其舉也二」，即指此二組關係言。

但此種「體性關係」，必須就知覺過程言，其義始顯；而知覺世界中僅有「個體」，而並無「類」（因「類」是一概念，非事物）；於是本應表一「類」之「石」字，在〈堅白論〉中遂用以指「個體」。公孫龍對此種界限之混亂，尚不自覺。然如取〈白馬論〉中之「馬」，與〈堅白論〉中之「石」相比，則「馬」指「類」而此處之「石」指「個體」，甚為易見；且下文屢屢將「石」作為一「知覺對象」講，則「石」不能不表一「個體」矣。

「石」既表「個體」，於是〈堅白論〉中之理論遂完全轉向另一方面，而與〈白馬論〉論旨不同；但其問題實由〈白馬論〉引出；故二篇所處理之問題雖異，其間固有一發展線索可說也。

因「體性問體」必涉及知覺過程，故〈堅白論〉中遂處處依知覺而立說；其「離堅白」之語則為：

> 視不得其所堅，而得其所白者，無堅也；拊不得其所白，而得其所堅，得其堅也，無白也。

此就「視」與「拊」二知覺能力言，謂「石」對於每一知覺能力，僅呈現一「屬性」，則二種「屬性」，即彼此相離矣。

「堅」與「白」相「離」，即各為「獨立之實在」之意。至於在知覺中，則有呈現者，有不呈現者，其不呈現者即謂之「藏」；但此非謂「堅」或「白」能「藏」於「個體」中，故原文又提出「自藏」一語，以表「堅」與「白」有自己之實在性，茲不贅述。

〈堅白論〉又謂：

> 得其白，得其堅，見與不見（與不見）離。一一不相盈，故離。離也者，藏也。❶

此即表明「離」與「藏」之關係。正因「堅」不依「白」，「白」不依「堅」，故是「一一不相盈」，故其一呈現時，另一不呈現；於是二者遂「離」，亦即有一為「藏」也。

公孫龍一面斷定「堅」與「白」離，一面又以為「堅，白，石」三者不能視為相離。蓋除繼續主張「類」之實在性外，又肯定「屬性」之依於「實體」。但此所謂「依」，乃指知覺中「石」所呈現之「堅」與「白」言，

---

❶ 案「與不見」下「與不見」三字為衍文。此處「盈」字之解釋，涉及上文中「而石必得以相盛盈」一語。此一「盛」字，應為後人注釋「盈」字者，誤入本文；然此一注釋大可注意；因若此「盈」字作「盛」字解，則「體性問題」益明朗，而〈墨經〉中類似之語，亦皆可另得解釋矣。

乃特殊化之「屬性」，而非「屬性」本身；為說明此分別，乃謂：

物白焉不定其所白，物堅焉不定其所堅。不定者兼，惡乎其石也？

意謂「白」，「堅」本身皆為「不定」，故皆為「兼」，即為"Universal"；故「白」與「堅」作為「類」看，又不可說屬於「石」也。原文以下尚有說明此種分別之語，茲不具引。最末則言每一知覺皆由一組條件決定，而每一條件均不是此知覺，故謂知覺本身亦「離」（即有「獨立實在性」之意）；詭辯氣味甚重。本節亦不備論。

總觀「堅白」之論，其所涉及之問題，主要在於「體性關係」上，但時時表明「類」之實在性；蓋一面承「白馬」之說一面又注意知覺過程；亦可說其思想之形上學傾向於此益見明顯。此亦見「白馬」，「堅白」二說同中有異也。

此外，尚有〈通變論〉、〈名實論〉二篇。

三、「通變」與「名實」

在前章論墨辯時，曾對〈通變論〉一篇對「類」之關係之討論有所說明。此篇疏證，亦待專文。茲但舉其要旨。

〈通變論〉詞意較晦，但要旨不外以下三點：

第一、每一「類」皆為獨立之實在，故取二「類」論之，無「上下」或「高低」可說。故原文謂：

曰：二有一乎？曰：二無一。曰：二有右乎？曰：二無右。曰：二有左乎？曰：二無左。

此中「左右」即指上下高低說。所謂「二」者，泛指兩個「類」或兩個「普遍者」。「二無一」是說「兩個類不能等於另一類」。「二無左」及「二無右」即是說「兩個類無上下可分」。

第二、「通」指一般性講，「變」指特定性講。故「通」與「變」之別，實即“Generalization”與“Specialization”之別。就一般性講，則每一「類」皆為一實在，彼此不能比較；此是「類」之通性。但就特定性講，每一特定之「類」又必有一組特定之定義條件；此種定義條件，遂使原始之「全類」經不同分化歷程，而成為各種「特定之類」；此一歷程亦可看作由「全類」之分化而「變」為各「特定之類」之歷程，故即以「變」說之。觀此，可知公孫龍論「類」，基本上從「內包」著手，而不取「外延觀點」，故每一類皆不能與另一類相等（案此所謂「不相等」，既非取外延意義，則與近代邏輯之類論，有基本殊異）。因此，「通變」之論亦可看作「白馬」之論之理論基礎；至少，「白馬」之論所取之理論立場，經「通變」之論闡說，始轉明朗。

第三、原文以「馬、牛、羊、雞」及「青、白、黃、碧」類，分兩組作為例示，說明「類」之獨一性。其疏解頗多問題，但例示之目的仍在闡釋上述之理論。學者知其主旨，則對此種例示亦不須字字能解也。

至於〈名實論〉一篇，主要在說明其學說所處理之基本問題；首以「物」指一切對象；其次以「實」指每一物所以為此物之屬性或意義；然後以「位」表「屬性」或「意義」各得正當決定之狀態；最後以能造成此種正當決定之思考努力為「正」。此即名家所謂之「正名」，基本旨趣是純認知之傾向，非實踐傾向。

「名實」之論，乃《公孫龍子》書中最易解之一篇；內容亦極為簡單。但本節仍不疏解全文，只舉其大旨如上。

× × × × ×

以上為今本《公孫龍子》全書之內容。學者能知此各章之主旨所在，即可知此種名家學說之基本旨趣。而其與儒道墨法之異，亦昭昭可見也。

參　關於「名學」一詞之討論

本節之討論，以「名」一詞在先秦思想中之不同用法為主；由此以說明所謂「名學」之意義。在進入此種討論之前，有先須辯正者，即胡適之說與譚戒甫之說。

一、胡譚之說

胡適先生早年著〈諸子不出於王官論〉（見胡著《中國哲學史》卷上，附錄），駁章太炎諸人所承《漢書・藝文志》之說，其中論及「名家」與「名學」，有云：

……其（指〈藝文志〉）最謬者，莫如論名家。古無名家之名也。凡一家之學，無不有其為學之方術。此方術即是其邏輯。是以老子有無名之說，孔子有正名之論，墨子有三表之法，別墨有墨辯之書，荀子有正名之篇，公孫龍有名實之論，尹文子有刑名之論，莊周有齊物之篇。皆其名學也。古無有無名學之家，故名家不成為一家之言。

此文先於《中國哲學史》卷上；但此種觀點在《中國哲學史》卷上中，仍然保留；原書第八篇，第一章謂：

古代本沒有甚麼名家。無論那一家的哲學，都有一種為學的方法。這個方法便是這一家的名學（邏輯）。……因為家家都有名學，所以沒有甚麼名家。

其意大致與前論相同。其主旨有二：第一、先秦各家皆有其「為學方法」，此「方法」即「名學」。第二、因「家家都有名學」，故無所謂「名家」。然嚴格論之，兩點皆誤。

第一、每一學派或每一學人，皆有其「為學方法」，此是當然。但用一「方法」是一事，對此「方法」建立一理論，又是另一事。人人有「方法」，並非等於人人有「對方法之理論」。例如，人之思想，皆遵循邏輯規則，然並非人人對此種規則皆能建立一理論；故人人思想雖皆須合邏輯，但並非謂人人皆須為邏輯學之研究者。此種分別，至為淺顯。且先秦諸家雖對「名」一字，皆有某種見解，但並非皆建立對「名」之理論。所謂「家家都有名學」，誠不合史實也。

況以為「名學」即等於「邏輯」，亦頗嫌疏誤；蓋「邏輯」與「邏輯系統」又有分別。縱有許多邏輯學派，各立理論；亦只能說有許多「邏輯系統」，亦不能說有許多「邏輯」；蓋若人人各有一「邏輯」，則思想意義不能互相傳達矣。故胡氏謂諸家各有為學之「方法」或「方術」，又以此為「邏輯」，則於理不可通；此較「不合史實」，問題尤為嚴重也。

第二、倘知說及「名」以及有為學之「方法」，並不等於「建立關於名之理論」，則胡氏所謂「沒有甚麼名家」，亦不能建立。「名家」一號，起於漢代，自無可疑。但此非謂先秦無此種「關於名之理論」。既有此種理論，又有思想家（如公孫龍）專持此種理論以立學派，則此學派之存在，即後世所謂「名家」之存在。當時無「名家」之稱號，無礙於有此學派存在，亦無礙於後世以「名家」一號稱之也。且案先秦諸家之名，皆逐漸形成。荀子時批評各家，然〈非十二子〉及〈解蔽篇〉中，皆舉人名以為批評對象，未嘗有諸家之名（唯「儒」為例外）。韓非子以「儒墨」為「顯學」，始有用學派名稱之意。其他各家亦未定一學派名稱。故謂因先秦無某學派之名，即不承認有此學派存在之事實，亦是與史實乖忤，且又於理不可立者也。

吾人今日所謂「名家」，即指專宣說關於「名」之理論之學派；所謂「名」即指符號及概念，故此種理論涉及邏輯及早期形上學；其具體代表即是公孫龍之說。至於「名家」一詞由漢人提出，則無礙於吾人依此稱號，以談此學派也。

然有譚戒甫者，曾著《公孫龍子形名發微》、《墨辯發微》、《墨經易解》等書，以為「名家」之外，別有「形名家」，而以〈墨經〉思想為「名家」，以公孫龍為「形名家」。其說未有理據，然持之甚堅。實則譚氏對先秦談「名」之說之演變，未能詳考；又對一般哲學思想未具初步知識，故思路混亂，而有此異說耳。欲辨明此點，吾人即須進入下節之討論。此處所應先點明者，是凡論「名」之說，依其所取意義，皆有某種詞語與之相配，如「名分」、「名實」、「刑名」（即形名）等皆是；吾人不能謂有「名實家」、「名分家」，故亦不能謂別有「形名家」也。其詳在下節之討論中可見。

二、先秦思想中「名」字之用法

先秦諸家中，言「名」之最早資料，乃孔子與老子之語。

《論語・子路》：

> 子路曰：衛君待子而為政，子將奚先？子曰：必也，正名乎。

《道德經》一章：

> 無名天地之始，有名萬物之母。

又三十二章：

> 道常無名，樸，雖小，天下莫能臣也。

觀此，可知孔子論「正名」，係就「君君，臣臣，父父，子子」說，即就政治秩序中之「名位」與「職分」說；故是後世所謂「名分」之「名」。亦可說，此「名」與「分」相配。老子則以「道」為「無名」，以「萬物」為

「有名」；故老子之「名」乃與「道」相配。此所以《道德經》首以「道可道，非常道」與「名可名，非常名」為對文也。

以「分」與「名」相配，則所論之「名」為政治意義及道德意義之「名」；以「道」與「名」相配，則所論之「名」為形上意義理論意義之「名」。孔老之說雖簡，然已決定先秦論「名」諸說之兩種互異之方向矣。然孔子言「名」，意在以「名」為標準，而建立秩序；老子言「名」，則以「名」為障蔽，故力主「無名」。二者積極性不同，於是其發展之過程亦異。

就孔子一派言，孟子立儒學系統理論，雖不特言「名」字，但其理論中將「正名」之思路吸入，化為道德哲學之骨幹，觀其論「性」，論「四端」可知，蓋既就「人」與萬物之不同處言「性」，則已就「人」一名予以理論界定；又謂「無惻隱之心，非人也，……」，即是以「四端」為「人」所必須滿足之條件；其旨固與「君君，臣臣」相類，然其說淨化，已成為一道德哲學理論矣。且孟子雖不直接用「名」字，但首先提出「實」字以立「名實」之說。

《離婁》上：

> 仁之實，事親是也；義之實，從兄是也；智之實，知斯二者弗去是也；禮之實，節文斯二者是也；樂之實，樂斯二者。

此顯以「仁、義、智、禮、樂」等為「名」，而分別定之以「實」，道德實踐意義之「名實」觀念，已於此透出。

老子一派，則莊子承其本旨而予以發揮。《莊子・內篇》亦不專言「名」，但因與辯者周旋故，立「齊物論」之說；力證認知活動無意義；以攻辯者。蓋老子「無名」之觀念，至莊子即發展為廢除名言之說；其基本立場固無變更也。

當然，在中國哲學史中，諸家思想也有接觸或重視這一個問題的；柏拉圖的思路並非全不可用；可是當某一學派或個人，所面對的哲學問題並非屬於這一範圍時，如果解釋者也要用這個思路來解釋，便不能揭示所關問題的真面目及真意義了。馮書顯然正有這種毛病。柏拉圖這種思路，為馮氏所特別重視。他不僅在解釋先秦道家，名家等學說時，一直以這種思路為立說的背景，而且在論及佛教及宋明理學時，也只憑依這種思路。客觀地說，這種形上學思路，只能用於有關形上學問題的研究上。用它來說明名家理論，較為適宜；用它來解釋老子，便只有一半可用；而對於佛教與宋明理學，則大半都不適用。尤其是論禪宗與陸王之學時，一切關於「客體性」(Objectivity) 的理論設準，都成為題外；因為這些學說都集中於一組關涉「主體性」(Subjectivity) 的問題上。馮先生在這種緊要界限上，看不明白，原因自然是他本身對這兩面的哲學問題把握不住。但我們現在拋開個人學力問題不談，專就中國哲學史的工作來講，我們不能不說，馮書雖有「哲學」，但並不與中國哲學的主流相應。換言之，哲學問題雖有客觀性，但某一哲學傳統所強調的問題，卻常常與某一領域的思路不相應。中國哲學傳統中，誠然有宇宙論，形上學等等，但儒學及中國佛教的基本旨趣，都在「主體性」上，而不在「客體性」上；因此，屬於客體性一面的設準——如柏拉圖思路，便不能用來闡解這些學說了。

說到「形上學」這個詞語，又應注意「思辯形上學」與「道德形上學」之分；中國儒學到了宋代，那些有形上學旨趣的思想也大半偏於「道德形上學」❶一面，而柏拉圖思路則屬於「思辯形上學」；這涉及進一步的問題，馮氏更是未能接觸到了。

以上所說的是馮氏的思考方法及解釋哲學問題時所憑依的思路一方面。下面我要提到關於馮氏在哲學上所

❶ 我不認為「心性論」必歸於「道德形上學」。在這一點上，我不僅與強調形上學的中西哲學家大有不同，甚至與康德的觀點也不全同。這個問題所涉甚大。我在舊作〈哲學問題源流論〉稿中，曾有初步闡釋，希望日後有機會另作詳細探究。

持的斷定的問題。

一個哲學理論，或歸於主體性，或歸於客體性，基本上更無例外。所謂「主客統一」之說，仍然不外是「以主攝客」或「以客攝主」兩型。馮氏所持的立場，基本屬於「歸於客體性」一路。這種大問題上的得失，並不是可以片言裁決的，因此，我也不想在這裡多所批評。但專就中國哲學史的工作而論，我們是要以世界哲學的研究成果作為基礎，而揭示中國哲學傳統的真面目；則我們在說明某一學派所涉及的哲學問題時，必須先揭示被解釋者的立場，而不能以另一立場來代替它。馮氏自己既不明白「主體性」的意義，又不能看出中國哲學傳統中某些學說立場何在，一味以新實在論的立場來看這些學說；於是馮氏解釋了中國佛教，解釋了宋明心性之學，皆未接觸「主體性」觀念。在討論孟子時，也由於不解孟子的「主體性」，便只好說孟子「頗有神祕主義之傾向」。這都足以表明，馮書中雖有「哲學」，但並非中國哲學傳統中之「哲學」。

嚴格地說，馮書中只有對先秦名家的討論，尚不見以上所說的毛病。因為，馮氏雖由於在邏輯知識及訓詁能力方面所受之限制，而不能避免誤解原文之病，但基本上的思路與立場，尚能相應。此外，甚至道家及墨家的解釋，也都不免上述的毛病。評馮書的人，若自己對哲學問題有普遍的基本了解，則不難看出馮書中的「哲學」有什麼特色，及其與中國哲學中某些學說的根本殊異。

以上是關於胡馮之書的問題。

第二、關於「天」觀念

儒學中常常提到「天」觀念，先秦文獻如此，宋明理論也是如此。但「天」觀念在理論意義上，對各期儒學思想究竟居於什麼地位呢？對於這個問題，我在本書中論孔子之學時，曾經有所論析。現在再撮要說說我的看法。

首先，我們要能分別一個詞語在習俗中的地位與它在哲學的地位。哲學和其他專門理論一樣，有自身的用語。一個學派或一個哲學家也可以自己界定某些用語。我們要討論某一觀念在哲學中的地位時，便必須從這種內部的用語著眼，尤其要小心分別其詞義與通常詞義是否不同，以及有何不同。就「天」一詞來說，用它來指最高主宰，本是古代文獻中最常見的事。這因為原始信仰中照例有這種「人格天」或「主宰意義之天」的想法；許多民族都是如此，中國古代人自也不例外。可是，「人格天」的想法，本身也是可以變的。這在不同的民族中，情況也每每不同。以古代中國而論，最早是將「天」一詞用於兩個各不相涉的意義，其一是馮氏所謂「與地相對之天」，其二是最高主宰或「人格天」。其後則有「形上天」表超經驗之某種規律，又有表命運或必然性之「天」；這兩種意義漸漸取代「人格天」。就哲學而論，則道家老莊之「天」，形上意義較多；儒家則孔孟言「天」言「命」，皆重在表「必然性」，與「人之自覺」相對而言。這一點在論孔子對「義」與「命」的觀點時，本書曾作明確析論。另一面，所謂「與地相對」之「天」，原就是「自然意義之天」，不過是狹義的「自然天」而已。廣義地說，則「天」即可以包括「地」，指整個「自然」了。所以馮氏書中的「物理之天」與「自然之天」，實在是一種意義。此外，要談到《中庸》。

《中庸》一書，成書甚晚；無論就思想脈絡看，或就用語看，我們都有充足理由說它不早於戰國末期。唐人之不辨真偽及宋儒之疏於考證，在近二百年來，已經有了定論。我們沒有理由再跟著他們錯下去。對偽古文《尚書》及《禮記》各篇的年代問題，我們都應作如是觀。

就思想內容講，《中庸》是一個儒學的形上學理論（不論是否完整）；這不但不能是「子思所作」，而且不早於荀子；因為，儒學初期的旨趣，原只是道德的，政治的，或以文化觀為主的，並沒有純思辯的旨趣。孔孟都是如此。孟子建立了心性論的體系，不走宇宙論的路，也不走形上學的路。荀子遍議諸家之短長，也從未論及儒學的形上觀念。先秦的形上學觀念，只見於道家及名家之說。荀子評這兩家時，也只能就道德問題及政治問題著眼，並未就形上學問題作任何討論。足見先秦儒學發展到荀子立說時，還是沒有形上學的旨趣。如果說：《中庸》是荀子以前，甚至孟子以前的作品，這樣一個特殊理論，不管贊成者或反對者，都沒有不加注意的理由。荀子將儒學內部各派分別評論，又論及其他種種學派，卻會單單將這樣重要的一個儒學內部理論置之不顧，豈非過分離奇？而且《中庸》作為《禮記》之一篇而存在，《禮記》是漢代經生所編纂的。書中思想既不似先秦儒家所有，書中用語又時時表明出於秦統一之後，我們有什麼理由認為它出於「子思」呢？

《中庸》一篇如當作《禮記》之一部分看，則我們已不能將它看作先秦儒學的典籍。而書中的「天」觀念，也應配合著書的時代來看。簡單地說，《中庸》一書中的「天」，是取「形上天」的意義；這與戰國末年及秦漢之際形上學及宇宙論旨趣之轉盛有關。本書在第二卷初，將予以討論。

至於先秦儒學中的「天」，就哲學理論者，它是表示「必然性的領域」——偶然也有「形上天」的意義，但地位不重要。至於「人格天」觀念，則在孔子談話中雖時時出現，卻並不構成孔子理論之一部；這在本書論孔子一章已有說明。

人們這一點會有所疑，不外兩種原因。其一是由於喜歡《中庸》的理論，便將《中庸》看成先秦儒學的重要資料，進而將《中庸》的「形上天」觀念看作先秦儒學的中心觀念。其實理論好壞是一事，作品時代又是一事。《中庸》縱好，不能代表先秦儒學。其二是由於宗教的興趣，便將「人格天」看成最重要的觀念；引用孔子涉及「人格天」的話頭為證。其實，孔子的哲學理論是一事，孔子所承受的風俗習慣又是一事。一個建立新學說的人，並不一定就能脫離當時風俗習慣而生活。至於原始信仰與宗教的關係，則我們可以這樣說：原始信仰是各民族所共有的，但有些民族為原始信仰辯護，由此便產生種種宗教教義；另有些民族則不如此，他們拋開原始信仰，另去尋覓方向，另立一價值意識，於是便不產生宗教教義。中國恰恰屬於後一類。或許有人說這是中國文化的「缺點」，但不論是否「缺點」，中國古代文化的演進確有此特色，則是史實。我在本書中論及這個問題時，也只以揭示真實情況為目的。我相信人們如真對古代史料作過一番客觀了解，對「天」觀念的看法是不會有大歧異的。

第三、關於方法問題

在本書序言中，我已經對於中國哲學史的文法問題，作了不算太簡略的解釋；可是有些基本觀念似乎仍未澄清；因此我在這裡對於這一類問題，再作一點說明。

對於哲學史的方法問題，人們的爭執和懷疑，主要是集中在「表述所關範圍中的學說時，應用何種方法」一點上。要對這個問題作一個確實解答，我覺得有兩件事須先有明確了解。

其一是理論本身與其「發生歷程」的區分問題。譬如，某理論本身是哪個人提出的？是在什麼環境中提出的？是在什麼動機下提出的？……等等問題，都是涉及發生歷程的。至於理論本身的內含意義，卻與這種發生歷程沒有一定關係。例如，一個人為了取悅於帝王，而提出一個「煉丹」的理論，說「用A、B、C三物，經某一過程的煉製，可以生出不死藥」。這裡，提此說的人的動機是關涉此說的發生歷程的。但這種理論是否「真」，則是內含意義的問題，並不受這個發生歷程的決定。換言之，假如另有一人，以相反的動機提出同一的理論時，這個理論的內含意義仍然不變。因為不論這個理論是否由如此的歷程而發生，它的「真」或「不真」，自有一套檢證程序。推而言之，不論是什麼人，在什麼環境及心理條件下，提出一個理論「T」來；這個「T」是真是偽，都另是一回事。依此，任何一理論的內含意義，都與其發生歷程無一定關係。

哲學理論自然也不例外。在我們不了解哲學理論的嚴格意義時，每每不知不覺地忘記「哲學」問題的客觀性；因此常將「發生歷程」與「內含意義」相混；由之就有種種謬誤的看法出現。即如，流行的「階級意識」之說，便是這種錯誤的最明顯的代表。如果我們稍作深思，本來不難明白「階級意識」對一種理論的內含意義實在無一定關係的；可是，我們倘自己將兩種問題混起來，一切思路便都大亂了。其實，一個理論本身是真是偽，自有客觀檢證可憑，與它由誰提出，為何提出，並無一定關係。例如，某人提出「景氣循環」的理論，這是對經濟生活一定現象的解釋；這個解釋的正誤，必由經濟生活本身來作檢證；如果經濟生活中並沒有這樣的現象，則不論提此說的是共產主義還是資本主義，這個理論總是「誤」。反之，如果經濟生活中實在有此現象，則它就是「正」；也與「誰如此說」，以及「懷什麼目的而如此說」等，毫不相干。

依此而論，發生在中國的「哲學」的理論，就其內含意義講，其得失正誤以及理論建構，當然皆可以與發生在其他任何地方的「哲學」的理論，接受類似的處理。雖然在「發生歷程」上，彼此不同。我們倘若明白，任何理論所含的「理論問題」都有普遍性，都可以在普遍意義的析論下，顯出其真面目，則我們自然不會說什麼「以外觀中」或「以中觀外」了。

其二是觀點與方法的區分。一個特殊觀點，必歸於一特殊理論；因此，用A觀點代B觀點時，當會造成錯誤陳述。但方法則不同。一種解析理論的方法，本身即要求普遍性，而不受特殊觀點的約束。因此，當我們運用知識論方法及解析方法來展示某一理論時，我們並未用另一觀點來代替所解釋的東西。知識論方法的提出，可以與某些特殊的哲學家有關——例如康德，但這種方法本身並非只屬於康德。另一面，康德的特殊觀點，便是屬於他自己的。我們用知識論的方法來展示一理論，並不是用康德的觀點。

書目錄要

第一部分：

(一) 書經集傳　粹芬閣本
(二) 詩經集傳　同　上
(三) 周易本義　同　上
(四) 春秋三傳　同　上
(五) 論語集解　何　晏
(六) 論語集註　朱　熹
(七) 孟子正義　焦　循
(八) 老子道德經　王弼注本
(九) 莊子集解　王先謙
(十) 墨子閒詁　孫詒讓
(十一) 墨　子　四部叢刊本
(十二) 荀　子　同　上
(十三) 荀子集解　王先謙
(十四) 韓非子　四部叢刊本
(十五) 公孫龍子　道藏本
(十六) 史　記　司馬遷
(十七) 漢　書　班　固

以上為基本資料。

第二部分：

(一) 中國哲學史大綱（卷上）　胡　適
(二) 中國哲學史　馮友蘭
(三) 古文尚書辨偽　崔　述
(四) 書古微　魏　源
(五) 易童子問　歐陽修
(六) 周易卦爻辭中的故事（古史辨）　顧頡剛
(七) 易卦爻辭的時代及其作者（古史辨）　余永梁
(八) 日知錄　顧炎武

（九）戰國策　四部叢刊本

（十）詩古韻表　夏炘

（十一）公孫龍子形名發微　譚戒甫

以上皆屬參考資料，其次序大致依書中所關篇章之次序排列。

◎中國哲學史

周世輔 著／周玉山 修訂

本書探究中國哲學的起源與演進，並與西洋哲學對照比較，期見中國哲學之未來趨勢。書中四十餘萬言，分論中國古代、中古、近代、現代的哲學思想，綱舉目張，言必有據，立論公允，而皆本原典。本書自二十世紀七十年代出版後，即風行海內外，廣受好評，不但有助於大學之教學，更有利於讀者之自修。

◎中國哲學史話

吳怡、張起鈞 著

作者以中國哲學特有的路數來詮釋中國哲學，並用通俗的語言、輕鬆的筆調，深入淺出地介紹中國哲人的思想。書中以思想家為單元，在橫向方面勾勒出各思想家和學派的中心理論，以及與當時其他思想家和學派的相互關涉；縱向方面則剖析各思想、理論的流演及發展，理出中國思想前後相繼、首尾連貫的統序。使讀者對中國哲學的本來面目，有正確的認識。

◎中國哲學發展史

吳怡 著

本書嘗試揭露中國哲人們的思想精神，由每位哲人思想的中心觀念入手，由此貫串其哲學體系，探索其思想的發展和影響，看看先哲們是如何前後相承地傳續智慧的聖火。作者始終堅持，中國哲學不應空談觀念，玩弄術語；必須由內聖通向外王，實際的解決社會人生問題。希望讀者們能藉由本書的幫助，更進一步去研讀原典，直承前哲們的思想精神。

◎老子十八講

王蒙 著

本書是中國知名作家王蒙，以其在北京電視臺「中華文明大講堂」之「老子的幫助」講座原稿為基礎，潤飾刪節，整理而成。老子思想微妙玄通，廣大無垠，其《道德經》一書雖僅五千餘言，然意蘊深遠，語多超塵。王蒙跳脫原文的章節字句，以生動自然的語言和即興而談的方式，娓娓道出他對老子其人其書的個人理解，以現實人生印證老子對今人的啟發與幫助。

◎中國百位哲學家

黎建球 著

以往讀哲學史最大的困難，就是不知如何能從卷帙浩繁的大部頭著作中，很快的掌握該時代、該學派或哲學家的中心思想。本書即針補時弊，從哲學家的觀點來介紹每一位哲學家的生平、著作與學說，以便讀者循序而進窺堂奧。期望藉由對各個不同哲學家思想的整理，以及系統的規劃，有助於哲學教育的廣泛推展。

◎說中華民族之花果飄零

唐君毅 著

唐君毅先生是新儒家代表人物之一。他以超然客觀的態度，針對國人失卻文化主體性、否定自我價值根源性等現象發出警語，期盼時人能在求新求變的思潮裡，與傳承智慧的保守中尋求平衡的發展。在本書中，唐君毅先生以儒家關懷社會之用心，提點世人省悟中華文化臻至美善之理想與價值，企圖打破忘本求外之迷思，重建民族之自信心。

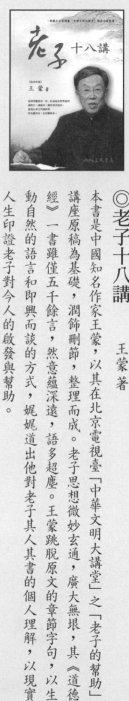

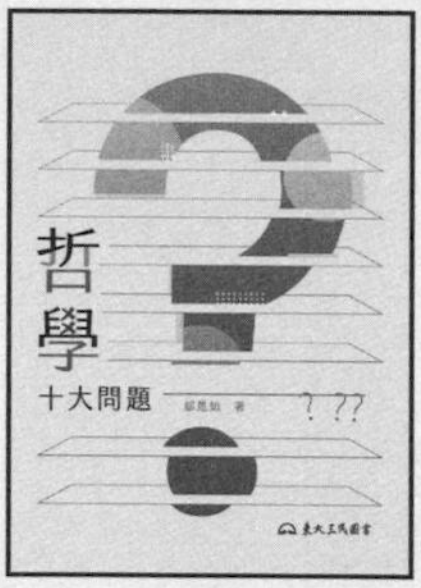

◎先秦諸子繫年

錢穆　著

先秦諸子年世問題實多，前人多據《史記・六國年表》加以考訂。然〈六國年表〉僅據秦史，本身即多闕漏。錢賓四先生乃通過考證汲冢《竹書紀年》，改正《史記》之牴牾，對先秦諸子之生平思想，各家學派之傳承流變，皆一一論證。本書取材之廣博，考證之綿密，對史料爬梳抉剔、條分縷析之治學精神，俱值得當代治中國學術思想者，反覆細品。

◎哲學十大問題

鄔昆如　著

本書透過十大問題叩問哲學的意涵，掌握哲學的主體——人，哲學的方法——思想，以及哲學的對象——存在，抓住哲學的核心，釐清此三大要素，並依次討論真、善、美、聖的層次，及其對應之學科——科學、倫理、藝術、宗教；最後聚焦於人我互助的社會，期望透過十個問題的討論，帶領讀者對哲學有初步的認識。